KB200294

미래를 지배하는 힘:
ESG 거버넌스 마스터 키

미래를
지배하는 힘:

구현화 · 김인현 · 배재성 · 송철우 · 임은정 · 정성훈 · 최영미 · 최태웅 · 한요한 공저

ESG 거버넌스
마스터 키

책미래

미래를 지배하는 힘: ESG 거버넌스 마스터 키

발행일 | 1판 1쇄 2025년 5월 2일

지은이 | 구현화·김인현·배재성·송철우·임은정
          정성훈·최영미·최태웅·한요한
주 간 | 정재승
교 정 | 홍영숙
디자인 | 배경태
펴낸이 | 배규호
펴낸곳 | 책미래

출판등록 | 제2010-000289호
주 소 | 서울시 마포구 공덕동 463 현대하이엘 1728호
전 화 | 02-3471-8080
팩 스 | 02-6008-1965
이메일 | liveblue@hanmail.net

ISBN 979-11-85134-78-9 03320

• 이 책에 실린 글과 그림의 무단 전재와 무단 복제를 금합니다.

추천사

1.

기업의 지속가능성과 사회적 책임이 필수 요소로 자리 잡은 오늘날, ESG(Environmental, Social, Governance) 미래를 지배하는 힘은 ESG 거버넌스를 실질적으로 구축하고 실행하는 데 필요한 핵심 가이드라인을 제시하는 책입니다. 특히, 이 책의 저자들은 모두 중앙대학교 ESG 최고위과정 2기를 수료한 전문가들로서, ESG 경영의 현장 경험과 깊이 있는 이론적 통찰을 바탕으로 이 책을 집필하였습니다.

ESG 경영은 단순한 선택이 아닌 기업의 지속가능성을 위한 필수 전략입니다. 특히, 중소·중견기업은 대기업과 달리 ESG 도입 과정에서 자원과 역량의 한계를 겪는 경우가 많습니다. 이 책은 ESG 거버넌스의 핵심 요소인 투명성, 책임성, 지속가능성을 중심으로 중소·중견기업이 현실적으로 적용할 수 있는 실천 방안을 구체적으로 제시합니다.

또한, 국내외 ESG 경영 사례 분석을 통해 효과적인 ESG 리포트 작성법, 평가 기준, 거버넌스 구조 설계 등의 실무적 접근법을 상세히 설명하며, ESG 경영을 처음 도입하는 기업들도 쉽게 따라할 수 있도록 구성되었습니다.

ESG 시대를 맞아 지속가능한 미래를 준비하는 기업이라면 반드시 읽어야 할 책입니다. ESG 경영을 고민하는 모든 기업과 전문가들에게 이

책을 강력히 추천합니다.

중앙대학교 ESG 최고위과정 지도교수 이용규

2.

디지털 전환과 인공지능(AI) 기술의 발전은 기업 경영의 패러다임을 빠르게 변화시키고 있습니다. 동시에, ESG(환경·사회·거버넌스)는 지속 가능한 기업 운영을 위한 필수적인 경영 원칙으로 자리 잡고 있습니다. ESG 미래를 지배하는 힘은 이러한 변화 속에서 기업들이 ESG 거버넌스를 효과적으로 구축하고 실천할 수 있도록 명확한 방향성과 실행 전략을 제시하는 책입니다.

ESG에 대해 깊이 있는 지식이 없더라도 거버넌스의 개념과 필요성을 명확히 설명하는 동시에, 기업 실무에서 바로 적용할 수 있는 실행 방안을 구체적으로 제시하고 있습니다. 국내외 ESG 경영 사례 분석을 통해 기업들이 ESG 리포트 작성, 평가 기준 대응, 지속가능경영 전략 수립 등의 과정을 보다 체계적으로 준비하는 데 많은 도움이 될 것입니다.

한국소프트웨어산업협회는 ESG 경영이 기업의 지속가능성과 경쟁력을 결정짓는 중요한 요소임을 인식하고, ESG 위원회를 구성하여 기업의 지속가능경영을 지원하고 있습니다. 또한, 기업들이 보다 쉽게 ESG 경영을 도입할 수 있도록 온라인 진단 툴을 개발하여 실질적인 ESG 경영 지원을 강화하고 있습니다. 인공지능과 SW, 클라우드, 공간정보 등의 기술이 탄소중립과 ESG 경영을 더욱 효과적으로 실현할 수 있는 가능성을 열어가고 있으며, 디지털 기술을 활용한 ESG 데이터 분석과 모

8 미래를 지배하는 힘: ESG 거버넌스 마스터 키

니터링도 점점 중요해지고 있습니다.

대한민국 경제 발전을 위한 '산업보국(産業報國)'의 정신을 이어가기 위해서는, 기업이 ESG 경영을 기반으로 투명하고 윤리적인 거버넌스를 확립하고, 환경적 책임과 사회적 가치를 실현해야 합니다. 이 책은 모든 기업이 ESG 경영을 실천하는 데 있어 신뢰할 수 있는 지침서가 될 것입니다.

한국소프트웨어산업협회(유라클) 회장 조준희

3.

최근 들어 AI 전환이 가속화되고 있는 상황에서, ESG(환경·사회·거버넌스) 경영은 기업의 지속가능성과 경쟁력을 결정짓는 핵심 요소로 부상하고 있습니다. 『ESG 미래를 지배하는 힘』은 이러한 변화 속에서 기업들이 ESG 거버넌스를 효과적으로 구축하고 실천할 수 있도록 명확한 방향성과 실행 전략을 명확하게 제시하고 있습니다.

삼성전자에서 다양한 제품 개발을 경험한 회로 설계 전문가로서 LSI 제품 경쟁력을 강화하며 신규사업 확장에 기여했습니다. 그리고 현재 마쉬코리아 부사장으로서 기업의 리스크 관리와 ESG 전략 수립을 지원하고 있습니다. 이러한 저의 경험을 바탕으로 볼 때, 『ESG 미래를 지배하는 힘』은 기업이 직면한 ESG 과제를 해결하고, 지속가능한 미래를 설계하는 데 있어 필수적인 가이드가 될 것이라 생각합니다.

ESG 경영을 도입하고자 하는 기업 경영진과 실무자뿐만 아니라, 디지털 기술을 활용하여 지속가능성을 추구하는 모든 독자들이라면 이 책을 통해 인사이트를 얻을 수 있을 것입니다.

마쉬 코리아 부사장 이석준

4.

ESG(환경·사회·거버넌스)는 이제 기업이 선택할 수 있는 경영 방식이 아니라, 지속가능한 미래를 위한 필수 전략이 되었습니다. 특히 반도체, IT, 제조업 등 글로벌 산업을 선도하는 기업에게 ESG 경영은 단순한 규제 대응을 넘어 경쟁력을 높이는 핵심 요소로 자리 잡고 있습니다. 『ESG 미래를 지배하는 힘』은 기업이 ESG 거버넌스를 효과적으로 구축하고 실천할 수 있도록 명확한 방향성과 실행 전략을 제시하는 책입니다.

전체 내용을 보면 ESG 경영의 기본 개념부터 실무 적용까지 체계적으로 다루고 있고, 국내외 다양한 사례를 통해 ESG 리포트 작성, 평가 기준 대응, 지속가능경영 전략 수립 등의 과정을 준비하는데 매우 효과적입니다.

기업의 사회적 책임과 ESG 경영의 실천이 기업의 지속가능한 성장과 직결된다고 믿습니다. SK하이닉스에서도 사회적 가치를 창출하기 위한 다양한 사회공헌 활동을 진행하고 있으며, ESG 경영을 기반으로 지속가능한 반도체 생태계를 만들기 위해 노력하고 있습니다.

특히, 공저자 중 한 분이신 한국공간정보통신 대표가 코로나 팬데믹 시기에 제공한 코로나 상황지도를 보면서, 기업의 사회적 헌신과 공간정보 기술이 사회적 위기 속에서 공익적 역할을 수행할 수 있음을 실감했고, 이를 통해 거버넌스를 실천하는 기업의 중요성을 다시금 생각하게 되었습니다. ESG 경영이 단순히 선언적인 가치가 아니라 실천을 통해 기업과 사회 모두에 긍정적인 변화를 만들어 낼 수 있다는 점을 직접 경험할 수 있는 계기였습니다.

ESG 경영을 고민하고 계시다면 이 책을 추천합니다. 기업 담당자들과 CEO에게 신뢰할 수 있는 가이드가 될 것입니다.

SK하이닉스 부사장 장만영

5.

현대 사회에서 ESG(환경·사회·거버넌스) 경영은 기업의 지속가능성과 사회적 책임을 실현하는 데 필수적인 요소로 자리매김하고 있습니다. 『ESG 미래를 지배하는 힘』은 이러한 시대적 요구에 부응하여, 기업들이 ESG 거버넌스를 효과적으로 구축하고 실천할 수 있도록 명확한 방향성과 실행 전략을 제시하는 탁월한 지침서입니다.

ESG 경영의 기본 개념부터 실무 적용까지 체계적으로 다루고 싶다면 반드시 이 책을 읽어보시길 권합니다. 국내외 다양한 사례를 통해 기업들이 ESG 리포트 작성, 평가 기준 대응, 지속가능경영 전략 수립 등의 과정을 효율적으로 준비할 수 있도록 구성되었습니다.

한국ESG학회 회장으로서, 신뢰할 만한 객관적이고 합리적인 K-ESG 평가 기준을 마련하여 세계 ESG 논의를 주도하고, 이를 통해 K-한류를 이어나가고자 노력하고 있습니다. 이러한 관점에서 볼 때, 『ESG 미래를 지배하는 힘』은 기업들이 ESG 경영을 효과적으로 도입하고 실천하는 데 있어 필수적인 가이드가 될 것입니다.

ESG 경영을 고민하는 기업 경영진과 실무자뿐만 아니라, 지속가능한 미래를 추구하는 모든 독자에게 이 책을 강력히 추천합니다.

한국ESG학회 회장 고문현

6.

ESG가 전 세계 경영 패러다임의 중심으로 부상한 가운데, 특히 'G(Governance: 지배구조)'는 환경(E)과 사회(S)의 지속가능성을 구현하는 제도적 기반이자 전략적 수단입니다. 그럼에도 많은 기업들은 여전히 거버넌스를 선언적 수준에 머무르거나 규제 대응 차원으로만 접근하고 있는 것이 현실입니다.

여러 곳에서 ESG 거버넌스를 단순한 컴플라이언스 도구로 보고 있지만, 이 책에서는 기업 가치(Value-Up)와 생존전략으로 삼아야 할 '경영의 중심축'으로 명확히 제시하고 있습니다. 저자들은 국내외 거버넌스 사례와 정책 트렌드 분석은 물론, 기업의 이사회 구성, 감사 체계, 사외이사 독립성 확보, 이해관계자 중심의 의사결정 구조 등 구체적 실행 방안을 체계적으로 정리했습니다.

벤처기업, 스타트업, 그리고 전환기를 겪는 전통기업에게 ESG는 위기이자 기회입니다. 그 전환의 핵심에 '거버넌스'가 있습니다. 이 책은 그러한 기업들에게 스스로를 진단하고 설계하며, 글로벌 투자자와 시장의 요구에 부응할 수 있는 나침반이 되어줄 것입니다.

『미래를 지배하는 힘: ESG 거버넌스 마스터 키』는 단순한 이론서가 아니라, 기업 경영의 방향성을 근본부터 점검하고, 실천으로 옮길 수 있게 돕는 '전략적 실행서'라고 할 수 있습니다. 이 시대의 경영자, 이사회 구성원, ESG 실무자, 정책 담당자들에게 일독을 권합니다.

호서대학교 호서벤처대학원 벤처경영학과 이재순 교수

7.

ESG는 이제 단순한 유행어가 아니라, 기업의 지속가능성과 시장 경쟁력 확보를 위한 필수 전략입니다. 그 중심에 바로 '거버넌스(Governance)'가 있습니다. 그러나 현실의 많은 기업들은 여전히 거버넌스를 선언적 수준에서 다루거나, 규제 대응의 소극적 수단으로 이해하는 데 머무르고 있습니다.

『미래를 지배하는 힘: ESG 거버넌스 마스터 키』는 이러한 한계를 넘어, 거버넌스를 '기업 가치(Value-Up)의 엔진'이자 '지속가능 경영의 실천 전략'으로 제시하는 매우 시의적절한 책입니다.

이 책은 ESG 전문가 과정을 이수한 현장 전문가들이 집필한 만큼, 이론과 실무를 아우르는 깊이와 균형을 갖추고 있습니다. 특히 중소 · 중견기업이 실제로 적용할 수 있는 실행 전략, ESG 리포트 작성법, 평가 기준 대응 방법 등은 실질적이고 실천적인 내용을 담고 있습니다.

거버넌스를 고민하는 기업에게 이 책은 단순한 해답을 넘어, 성찰과 실행의 방향을 제시하는 나침반입니다. ESG를 진정한 경영의 축으로 삼고자 하는 모든 기업의 리더와 실무자, 그리고 변화를 이끌고자 하는 이들에게 이 책을 추천합니다.

한국ESG연구소 거버넌스 본부장 안효섭

| 차례 |

III. 실전편: 거버넌스 구축의 마스터 키

결론

서론
기업 밸류업(Value up)과 거버넌스 관리

코리아 디스카운트와 국내 기업 거버넌스

한국 기업은 전통적으로 글로벌 시장에서 '코리아 디스카운트'라고 불리는 낮은 시장 평가 문제를 겪어왔다. 비슷한 경영 성과를 내는 기업과 비교해도, 한국 시장에 상장된 기업의 가치는 상대적으로 저평가되는 경향이 있다. 이는 자본주의의 도입이 늦은 아시아 국가들에서 흔히 나타나는 문제지만, 한국은 그중에서도 유독 더 심하다.

그 원인으로는 대기업 집단의 복잡한 지배구조, 내부자 거래, 경영권 분쟁 등 거버넌스 이슈와 관련이 있다. 또한 소유 경영자의 과도한 권력 행사 및 권한 집중 문제가 여전히 존재하며, 경영의 투명성 및 책임성 부족이 지적된다. 특히 사외이사의 독립성이 부족하고 실질적 견제 능력이 부족하며, 이사회 구성원들이 경영진과 지나치게 밀접하게 연결되어 있어 감시 역할이 제대로 이루어지지 않는 점도 주요 문제다.

이 같은 이슈들은 한국 기업들이 전세계 공급망의 일원인 글로벌 기업으로 변모하고, 점점 더 지속가능성과 ESG(환경 · 사회 · 지배구조)가 중요해지는 지금 한시 바삐 개선해야 하는 사항이다.

대기업도 사정이 이런 바 한국의 중견 · 중소기업의 경우에는 상황이 더 열악하다. 중견·중소기업은 ESG 경영 및 거버넌스 개선을 실행할 자원과 전문성이 부족하여 글로벌 투자자나 대기업의 거버넌스 기준을 충족하지 못하는 경우가 많다. 가족 중심 경영 구조 속에서 의사결정 권한이 소수에 집중되어 주요 경영 판단의의 객관성과 투명성이 부족해질 위험이 크다. 또 중소기업은 공시 의무가 없는 경우가 많아 재무 및 비재무 정보가 불투명해지고, 이는 투자자의 신뢰 확보를 어렵게 만든다.

대기업뿐 아니라 중견·중소기업도 오너 중심 거버넌스를 개선하기 위해 이사회의 독립성을 강화하고, 공정한 거버넌스와 윤리적 경영 원칙을 확립하여 발생할 수 있는 거버넌스 리스크를 줄일 필요가 있다. 이는 코리아 디스카운트를 극복하고 글로벌 시장에서 경쟁력을 갖추기 위해 필수적이다. 기업이 강력한 거버넌스 체계를 구축해 이런 문제를 개선하면 코리아 디스카운트를 완화하고, 기업가치를 높일 수 있다.

최근 강화되는 글로벌 지속가능성(ESG) 트렌드에서 거버넌스는 기업 지속가능성의 핵심 요소로 자리잡고 있다. 특히 유럽연합의 기업 지속가능성 보고 지침(CSRD)이나 국제지속가능성기준위원회(ISSB)의 보고 표준이 강화되면서 한국 기업도 거버넌스 체계를 선진화할 필요성이 커지고 있다. 무엇보다 불투명하거나 비효율적인 거버넌스는 내부 부정, 경영진 간 갈등, 주주 불만 등 여러 리스크를 초래할 수 있다. 이러한 리스크는 기업 가치 하락으로 이어질 가능성이 높은 만큼, 체계적인 거버넌스 개선을 통해 리스크를 효과적으로 관리해야 한다.

기업가치 제고 계획, 거버넌스 개선의 첫걸음

국내에서도 '기업가치 제고계획(밸류업 프로그램)'이라는 이름으로 기업가치 제고 노력이 본격화되고 있다. 정부 차원에서 거버넌스 분야의 개선 압박이 가시화되고 있으며, 금융기관 위주로 참여됐던 밸류업 프로그램에 최근 현대차, LG, 포스코 등 국내 주요 제조업 기반 기업들도 참여를 공식화했다. 2024년 말까지 99개 기업, 코스피 시가총액 기준 약 43%의 상장기업이 밸류업 공시를 완료했으며, 밸류업 프로그램이 시행되면서 국내 기업의 자사주 소각이 지난해보다 약 3배 증가하고 배당도 확대됐다. 앞으로 금융위원회는 밸류업 세제 지원을 재추진하고 우수기업 표창·공동 기업설명회(IR) 등을 통해 이 프로그램의 확산을 가속화할 계획이다.

한국의 밸류업 프로그램은 일본에서 지난 2023년부터 본격적으로 시작된 일본 밸류업 프로그램을 벤치마킹한 것이다. 일본 밸류업 프로그램은 주가순자산비율(PBR) 1 미만, 자기자본이익률(ROE) 8% 미만 기업을 대상으로 자본효율성을 높이기 위해 해당 프로그램을 도입했다. . 이에 따라 기업들은 자본 비용 개선 계획을 수립하고, 주주 최소 수익률을 의식한 경영 목표를 설정하는 한편, 지배구조 코드에 기반한 거버넌스 개선, 이사회의 감독 및 역할 강화, 투자자와의 소통 확대 등을 추진해왔다. 그 결과, 일본의 자본시장 개혁이 본격화된 이후 TOPIX 지수 내 기업들의 PBR과 ROE가 상승하는 성과를 거두었다.

보통 주주 가치를 높이기 위해 우선적으로 고려되는 방안은 배당 확대와 자사주 매입이다. 그러나 이러한 조치는 단기적으로 주가를 상승시킬 수 있지만, 장기적인 기업 가치 제고에는 한계가 있다. 따라서 배당 확대와 자사주 매입뿐만 아니라, R&D 투자 확대와 지속가능 기술 개발 같은 장기적인 가치 창출 전략이 함께 이루어져야 한다.

또 기업들은 지배구조 개선 방안을 적극적으로 모색해야 한다. 이를 위해 이사회의 독립성을 강화하고, 사외이사를 확대하는 것이 중요하다. ESG 위원회 설립이나 사외이사 확대와 같은 정책이 단순한 선언에 그치지 않으려면, 사외이사의 독립성과 전문성을 실질적으로 강화하고, 이사회의 투명성과 책임성을 제고하는 구체적인 실행 방안이 마련되어야 한다.

현재 국내 기업들도 ESG 경영에 대한 노력을 기울이고 있지만, 여전히 목표와 계획이 모호하거나, 구체적인 실행 로드맵과 측정 가능한 성과 지표가 부족한 경우가 많다. 기업 가치 제고를 위한 지배구조 개선이 지속가능한 성장을 위한 핵심 과제로 자리 잡고 있는 만큼, 보다 명확한 전략과 실천 방안을 마련할 필요가 있다.

밸류업(Value up) 투자의 본질: 가치중심의 투자 전략

밸류업(Value up)이란?

현대 금융시장에서 투자자들은 다양한 전략을 통해 자산을 운용한다. 그중에서도 가치 중심의 투자 전략은 오랜 기간 동안 안정적인 성과를 보여왔다. '밸류업(Value-Up)'이라는 개념은 단순히 기업의 주가가 상승하는 것을 의미하는 것이 아니다. 이는 기업이 보유한 내재 가치를 극대화하고, 지속가능한 성장 기반을 마련하는 과정 자체를 뜻한다.

밸류업 투자는 기업의 재무 건전성, 성장 가능성, 주주 환원 정책 등을 종합적으로 고려하여 장기적인 관점에서 기업의 가치를 평가하는 전략이다. 특히, 배당 성향이 높거나 ROE(자기자본이익률)가 우수한 기업들은 밸류업을 통해 꾸준한 수익을 창출할 가능성이 크다. 이러한 이유로 가치 중심의 투자 전략은 주식 시장에서 가장 오래된 동시에 여전히 강력한 방법론으로 인정받고 있다.

코리아 밸류업(Value up) 지수의 개요

코리아 밸류업 지수는 한국 주식시장에서 가치주 중심으로 구성된 대표적인 지수 중 하나다. 이 지수는 2024년 1월 2일을 기준으로 1000 포인트(p)에서 시작했으며, 코스피와 코스닥 시장에서 선별된 100개의 종목으로 구성되어 있다. 특히 코스피 67개 종목과 코스닥 33개 종목이 포함되며, 이를 통해 대형주와 중소형 가치주의 균형을 맞추고 있다.

코리아 밸류업 지수는 매년 6월 선물만기일 이후 첫 번째 거래일에 종목을 재편성한다. 종목 변경은 가치주의 특성을 지속적으로 유지하기 위한 전략적인 조정 과정이며, 유동 시가총액을 가중치로 적용하여 각 종목의 비중을 결정한다. 또한, 특정 종목이 지수에서 차지하는 비율이 15%를 초과하지 않도록 제한하여 특정 기업의 영향력을 줄이고,

다양한 종목의 안정적인 성장을 반영하고자 한다.

밸류업(Value up) 투자의 핵심 지표

밸류업 투자의 효과를 극대화하기 위해서는 기업의 내재 가치를 측정할 수 있는 다양한 지표를 활용해야 한다. 코리아 밸류업 지수는 아래와 같은 주요 투자 지표를 기준으로 구성 종목을 선정한다.

[2024. 09. 한국거래소 코리아 밸류업(Value up) 지수 발표]

기준시점/기준지수	2024년 1월 2일/1000P
구성종목	100종목(코스피 67곳, 코스닥 33곳)
정기변경	연1회, 매년 선물만기일 다음 거래일
가중 방식	유동 시가총액 가중
비중상환	15%
종목교체율/턴오버비율	21.2%/14.5%
투자지표	PER 2.6배, PER 18.4배,ROE15.6% 배당수익률 2.2%, 배당성향 23.9%

• PBR(주가순자산비율, Price-to-Book Ratio): 2.6배

기업의 주가가 장부가치에 비해 몇 배 수준으로 거래되는지를 나타낸다. 일반적으로 PBR이 낮을수록 가치 투자 관점에서 매력적인 기업으로 평가된다.

• PER(주가수익비율, Price-to-Earnings Ratio): 18.4배

기업의 주가가 1주당 순이익 대비 몇 배 수준으로 평가되고 있는지를 보여준다. PER이 낮을수록 수익 대비 저평가된 주식일 가능성이 높다.

• ROE(자기자본이익률, Return on Equity): 15.6%

기업이 자기 자본을 활용하여 얼마나 효율적으로 이익을 창출하는지를 나타낸다. ROE가 높을수록 기업의 수익성이 우수하다는 의미다.

• 배당수익률: 2.2%

주가 대비 배당금의 비율을 나타내며, 배당을 통한 안정적인 수익을 원하는 투자자들에게 중요한 지표다.

• 배당성향: 23.9%

기업이 벌어들인 이익 중에서 주주에게 배당으로 지급하는 비율을 의미한다. 배당성향이 높을수록 주주 가치 환원 정책이 강한 기업으로 평가된다.

밸류업 투자의 장점과 실전 적용법

1) 장기적인 가치 창출

밸류업 투자는 단기적인 주가 변동이 아닌, 기업의 장기적인 성장 가능성에 초점을 맞춘다. 이는 단기적인 트렌드나 변동성에 휩쓸리지 않고, 안정적인 투자 수익을 기대할 수 있도록 한다.

2) 배당 및 자본이득의 조화

배당 성향이 높은 기업들은 주주들에게 지속적인 배당금을 제공하며, 동시에 장기적인 기업 성장으로 인한 주가 상승도 기대할 수 있다. 배당과 자본이득의 조화는 투자자들에게 안정적인 현금흐름과 더불어 장기적인 자산 증가의 기회를 제공한다.

3) 리스크 관리

가치 중심의 투자 전략은 일반적으로 시장 변동성에 대한 저항력이 강하다. 기업의 내재 가치가 탄탄할수록 주식 시장의 급격한 하락에서도 비교적 안정적인 흐름을 유지할 가능성이 높다.

4) 밸류업 전략을 실전 투자에 활용하는 방법

밸류업 투자 전략을 실전에서 활용하기 위해서는 다음과 같은 방법을 고려할 수 있다.

기업의 재무제표 분석: PBR, PER, ROE 등의 지표를 활용하여 기업의 재무 건전성을 점검한다.

배당 정책 확인: 배당 성향과 배당수익률을 고려하여 안정적인 배당 지급이 가능한 기업을 선정한다.

장기 투자 관점 유지: 단기적인 주가 변동에 휩쓸리지 않고, 기업의 지속적인 성장 가능성을 기반으로 투자 결정을 내린다.

지속가능한 성장과 밸류업 투자

밸류업 투자는 단순한 수익 추구를 넘어, 기업의 지속가능성과 내재 가치 극대화에 초점을 맞춘 전략이다. 코리아 밸류업 지수는 가치주 중심의 투자 기회를 제공하며, 안정적인 배당과 장기적인 성장 가능성을 동시에 고려하는 투자자들에게 적합한 선택지가 될 수 있다.

가치 중심의 투자 전략을 통해 투자자는 변동성이 높은 금융 시장에서 보다 안정적이고 예측 가능한 수익을 기대할 수 있다. 단기적인 시장 흐름에 휘둘리기보다는, 기업의 본질적인 가치를 파악하고 장기적인 안목을 갖춘다면, 밸류업 투자 전략이 성공적인 결과를 가져다줄 것이다.

트럼프 이후에도 지속가능성 여정은 계속된다

트럼프 대통령 재임 이후 연방 차원에서 ESG(환경 · 사회 · 지배구조) 정책에 대한 관심과 추진력을 상실하며 글로벌 ESG 질서에 혼란을 야기하고 있다. 파리기후협정 탈퇴, 기업 규제 완화, 화석연료 중심 에너지 정책 등은 ESG의 핵심 가치에 반하는 행보로 평가되며, 특히 다국적 기업의 지속가능성 전략과 투자자 신뢰에 불확실성을 더했다. 이로 인해 ESG는 정치적 이슈로 비화됐고, 미국 내에서도 주(state) 단위의 정책 분열이 나타나 글로벌 협력의 일관성을 해쳤다.

ESG에 대해 정치적 이념에서 벗어나 실질적 리스크 관리 도구로서 인식 전환이 필요하다. 국제적으로는 EU, 일본 등 주요국이 과학 기반 목표와 표준 정비를 통해 ESG의 신뢰성을 회복하려는 노력이 이어지고 있다. ESG는 단순한 가치 판단이 아닌, 장기적 기업 경쟁력 확보와 자본 유치의 핵심 수단이라는 점에서, 글로벌 공통의 규범과 협력이 재차 강조되어야 한다.

기업의 지속가능경영이 선택이 아닌 필수가 된 시대, ESG 경영은 단순한 규제 대응을 넘어 기업 밸류업(Value-Up)의 핵심 전략으로 부상하고 있다. 특히 글로벌 투자자들은 재무적 수익성뿐만 아니라 비재무적 리스크 관리 역량을 종합적으로 평가하며 투자 대상을 선정하고 있다. 이는 ESG 요소가 기업의 장기적인 수익성과 생존 가능성에 직결된다는 인식이 확산된 결과다. 결국, ESG를 체계적으로 관리하는 기업은 투자자들로부터 긍정적인 평가를 받으며 자본 유치의 문턱을 낮출 수 있다.

ESG 관리는 사업 전략의 중심축으로 작용하며, 기업의 제품 및 서비스 혁신과도 연결된다. 예컨대 친환경 소재를 활용한 제품 개발, 지역사회와의 협업 강화, 윤리적 경영 시스템 구축은 기업이 사회적 책임을 다하는 동시에 새로운 시장 기회를 선점하는 수단이 된다. ESG는 단순히 비용이 아닌, 미래 성장 동력으로 이어지는 투자임을 인식해야 한다. 이는 기업이 내부적으로 지속가능성을 전략적 의사결정의 기준으로 삼아야 하는 이유이기도 하다.

궁극적으로 ESG는 외부의 요구에 대응하는 소극적 수단이 아니라, 기업이 자율적으로 경쟁력을 강화하고 밸류업을 실현하는 능동적 도구다. 글로벌 공급망 규제 강화, 기후 리스크 확대, 소비자 가치관 변화 등 급변하는 경영환경 속에서 ESG 관리는 지속가능한 성장의 기준점이 된다. 이에 따라 기업은 ESG를 일회성 보고나 홍보 차원을 넘어서, 경영 전반에 통합된 실행 전략으로 발전시켜야 한다. 그래야만 자본 시장의 선택을 받고, 궁극적으로 기업가치의 실질적 상승을 이룰 수 있다.

지배구조보고서 발간 의무화, 지속가능 경영 공시 참여 확대

최근 국제적 공시기준 준수 및 지배구조보고서 발간, 지속가능경영 보고서 발간 등 정책당국의 글로벌 트렌드에 부합하는 거버넌스 개선 노력이 확대되고 있다. 주요 기업 이사회에 사외이사 비중이 증가하고 있으며 경영 감시 및 독립성 강화 노력이 지속적으로 이루어지고 있다.

지배구조보고서는 2019년부터 자산 2조 원 이상 기업에 의무화됐으며 2022년부터는 자산 1조 원 이상 기업으로 확대 적용되었다. 또한, 한국거래소는 기업들이 '기업 가치 개선 계획'을 지배구조보고서를 통해 공시하도록 지배구조보고서 가이드라인을 강화했다. 향후에는 지배구조보고서 의무 공시 대상이 더욱 확대될 전망이다.

지속가능경영보고서는 현재 자율적으로 발간되고 있으나, 공시 의무화가 점점 가까워지고 있다. 이미 국제지속가능성기준위원회(ISSB)의 지속가능성 공시기준을 기반으로 한국 지속가능성기준위원회(KSSB)가 발족하였으며, 지속가능성 공시 의무 시기를 저울질하고 있다.

앞으로 상법 개정을 통해 집중투표제 도입과 이사회의 감사위원 분리 선임 의무화 등을 통해 소수 주주의 권리 보호와 의사결정 투명성을 강화하는 방안도 논의되고 있다. 또 공정거래위원회를 중심으로 지배구조 관련 규제가 강화되면서 재벌의 순환출자 해소와 기업 집단의 투명성을 높이기 위한 제도적 기반이 마련되고 있다.

기업이 단순히 수익 창출만이 아니라 사회적 책임을 다하고 지속가능한 발전을 위해 노력해야 한다는 요구가 커지는 가운데, 한국 기업들은 내부 윤리 규정 준수, 이해관계자 관리, 지속가능한 의사결정 구조 등 다양한 방식으로 지배구조를 개선할 필요가 있다. 특히 이해관계자 중심의 의사결정 모델로의 전환이 가속화됨에 따라 고객, 직원, 지역사회, 환경 등 다양한 이해관계자의 요구를 수용할 수 있는 거버넌스가 기업의 지속가능성을 확보하는 중요한 기반이 될 것이다.

거버넌스 개선 가이드

시중에 거버넌스와 관련된 전문서적은 많지만, 일반적인 기업 실무진과 일반 투자자를 대상으로 쓰인 책을 찾기는 어렵다. 『ESG 거버넌스 마스터 키』는 국내 기업이 효과적으로 거버넌스 개선을 할 수 있도록 돕기 위해 출간됐다.

이 책은 우선 이론적 측면에서 좋은 거버넌스의 조건과 기업이 놓치기 쉬운 거버넌스 이슈를 살펴보고, 최근의 거버넌스 트렌드에 맞추어 어떻게 좋은 거버넌스를 구축할 수 있을지를 설명한한다. 또한 사례 연구를 통해 국내외에서 우수한 거버넌스를 갖춘 기업들의 구체적인 지표를 분석하고,. 벤치마킹할 수 있도록 보다 세부적인 내용을 담았다. 특히 글로벌 공급망의 핵심 산업인 자동차 산업과 글로벌 시장에서 성장하고 있는 식품 기업, 그리고 세상을 바꾸는 혁신이 지속되고 있는 IT 분야 등의 기업을 주로 들여다봤다.

이어 실무적 측면에서 실제로 지배구조보고서 및 지속가능경영보고서 작성 시 반드시 점검해야 하는 사항들을 제시하고, 기업이 직접 활용할 수 있는 간이 체크리스트를 포함했다.이는 기업의 지배구조보고서 및 지속가능경영보고서를 작성하는 임원들과 ESG 담당팀에게 실질적인 도움이 될 것이다.

이 책은 독자가 내용을 따라가며 실행할 수 있도록 상세히 작성되어 있어, 기업들이 보다 쉽게 지배구조를 개선하는 데 기여할 수 있을 것이다. 지배구조 개선을 고민하는 많은 기업들에게 유용한 길잡이가 되길 바란다.

I. 이론편

ESG 거버넌스
바로 알기

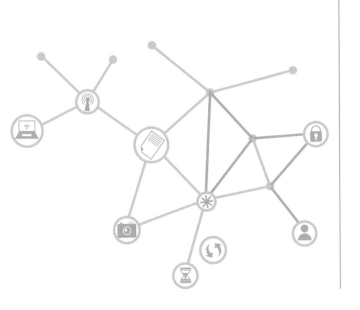

영화 〈삼진그룹영어토익반〉은 ESG 경영의 교과서 같은 영화다. 코로나가 시작된 2020년 개봉했음에도 157만 관객을 모았다. 이 영화에는 ESG의 환경, 사회, 거버넌스 모든 요소가 들어 있다. 〈삼진그룹영어토익반〉은 1991년 구미 두산전자의 페놀방류사건을 소재로 하였다. 영화에서는 기업의 환경오염 문제뿐만 아니라 고졸 여사원에 대한 차별을 다루었으며 기업 거버넌스 실패를 다루고 있다. 감독은 영화 제작시 ESG를 염두에 두지 않았겠지만 결과적으로 이 영화는 ESG 경영의 교과서 같은 영화가 되었다. 영화제목도 ESG와 딱 맞는다. 야구에서 3 스트라이크 아웃을 '삼진'아웃이라고 한다. ESG 3요소인 환경(E), 사회(S), 거버넌스(G)에 실패한 기업의 이름을 '삼진'그룹이라고 지은 것은 우연일까?

이 영화 전체를 관통하는 것은 법령의 비준수, 내부 통제시스템의 부재, 경영진의 부패와 비윤리성이다. 한마디로 거버넌스의 실패다. 거버넌스가 어느 날 갑자기 중요해진 것은 아니다. 이미 오래 전부터 기업 경영에서 중요한 개념이었지만 우리 기업에게는 아직도 낯선 단어이다. 최근 ESG 경영이 대두되면서 그 중요성이 크게 부각되고 있는데 그 이유는 다음과 같다.

첫째, 거버넌스 이슈가 발생하면 기업은 회복할 수 없는 큰 손해를 볼 수 있다.

영화 〈삼진그룹영어토익반〉의 소재가 된 1991년 두산전자는 지하피트(PIT) 안의 폐수를 집수하는 과정에서 탱크가 넘쳐흐르는 것을 그대로 방치해 매일 1톤 가량의 페놀이 들어 있는 폐수를 방류하였다.

당시 "작업반장이 생산부 차장에게 5~6회에 걸쳐 폐수유출 사실을 보고했고 공장장에게도 사실을 보고했으나 아무런 조치를 취하지 않았다"라고 밝혀져 사측이 일부러 이를 은폐하려 했던 사건이다. 환경 문제지만 이는 근본적으로 거버넌스 문제다. 한마디로 컴플라이언스 시스템이 작동하지 않았다. 환경단체와 시민단체는 코카콜라 등 두산 제품 불매운동을 전국적으로 벌였다. 결국 그 당시 두산그룹의 주력 기업인 코카콜라를 매각하였고 그룹 회장이 물러나고 환경처 장·차관이 한꺼번에 경질되었다.

코로나가 한창이던 때 남양유업이 자사의 제품이 코로나에 효과가 있다고 발표한 적이 있었다. 검증되지도 않은 내용을 어떠한 내부통제 절차 없이 발표함으로써 기업의 이미지는 실추되었고 주가는 곤두박질 쳤다. 컴플라이언스 이슈로 인해 실추된 기업의 명예와 이미지는 다시 회복하기 힘들다.

둘째, 국내 및 해외 규제기관의 법 집행이 강화되고 있다.

현행법상 자산총액이 5천억 원 이상인 상장회사에게 컴플라이언스 제도 도입은 법률상 의무사항이다. 상법에서 준법통제기준 제정 및 준법지원인 선임의무를 규정하고 있다. 부패나 담합 사건의 경우 관할권이 역외까지 적용이 되고 있다. 미국의 해외부패방지법(FCPA)이 대표적인 사례이다. FCPA를 위반한 국내 최초 사례는 2019년 삼성중공업이다. 삼성중공업은 시추선 인도계약 수주을 위해 중개인을 통해 브라질 석유 공기업 페트로브라스 간부에게 뇌물 2,000만 달러를 제공했다는 것이다. 이 사건으로 삼성중공업은 3년간 독립적인 컴플라이언스 모니터링프로그램을 유지한다는 조건으로 미국 정부와 약 902억 원 벌금에 합의했다. 2022년 최근 3년간 국내기업이 FCPA 위반으로 미국 정부와 합의한 벌금은 약 1,800억 원이나 된다. 이제 비즈니스는 국경이 없는 시대가 되었다. 글로벌 비즈니스의 확대로 인해 컴플라이언스 리스크가 증가하고 있다.

셋째, 이해관계자 자본주의와 ESG 경영의 부상으로 컴플라이언스가 중요시 되고 있다. 2019년 미국의 대표적 기업 CEO의 모임 BRT(Business Round Table)는 이해관계자 자본주의를 채택하였다. BRT는 기업의 목적을 1997년 BRT 모임에서 결정한 '주주의 최대 이익'으로부터 2019년 '모든 이해 관계자들의 혜택'으로 변경하였고 '기업의 사회적 책임'을 강조하였다. 직원, 고객, 공급업체와 지역사회의 이익을 주주와 동등하게 함으로써 ESG 경영을 본격적으로 촉발시켰다. ESG 경영 항목 중 거버넌스 세부 요소에는 부패방지와 컴플라이언스가 있다. 컴플라이언스는 ESG 경영의 기초가 되며 기업경영의 필수조건이 되었다. 컴플라이언스는 기업의 미래가치를 결정한다. 플라이언스는 기업이 생존하기 위한 필수요건이 되었다.

넷째, 컴플라이언스 프로그램으로 기업의 법적 책임이 경감될 수 있다.

실제 법률 위반이 문제된 사안에서 당해 기업이 얼마나 컴플라이언스 프로그램을 잘 운영했느냐에 따라 당해 기업에 대한 처벌 수위가 달라지게 된다. 컴플라이언스 프로그램이 갖춰져 있고 제대로 작동되고 있다면 기업의 형사책임뿐 아니라 민사 배상책임도 감경되는 효과를 가져올 수 있다. 민법상 사용자에 대한 손해배상책임 규정에서도 사용자가 상당한 주의를 기울인 경우 사용자의 면책을 규정하고 있다.

2022년 창원지방검찰청은 근로자 16명이 독성물질에 중독된 A사 대표이사를 중대재해처벌법 위반 혐의로 불구속 기소했다. 비슷한 사고로 13명이 화학물질에 중독된 B사 대표이사에게는 무혐의 처분을 내렸다. 이 둘의 기소 여부를 가른 것은 '안전보건관리체계' 구축 및 이행이었다. B사는 분기별로 산업안전보건위원회를 개최하였고 매년 산업안전보건법에 따른 위험성 평가를 시행했다. 안전보건 업무매뉴얼을 작성하여 비치하였고 약 9억 7,000만원의 재해예방 예산을 편성했다. 관리체계 구축과 실행이 검찰의 기소 여부에 결정적 역할을 했다.

한국 거버넌스 수준, 글로벌 평가에서 '혹평'

한국 기업의 거버넌스 수준은 여전히 개선의 여지가 많다. 지난 2019년 137개국을 대상으로 한 세계경제포럼 국가경쟁력 평가에서 한국은 소수이익보호, 이사회 유효성, 기업윤리 등 지배구조 측면에서 각각 99위, 109위, 90위에 그쳤다. 전체 순위에서 한국이 140개국 중 13위를 한 것을 감안하면 거버넌스 측면에서 매우 가혹한 평가를 받고 있는 것이다.

기관투자자들을 회원사로 둔 아시아기업지배구조협회(ACGA)의 'CG Watch 2023' 보고서의 기업 거버넌스 평가에선 한국의 지배구조 순위는 아시아 12개국 중 8위로 평가됐다. 이는 일본(2위)는 물론, 홍콩·인도(6위)보다 낮은 수치다. 한국 기업의 주요 과제로 •거버넌스 개혁 로드맵 주주권리 강화 •자사주 규제 강화 •스튜어드십 코드 개정 •주주총회 제도 개선 등을 제시했다. 국제경영개발원(IMD)이 발표한 2024년 국가 경쟁력 순위에서 한국은 67개국 중 20위를, '경영 관행' 항목에서는 28위를 기록하며 이사회의 감독 기능 강화와 투명한 의사결정 체계 정립, 주주권익 보호 등이 주요 개선 과제로 지적됐다.

여전히 많은 기업들이 거버넌스 개선에 어려움을 겪고 있다. 대한상공회의소의 조사에 따르면, ESG 경영 중 기업들이 가장 대응하기 어려운 분야로 지배구조(41.3%)가 꼽혔다. 그러나 최근 몇몇 기업들의 선도적인 노력은 한국 기업 거버넌스의 미래에 희망을 보여주고 있다.

예를 들어 2018년 1월, 풀무원은 총수일가가 아닌 전문 경영인 체제로 전환했다. 이는 한국 재벌의 전통적인 경영권 세습 구조를 깨뜨린 혁신적 사례로 평가받고 있다. 유한양행은 사내이사를 7명에서 4명으로 줄이고 사외이사를 3명에서 5명으로 확대했다. 또한 경영진과 이사회를 분리하여 투명한 지배구조 구축에 노력을 기울였다. SK하이닉

[표1] 안전관리체계 구축여부에 따른 결과

구 분	A사 대표이사	B사 대표이사
사건 내용	근로자 16명 독성물질 중독	근로자 13명 독성물질 중독

안전관리
체계
	· 안전관리체계 구축 안 함
	· 인력/시설/장비 구비 등 의
	  무소홀
	· 작업장 국소배기장치 등 미
	  설치
		· 위해요인 확인 및 개설절차
		  구축
		· 안전업무 평가기준 마련 및
		  관리
		· 재해예방 예산 편성 및 관리

검찰 판단	기소(불구속)	불기소(무혐의)

*출처: 청렴·윤리·준법경영의 솔루션 ISO37301, 한국컴플라이언스아카데미, 2022

스는 이사회 의장과 대표이사를 분리하고, 사외이사 비율을 전체 이사의 과반수로 유지하도록 규정하여 경영진에 대한 감시 및 견제 기능을 강화했다.

이러한 사례들은 한국 기업들이 점차 글로벌 스탠더드에 부합하는 거버넌스 체계를 구축해 나가고 있음을 보여준다. 이 같은 기업 거버넌스의 개선은 기업 가치와 직결된다. 이는 기업이 장기적인 관점에서 안정적인 성장을 이루고, 위기 상황에 효과적으로 대응할 수 있도록 돕는다. 또한, 투명한 거버넌스는 투자자 및 기타 이해관계자들의 신뢰를 높이고, 기업의 평판과 브랜드 가치를 강화하는 데 기여한다.

장기적으로 거버넌스 개선은 기업 문화와 결부되어, 경영진의 리더십 스타일, 조직의 의사소통 방식, 그리고 직원들의 참여와 동기부여에까지 영향을 미친다. 따라서 거버넌스의 원칙과 가치를 기업 전반에 걸쳐 내재화하는 것이 중요하다.

01 기업 경영에서의 거버넌스

급변하는 글로벌 비즈니스 환경에서 거버넌스는 지속가능한 성공의 초석으로 등장했다. 기업이 국제 시장의 복잡성을 헤쳐나가면서 강력한 거버넌스 구조의 중요성이 그 어느 때보다 중요해졌다. 특히 ESG(환경, 사회, 거버넌스)의 개념이 대두되면서부터 그 중요성이 더욱 높아졌다. ESG 경영은 환경, 사회, 거버넌스라는 세 가지 주요 영역을 포괄하고 있다. 환경적, 사회적 측면이 많은 관심을 받는 경우가 많지만 거버넌스도 마찬가지로 매우 중요하다.

기업 거버넌스는 기업의 투명성과 책임성을 보장하는 핵심 요소로, 기업의 장기적인 성장에 꼭 필요한 요소다. 기업 거버넌스의 중요성은 ESG 규제가 강화되면서 최근 더욱 강조되고 있다. 『하버드 비즈니스 리뷰』(Harvard Business Review, 2019)는 "지배구조가 잘 갖추어진 기업이 더 높은 장기 성과를 기록하며, 투자자들의 신뢰를 받는다"고 보고한 바 있다. 이에 따라 기업은 과거보다 더 책임감 있고 윤리적이며 지속가능하게 운영될 것으로 기대하고 있다.

기업 거버넌스의 역사와 변화

기업 거버넌스는 기업 운영의 원칙과 제도를 의미하며, 시대에 따라 지속적으로 발전해왔다. 경제 환경과 기업 구조의 변화, 투자자의 역할 강화, 글로벌 금융 위기 및 ESG(환경·사회·지배구조) 등의 개념이 확산되면서 기업 거버넌스는 큰 변화를 겪어 왔다.

기업 거버넌스의 연대기

기업 거버넌스는 기업의 운영 및 관리 구조를 정의하며, 주주, 이사회, 경영진 간의 관계를 규명하는 중요한 요소이다.

1. 1930년대 – 1950년대: 초기 기업 거버넌스 개념의 형성

• 특징: 이 시기는 기업의 소유와 경영이 분리되기 시작한 시기이다. 주주와 경영진 간의 이해관계 충돌이 발생하면서 기업 거버넌스의 필요성이 대두되었다.

2. 1960년대 – 1970년대: 이사회와 주주 권리의 강조

• 특징: 이사회가 기업의 전략적 결정을 내리는 중요한 기구로 자리 잡기 시작했다. 주주 권리 보호에 대한 관심이 높아졌다.

기업 거버넌스의 역사적 발전

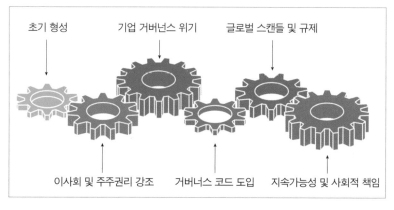

초기 형성 기업 거버넌스 위기 글로벌 스캔들 및 규제

이사회 및 주주권리 강조 거버넌스 코드 도입 지속가능성 및 사회적 책임

- 주요 사건: 1976년, 미국에서 이사회 구성의 다양성과 독립성에 대한 논의가 활발해짐.

3. 1980년대: 기업 지배구조의 위기
- 특징: 기업의 경영 실패와 스캔들이 잇따르면서 기업 거버넌스에 대한 비판이 증가했다. 이사회와 경영진 간의 갈등이 심화되었다.
- 주요 사건: 1985년, 미국의 여러 대기업에서 경영진의 비효율적인 결정으로 인한 주가 하락이 발생

4. 1990년대: 기업 거버넌스 코드의 도입
- 특징: 기업 거버넌스의 투명성과 책임성을 높이기 위한 다양한 코드와 규정이 도입되었다. 이사회 구성의 독립성이 강조되었다.
- 주요 사건: 1992년, 영국에서 '하이먼 보고서'가 발표되어 기업 거버넌스의 기준이 제정됨.

5. 2000년대: 글로벌 스캔들과 규제 강화
- 특징: 엔론, 월드컴 등의 대규모 스캔들이 발생하면서 기업 거버넌스에 대한 규제가 강화되었다. 주주 권리 보호와 투명성 확보가 주요 이슈로 떠올랐다.
- 주요 사건: 2002년, 미국에서 '사베인스-옥슬리법'이 제정되어 기업의 회계 투명성을 강화.

6. 2010년대 – 현재: 지속가능성과 사회적 책임

- 특징: 기업의 지속가능성과 사회적 책임이 기업 거버넌스의 중요한 요소로 자리 잡았다. ESG(환경, 사회, 지배구조) 기준이 기업 평가에 반영되고 있다.
- 주요 사건: 2015년, UN에서 지속가능한 발전 목표(SDGs)가 채택되어 기업의 사회적 책임이 강조됨.

기업 거버넌스는 시대에 따라 변화해 왔으며, 각 시기별로 다양한 특징과 사건들이 기업의 운영 방식에 영향을 미쳤다. 앞으로도 기업 거버넌스는 사회적 요구와 환경 변화에 맞춰 지속적으로 발전할 것으로 예상된다.

주요 개념 및 관계

기업 유형

상장기업: 증권시장에 등록되어 공개적으로 주식이 거래되는 기업.

비상장기업: 주식시장에 등록되지 않은 기업으로, 투자자 및 경영 방식에서 차이가 있음.

공급망 협력사: 기업과 계약을 맺고 원자재나 부품을 공급하는 협력 업체.

기업에 영향을 미치는 주요 이해관계자

- 주주: 기관 및 개인 투자자로 구성되며, 기업의 주식을 소유하여 의사결정에 영향력을 행사.

기업 생태계 및 거버넌스 구조

구분	세부내용
기업 유형	– 상장기업 (주식시장에 등록) – 비상장기업 (주식시장 미등록) – 공급망 협력사 (원자재 및 부품 공급)
주주	– 기관 투자자 – 개인 투자자
증권시장	– 국외 및 국내 증권시장 – 감독기관 (상장 및 공시 조건 관리)
평가사	– 국외 및 국내 평가사 (기업 신용 및 투자 지표 평가)
글로벌 기준	– 글로벌 이니셔티브 (협약 및 요구사항 제시) – 글로벌 가이드라인 (실행, 목표, 정보 공개)
법,제도	– 국가 법 및 제도 (기업 관련 법과 규제)
고객 및 소비자	– 정부 및 공공기관 – 개인 소비자
사회적 감시자	– 언론 (기업 활동 감시 및 보도) – 시민단체 및 지역사회 (사회적 책임 요구)
노동 관계자	– 노동조합 – 직원 (근로 환경 및 권리 보호 요구)
기업 운영 관련 요구사항	– 주주 요구사항 및 주주총회 의견 – 고객사의 준수 및 요구사항 – 조달조건 및 계약조건

- 증권시장: 상장 및 공시 조건을 설정하고, 기업의 투명성 및 신뢰성을 평가.
- 평가사: 기업의 신용 및 투자 지표를 평가하는 기관.
- 글로벌 이니셔티브 및 가이드라인: 기업의 지속가능성과 사회적 책임을 요구하는 국제적 기준을 제시.

- 국가 법·제도: 기업 관련 법률 및 규제를 설정하여 기업 운영을 관리.
- 고객 및 소비자: 정부·공공기관 및 개인 소비자로, 기업 제품 및 서비스의 최종 수요자 역할.
- 언론 및 시민단체: 기업 활동을 감시하고 사회적 책임을 요구하는 역할 수행.
- 노동조합 및 직원: 기업의 내부 구성원으로 근로 환경 및 권리 보호를 요구.

기업 경영의 의사결정에 영향을 미치는 거버넌스 구조는 소유구조

소유구조

주식회사(株式會社)
주식(株式)을 발행하여 자본을 조달하는 회사이며 주주총회에 최종 의사결정권이 있는 회사

합명회사(合名會社)
무한책임사원으로만 구성된 회사, 최종 의사결정권이 모든 사원에게 있는 회사

합자회사(合資會社)
무한책임사원과 유한책임사원으로 구성된 회사이며, 최종 의사결정권이 사원총회에 있는 회사

유한회사(有限會社)
모든 사원이 출자금액을 한도로 유한줄자의무 부담, 최종 의사결정권이 사원총회에 있는 회사

유한책임회사(有限責任會社)
유한회사는 출자금 지분에 따라 의결권이 있으나 유한책임회사는 사원 1인 1개의 의결권이 있는 회사

상장사(공개회사)
일반 대중에 소유 지분을 공개한 회사로 유가증권시장에 상장되어 주식이 거래되고 있는 기업

비상장사(비공개회사)
유가증권시장에 상장하지 않은 기업

의사결정구조	
[주식회사]	[합명회사, 합자회사, 유한회사, 유한책임회사]
최종 의사결정기구: 주주총회 의결권 주식을 가진 주주(株主)가 모두 참여하는 주주총회	**최종의사결정 기구 사원총회** 무한책임사원(합명회사)또는 유한책임사원(합자, 유한, 유한책임회사)이 모두 참여하는 사원총회
▼	▼
이사회 주주총회에서 선출한 이사들이 주주를 대신하여 경영의 주요 의사결정을 진행하고 실무적인 의사결정을 하는 최고경영자를 감시, 감독함	**최고경영자** 사원총회에서 선출한 최고 경영자는 기업 경영의 실무적인 의사결정을 내림
▼	▼
최고경영자 주주총회에서 선출한 최고 경영자는 이사회의 일원이며 기업 경영의 실무적인 의사결정을 내림	**비상장사(비공개회사)** 최고 경영자의 의사결정에 따라 기업경영의 실무를 집행하는 구성원
▼	
임직원 최고 경영자의 의사결정에 따라 기업경영의 실무를 집행하는 구성원	

[출처: 사회적가치연구원]

와 의사결정구조로 설명할 수 있다. 거버넌스가 '의사를 결정하는 체계와 구조'라는 점에서 기업의 소유구조와 의사결정구조가 기업 거버넌스에 가장 큰 영향을 미치기 때문이다.

기업 거버넌스의 개념

기업 거버넌스(Corporate Governance)는 기업의 경영과 의사결정 과정을 감독하고 조정하는 시스템을 의미한다. 이 시스템은 기업의 주주, 이사회, 경영진, 감사 등 다양한 이해관계자들이 상호작용하며, 기업을 효율적이고 투명하게 운영하기 위한 구조와 절차를 포함한다. 기업지배구조의 핵심은 기업이 설정한 목표를 달성하기 위해 경영진이 올바른 의사결정을 내리고, 그 결과를 평가 및 감독할 수 있는 체계를 구축하는 것이다.

기업 거버넌스는 단순히 기업의 내부 운영 방식을 넘어서, 기업의 외부 이해관계자들 특히 투자자들과 주주들의 신뢰를 확보하는 데 중요한 역할을 한다. 이 시스템은 기업의 목표 설정, 경영진의 의사결정, 경영 성과의 평가 및 감독을 포괄하며, 이러한 절차들이 투명하고 공정하게 이루어지도록 하는 데 중점을 둔다. 궁극적으로, 기업지배구조의 목적은 기업의 장기적인 성장을 도모하고, 지속가능한 발전을 가능하게 하는 데 있다.

잘 설계된 기업 거버넌스는 경영진이 책임감을 가지고 행동하도록 유도하며, 주주들의 권익을 보호하는 동시에, 기업의 경영 투명성과 효율성을 높이는 데 기여한다. 이는 기업이 변화하는 시장 환경 속에서도 일관되게 높은 성과를 유지하고, 장기적으로 안정적인 성장을 이룰 수 있도록 하는 중요한 요소로 작용한다.

기업 거버넌스의 중요성

기업 거버넌스는 기업의 경영 효율성과 투명성을 높이며, 주주와 다양한 이해관계자의 신뢰를 확보하는 데 중요한 역할을 한다. 그 중요성은 다음과 같은 여러 측면에서 설명될 수 있다.

경영 투명성 제고

투명한 기업 거버넌스는 기업의 의사결정 과정과 재무 상태를 명확하게 공개하여 주주와 이해관계자들이 기업의 상황을 정확히 파악할 수 있도록 돕는다. 이러한 투명성은 경영진이 자의적인 결정을 내리거나 부정 행위를 저지를 가능성을 줄여주며, 이를 통해 주주와 이해관계자들의 신뢰를 높일 수 있다.

투명한 경영은 기업의 내부 정보가 적절하게 공개되고, 의사결정 과정이 공정하게 이루어짐을 보장한다. 이는 주주들이 기업의 경영 방침과 재무 상태를 정확히 이해하고, 필요한 경우 경영진에게 책임을 묻거나 방향을 제시할 수 있는 기반을 제공한다. 투명성이 확보된 기업은 경영진이 주주들과 이해관계자들에게 정직하고 일관된 정보를 제공하기 때문에, 불필요한 의심이나 불신을 피할 수 있다.

또한, 투명한 거버넌스 구조는 기업의 평판을 제고하는 데 중요한 역할을 한다. 시장에서의 평판은 기업의 지속적인 성장과 투자 유치에 큰 영향을 미치며, 투명성은 이러한 평판을 강화하는 핵심 요소이다. 투명한 경영을 실천하는 기업은 신뢰를 기반으로 한 장기적인 경영 안정성을 확보할 수 있으며, 이는 기업이 외부 충격에 강한 구조를 갖추는 데 기여한다.

궁극적으로, 경영 투명성 제고는 기업이 책임 있는 경영을 통해 장기적인 성장을 추구할 수 있는 토대를 마련하며, 주주와 이해관계자들 간의 신뢰를 바탕으로 한 지속가능한 발전을 가능하게 한다.

책임성 강화

기업 거버넌스는 경영진과 이사회의 책임성을 높이는 데 중요한 역

할을 한다. 경영진과 이사회는 주주와 이해관계자들에게 자신들의 의
사결정과 경영 활동에 대해 명확히 설명할 의무를 가지며, 이를 통해
자신의 행동에 대해 책임을 진다. 이러한 책임성 강화는 기업이 더 효
율적이고 투명한 경영을 실현하는 데 필수적이다.

책임성의 강화는 경영진이 단기적인 이익에 치중하지 않고, 장기적
인 기업의 목표를 달성하기 위해 지속적으로 노력하게 하는 동력을
제공한다. 경영진의 성과는 명확한 기준에 따라 평가되며, 그에 따른
보상이 명확히 연결된다. 이로 인해, 경영진은 기업의 성과와 목표 달
성을 위해 최선을 다할 동기를 가지게 된다.

책임성이 강화된 기업 거버넌스는 또한 경영진의 의사결정 과정이
주주와 이사회의 감시를 받도록 하여, 경영진이 독단적으로 행동하거
나 부적절한 결정을 내릴 가능성을 줄인다. 이는 기업의 전반적인 경
영 효율성을 높이는 데 기여하며, 기업의 목표 달성과 지속가능한 성
장에 중요한 역할을 한다.

책임성 강화는 기업이 이해관계자들의 기대에 부응하는 경영을 실
천하고, 이를 통해 장기적인 신뢰를 구축하는 데도 기여한다. 경영진
이 자신의 결정에 대해 책임을 지는 문화가 확립되면, 기업은 보다 투
명하고 공정한 방식으로 운영될 수 있으며, 이는 기업의 평판을 높이
고 글로벌 경쟁력을 강화하는 데 중요한 요소가 된다.

주주 권익 보호

강화된 기업 거버넌스는 소액주주를 포함한 모든 주주의 권익을 보

호하는 데 중요한 역할을 한다. 주주들은 기업의 중요한 의사결정에 참여할 수 있는 권한을 가지며, 이를 통해 경영진을 견제하고, 자신들의 투자에 대한 보호를 받을 수 있다. 이러한 권익 보호는 특히 소액주주들이 대주주나 경영진의 권한 남용으로부터 자신들의 이익을 지킬 수 있도록 하는 핵심적인 장치로 작용한다.

주주 권익 보호는 주주들이 기업의 전략적 결정에 직접적인 영향을 미칠 수 있는 기회를 제공한다. 예를 들어, 주주들은 주주총회에서 경영진의 주요 결정에 대해 투표하거나 의견을 제시할 수 있으며, 이는 경영진이 주주의 기대에 부응하는 방향으로 의사결정을 내리도록 유도한다. 이러한 과정은 경영진의 독단적 결정을 방지하고, 기업이 모든 이해관계자의 이익을 균형 있게 고려할 수 있도록 돕는다.

주주 권익 보호는 또한 기업의 자본 조달 비용을 낮추는 데 기여한다. 주주들이 기업의 경영 투명성과 책임성에 대한 신뢰를 가지게 되면, 투자 위험이 감소하고, 기업은 보다 낮은 비용으로 자본을 조달할 수 있게 된다. 이는 기업의 재정 안정성을 높이고, 더 많은 투자를 유치하는 데 긍정적인 영향을 미친다.

결국, 주주 권익 보호는 기업과 투자자 간의 신뢰를 구축하는 데 필수적이며, 이를 통해 기업은 장기적으로 안정적인 성장을 도모할 수 있다. 투자자들이 자신들의 권리가 충분히 보호된다는 확신을 가지게 되면, 기업에 대한 투자는 증가하고, 이는 기업의 성장과 발전을 촉진하는 중요한 요소로 작용한다.

경영 효율성 증대

효과적인 기업 거버넌스는 경영진이 자원을 효율적으로 배분하고 전략적인 의사결정을 내리는 데 중요한 지원을 제공한다. 이사회와 감사는 경영진의 활동을 면밀히 감독하고 평가함으로써, 경영진이 보다 합리적이고 전략적인 결정을 내릴 수 있도록 돕는다. 이러한 체계적인 감독과 평가 과정은 경영진이 잘못된 방향으로 나아가는 것을 방지하고, 기업의 자원을 최적화하여 사용하게 한다.

경영 효율성의 증대는 기업의 경쟁력을 강화하는 데 핵심적인 역할을 한다. 자원이 효율적으로 배분되면, 기업은 불필요한 낭비를 줄이고, 핵심 사업에 집중할 수 있는 여력을 갖게 된다. 이는 기업이 변화하는 시장 환경에 신속하게 대응하고, 혁신을 추구할 수 있는 능력을 향상시킨다. 또한, 효율적인 경영은 비용 절감과 함께 수익성을 높이며, 이는 기업의 장기적인 성장에 기여한다.

이사회와 감사의 역할은 경영진이 자신의 결정에 대해 책임을 지도록 유도하는 데 있다. 이들은 경영진의 계획과 실행을 평가하며, 필요한 경우 경영진의 방향을 수정하거나 개선을 요구할 수 있다. 이러한 피드백 메커니즘은 경영진이 객관적인 시각에서 자신의 성과를 검토하고, 더 나은 전략을 수립하는 데 중요한 도움을 준다.

결과적으로, 경영 효율성의 증대는 기업이 지속가능한 성장을 달성하는 데 필수적인 요소이다. 효율적인 경영 구조를 갖춘 기업은 자원의 최적화와 전략적 의사결정을 통해 경쟁 우위를 확보하고, 장기적으로 안정적인 성장 경로를 유지할 수 있다.

리스크 관리

기업 거버넌스는 기업의 리스크 관리 체계를 강화하는 데 중요한 역할을 한다. 이사회와 감사는 기업이 직면할 수 있는 주요 리스크를 식별하고, 이를 효과적으로 관리하기 위한 전략을 수립한다. 또한, 내부 통제 시스템의 운영을 점검하고 개선함으로써, 잠재적인 위험 요소들을 미리 인지하고 대비할 수 있도록 한다.

리스크 관리는 기업의 경영 안정성을 높이는 데 필수적이다. 이사회와 감사는 기업이 운영 과정에서 직면할 수 있는 다양한 리스크 재무적, 운영적, 법적, 규제적 리스크 등을 포함하여 체계적으로 분석하고, 이러한 리스크를 최소화하기 위한 방안을 마련한다. 이를 통해 기업은 불확실한 상황에서도 안정적인 운영을 유지할 수 있는 능력을 갖추게 된다.

효과적인 리스크 관리 체계는 기업이 예기치 않은 위기 상황에 직면했을 때, 신속하고 적절한 대응을 할 수 있도록 돕는다. 내부 통제 시스템의 강화와 리스크 관리 전략의 지속적인 점검은 기업이 변화하는 환경에 유연하게 대응할 수 있는 기반을 제공한다. 이러한 체계적인 리스크 관리는 기업의 지속가능한 성장과 장기적인 성공을 도모하는 데 중요한 역할을 한다.

결국, 리스크 관리가 강화된 기업지배구조는 기업이 불확실성 속에서도 안정성을 유지하고, 위기 상황에서도 신속하게 회복할 수 있는 능력을 확보하게 한다. 이는 기업의 신뢰성을 높이고, 장기적인 경영 목표를 달성하는 데 중요한 기여를 한다.

법적 리스크와 규제 대응

　기업 거버넌스는 기업이 직면할 수 있는 법적 리스크를 줄이고, 규제 변화에 신속하고 효과적으로 대응할 수 있는 능력을 강화하는 데 중요한 역할을 한다. 강화된 지배구조는 기업이 법적 규제를 철저히 준수할 수 있도록 체계적인 내부 통제와 감독 시스템을 마련하며, 이를 통해 법적 분쟁을 예방하고, 기업의 법적 리스크를 최소화하는 데 기여한다.

　투명하고 책임 있는 경영을 실천하는 기업은 규제 당국과의 신뢰 관계를 구축할 수 있으며, 이는 기업이 법적 규제나 정책 변화에 더욱 유연하게 대응할 수 있게 한다. 규제 당국과의 긍정적인 관계는 기업이 규제 변화에 대해 조기에 정보를 얻고, 필요한 조치를 신속히 취할 수 있는 기반을 마련해 준다. 이는 기업이 법적 분쟁이나 규제 위반으로 인한 비용과 손실을 줄이는 데 도움이 된다.

　또한, 강화된 거버넌스는 법적 리스크 관리의 일환으로, 기업의 운영과 경영 활동이 관련 법률과 규정을 준수하도록 보장한다. 이사회와 감사는 경영진이 법적 규제를 준수하는지 지속적으로 모니터링하며, 필요한 경우 조치를 취하여 법적 리스크를 사전에 차단할 수 있다.

　경영진과 이사회는 법적 리스크를 사전에 식별하고, 이를 최소화하기 위한 전략을 수립함으로써, 기업이 불필요한 법적 분쟁에 휘말리지 않도록 예방할 수 있다. 이러한 법적 리스크의 감소는 기업의 재무적 안정성을 높이고, 불확실성을 줄이는 데 기여한다.

　규제 대응 능력의 강화는 기업이 변화하는 법적 환경에 효과적으로 대응할 수 있도록 지원한다. 기업 거버넌스가 강화되면, 기업은 규제 당국과의 소통을 더욱 원활하게 하고, 새로운 법적 요구사항에 신속하게 적응할 수 있다. 투명하고 책임 있는 경영은 규제 당국으로부터 신뢰를 얻는 데 중요한 역할을 하며, 이는 기업이 규제 변화에 대해 보다 유연하고 효율적으로 대응할 수 있는 기반을 제공한다.

법적 리스크 감소와 규제 대응 능력 강화는 기업의 경영 안정성을 높이는 데 필수적인 요소이다. 기업이 법적 규제를 준수하고, 규제 변화에 신속히 대응할 수 있을 때, 기업의 운영은 더욱 안정적이고 예측 가능해진다. 이는 투자자들과 이해관계자들에게 신뢰를 제공하며, 기업의 장기적인 성장과 발전을 지원한다.

이와 같이, 기업 거버넌스는 기업의 경영 효율성과 투명성을 높이는 동시에, 주주와 이해관계자의 신뢰를 확보하는 데 중요한 역할을 한다. 이러한 구조는 장기적으로 기업의 가치 창출과 지속가능한 성장에 기여하며, 글로벌 경쟁력을 강화하는 데 필수적인 요소로 작용한다. 따라서 기업지배구조의 지속적인 개선은 기업의 경영 성과를 향상시키고, 보다 투명하고 책임 있는 경영을 실현하는 데 기여할 것이다.

이해관계자 신뢰 구축

기업 거버넌스의 개선은 주주뿐만 아니라 모든 이해관계자와의 신뢰 구축에 중요한 역할을 한다. 이해관계자에는 직원, 고객, 공급업체, 지역사회 등이 포함되며, 이들과의 신뢰 관계는 기업의 장기적인 성공과 지속가능한 성장을 위해 필수적이다.

투명하고 책임 있는 경영은 이해관계자들에게 신뢰를 제공하는 핵심 요소이다. 기업이 경영 활동을 투명하게 공개하고, 책임 있는 의사결정을 내릴 때, 이해관계자들은 기업에 대한 신뢰를 강화할 수 있다. 예를 들어, 공정한 고용 관행을 통해 직원들의 신뢰를 얻고, 품질 높은 제품과 서비스를 제공함으로써 고객의 신뢰를 확보하며, 윤리적이고 지속가능한 공급망 관리로 공급업체와의 협력 관계를 강화할 수 있다. 이러한 신뢰는 기업의 평판을 높이고, 이해관계자들과의 장기적인 관계를 구축하는 데 기여한다.

이해관계자와의 신뢰 관계는 기업의 안정적인 운영을 위한 중요한 기반이다. 신뢰 관계가 잘 형성된 기업은 변화하는 시장 환경에서도 이해관계자들의 지지를 받을 가능성이 높으며, 이는 기업이 위기 상황에서도 안정적으로 운영될 수 있는 능력을 강화한다. 예를 들어, 직원들이 기업에 대해 높은 신뢰를 가지고 있으면, 기업은 높은 생산성과 창의적인 아이디어를 기대할 수 있다. 고객과의 신뢰 관계는 브랜드 충성도를 높이고, 지속적인 매출 성장을 지원할 수 있다.

기업 평판의 제고는 이해관계자와의 신뢰 구축의 중요한 결과 중 하나이다. 기업이 이해관계자들과의 관계를 중요하게 여기고, 그들의 기대에 부응하는 경영을 실천할 때, 기업의 사회적 평판은 자연스럽게 높아진다. 좋은 평판은 기업의 제품과 서비스에 대한 신뢰를 높이고, 새로운 고객과 파트너를 끌어들이는 데 중요한 역할을 한다. 또한, 평판이 좋은 기업은 더 많은 투자자들의 관심을 받으며, 자본시장에서 경쟁력을 강화할 수 있다.

지속가능한 관계 구축은 기업이 장기적으로 성공하기 위해 필수적이다. 이해관계자들과의 신뢰를 바탕으로 한 지속가능한 관계는 기업이 지속가능한 성장을 도모하는 데 중요한 역할을 한다. 이는 단순히 단기적인 이익을 넘어, 기업이 장기적인 성공을 이루기 위해 필수적인 요소로 작용한다.

결론적으로, 기업 거버넌스의 개선은 이해관계자와의 신뢰 구축에 중요한 역할을 하며, 이는 기업의 안정적인 운영과 지속가능한 성장을 위한 핵심 기반이 된다. 투명하고 책임 있는 경영을 통해 이해관계자들에게 신뢰를 제공함으로써, 기업은 장기적으로 더 큰 성공과 성장을 이룰 수 있다.

이와 같이, 기업 거버넌스의 개선은 다양한 측면에서 기업의 경영에 긍정적인 영향을 미친다. 주주 권익 보호, 이사회의 독립성 강화, 감사 기능의 강화, 기업가치 향상, ESG 경영 실현, 법적 리스크 감소와 규제 대응 능력의 강화, 이해관계자와의 신뢰 구축은 모두 기업의 투명성과 책임성을 높이고, 지속가능한 성장을 도모하는 데 기여한다. 이러한 개선 노력은 장기적으로 기업의 경영 성과를 향상시키고, 글로벌 시장에서의 경쟁력을 강화하는 데 중요한 역할을 한다.

02 기업 거버넌스와 ESG 경영

기업 거버넌스는 ESG 경영과 지속가능성 경영을 실현하는 데 중요한 역할을 한다

ESG 경영을 실천하는 기업은 장기적으로 기업의 이미지와 브랜드 가치를 높일 수 있다. 환경 보호와 사회적 책임을 다하는 기업은 소비자, 투자자, 그리고 다양한 이해관계자들에게 신뢰를 얻고, 이를 통해 브랜드 충성도를 강화할 수 있다. 또한, 투명한 지배구조를 유지하는 기업은 투자자들의 신뢰를 얻어 자본 조달이 용이해지며, 이는 기업의 성장과 발전에 긍정적인 영향을 미친다.

나아가, ESG 경영은 글로벌 시장에서의 경쟁력을 강화하는 데 중요한 요소로 작용한다. 전 세계적으로 ESG에 대한 관심이 증가하고 있는 상황에서, ESG 원칙을 경영의 중심에 둔 기업은 글로벌 시장에서 더 높은 평가를 받게 되며, 국제적인 규제와 기준을 준수하는 데도 유리한 위치에 서게 된다.

결과적으로, ESG 경영과 지속가능성을 강화한 기업 거버넌스는 기업이 장기적으로 지속가능한 성장을 이루고, 글로벌 시장에서의 경쟁력을 강화하는 데 중요한 역할을 한다. 이는 기업이 사회적 책임을 다하는 동시에, 장기적인 성과를 창출하는 데 필수적인 전략적 요소로 자리잡고 있다.

ESG 보고 및 투명성의 증가

기업 거버넌스의 가장 혁신적인 추세 중 하나는 ESG(환경, 사회 및 거버넌스) 보고의 급증이다. 전 세계적으로 이해관계자들은 기업이 환경 및 사회적 영향을 관리하는 방법에 대해 더 높은 투명성을 요구하고 있다. 이러한 추세는 단순한 규제 체크가 아니라 보다 책임감 있는 비즈니스 관행을 향한 근본적인 변화이다.

(1) 규제 의무: 전 세계 정부는 규제를 강화하여 기업이 ESG 관행을 포괄적으로 공개하도록 강요하고 있다. 유럽 연합의 비재무 보고 지침(NFRD)은 대기업이 지속가능성 노력에 대해 보고하도록 요구하는 대표적인 예이다. 이러한 규정은 기업 투명성에 대한 새로운 기준을 설정하고 있다.

(2) 투자자 기대: 주요 기관 투자자들은 투자 전략에서 ESG 요소를 우선시하고 있다. BlackRock 및 Vanguard와 같은 거대 기업은 지속가능한 관행이 장기적인 재무 성과에 필수적이라는 점을 인식하고 상세한 ESG 공개를 추진하고 있다. 이러한 투자자 압력으로 인해 기업은 ESG 고려 사항을 핵심 운영에 깊이 통합하게 되었다.

(3) 표준화된 보고 프레임워크: GRI(Global Reporting Initiative) 및 SASB(Sustainability Accounting Standards Board)와 같은 글로벌 조직은 ESG 보고를 위한 표준화된 프레임워크를 개발하고 있다. 이러한 프레임워크는 일관된 접근 방식을 제공하여 기업이 ESG 성과를 효과적이고 비교 가능하게 전달할 수 있도록 해준다.

ESG를 기업 전략에 통합

거버넌스는 더 이상 이사회와 규정 준수 부서에만 국한되지 않는다. 이는 전략적 필수 요소가 되었다. 기업들은 지속가능성이 장기적인 가치 창출의 핵심임을 인식하면서 지속가능성성 원칙을 기업 전략에 포함시키고 있다.

(1) 이사회 수준 감독: 이사회가 점점 더 ESG 감독 역할을 맡고 있다. ESG를 이사회 의제에 통합함으로써 기업은 지속가능성이 전략적 의사결정 구조에 통합되도록 보장한다.

(2) 경영 책임: 경영진 보상을 ESG 성과 지표와 연결하는 것이 일반적인 관행이 되고 있다. 이러한 조정은 리더십이 지속가능한 관행의 우선순위를 정하도록 장려하여 기업 목표가 책임감 있게 달성되도록 보장한다.

이해관계자 참여 확대

주주 우선주의 시대는 더 폭넓은 이해관계자 접근 방식으로 바뀌고 있다. 기업은 장기적인 성공이 직원, 고객, 공급업체, 지역 사회를 포함한 모든 이해관계자의 복지에 달려 있다는 것을 인식하고 있다.

(1) 이해관계자 대화: 이해관계자와의 정기적인 대화는 기업이 그들의 우려 사항을 이해하고 해결하는 데 도움이 된다. 이러한 참여는 신뢰를 구축하고 협력적인 문제 해결을 촉진하여 기업의 행동이 이해관계자의 기대에 부합하도록 보장한다.

(2) 지속가능성 위원회: 많은 기업이 이해관계자 참여를 감독하고

ESG 문제를 전략 계획에 통합하기 위해 이사회 내에 지속가능성 위원회를 설립하고 있다. 이들 위원회는 기업 관행을 이해관계자의 이익과 일치시키는 데 중추적인 역할을 한다.

윤리적 리더십과 기업 문화 옹호

거버넌스는 근본적으로 윤리적 리더십과 강력한 기업 문화를 육성하는 것이다. 강력한 윤리적 기준을 갖춘 기업은 도전 과제를 탐색하고 기회를 포착하는 데 더 나은 위치에 있다.

(1) 행동 강령: 포괄적인 행동 강령은 기대되는 행동과 윤리 기준을 개략적으로 설명하고 직원들이 원칙에 따른 결정을 내릴 수 있도록 안내한다. 이러한 강령은 회사의 윤리적 틀의 초석이다.

(2) 내부고발자 보호: 효과적인 거버넌스에는 강력한 내부고발자 보호가 포함되어 직원들이 보복에 대한 두려움 없이 비윤리적 행동을 보고하도록 장려한다. 이러한 투명성은 무결성과 신뢰를 유지하는 데 필수적이다.

결과적으로 거버넌스의 국제적 추세는 보다 책임감 있고 포용적이며 투명한 비즈니스 관행을 향한 근본적인 변화를 반영한다. 이러한 추세를 수용함으로써 기업은 규제 요구 사항을 충족할 뿐만 아니라 지속가능한 성장과 장기적인 성공을 촉진하는 탄력적인 거버넌스 프레임워크를 구축할 수 있다. 상호 연결된 세상에서 강력한 거버넌스는 단순한 전략적 이점이 아니다. 이는 글로벌 비즈니스의 복잡성을 헤쳐 나가고 사회와 환경에 긍정적인 영향을 미치는 데 꼭 필요한 것이다.

KOTRA의 윤리경영 조직체계

인권·윤리경영 위원회	
구성	사장, 감사 등 임원
역할	인권·윤리경영 총괄

인권·윤리경영 실무위원회	
구성	감사실장, 노동조합 고충위원 등
역할	위원회 실무보조

[국내] 윤리청렴 추진단	
구성	본사 및 지방조직 주요 보직자
역할	부서별 윤리개선계획 수립 개선과제 선정, 이행여부 점검

[해외] 해외윤리관리센터	
구성	해외지역본부장 및 해외무역관장
역할	윤리 리스크 진단, 개선추진 해외비위 예방 활동, 윤리소통

[국내] 청렴지킴이	
구성	본사 및 지방조직 주요 실무자
역할	부패취약요인 진단 및 개선 국내 부서원의 청렴한 복무 주도

[해외] 청렴지킴이	
구성	해외 조직 주요 실무자
역할	부패취약요인 진단 및 개선 해외 부서원의 청렴한 복무 주도

출처: ESG경제(https://www.esgeconomy.com)

이러한 조직 체계는 기업이 글로벌 윤리경영을 실천하고 부패를 방지하며, 지속가능한 윤리적 기업 문화를 구축하기 위한 체계적인 접근법을 보여준다.

거버넌스 관련 정보공개 필요성

(1) 기후 변화 위험에 대한 관심 고조

국회입법조사처가 11차 전력기본수급계획(전기본) 실무안 중 전원 구성에 대해 "국제적인 흐름에 부합하기 위해서는 재생에너지 비중

출처: [ESG경제신문]

확대를 고려할 필요가 있다"고 밝혔다.

지구온난화로 인한 기후 변화는 많은 부작용으로 인해 인류의 생존을 위협하고 있다. 기후 변화에 관한 정부 간 협의체(IPCC, Intergovernmental Panel on Climate Change)에 따르면 기후 변화의 주요 원인은 온실가스 및 이산화탄소 배출에 기인한다. 기후 변화가 초래할 위험에 대한 인식이 확산되면서 1992년 유엔기후변화협약을 시작으로 2005년 교토의정서, 2016년 파리기후변화협약이 차례대로 채택되어 현재에 이르고 있다. 대한민국은 유엔기후변화협약에 1993년 12월 47번째로 가입하였으며 2030년까지 배출 전망치 대비 37% 감축을 목표하고 있다.

저탄소 경제로의 전환은 경제 및 산업 전반에 걸쳐 중대한 변화를 요구하기 때문에 투자자와 기업 모두 장기 전략과 자본의 가장 효율

출처: [서울경제]

적인 배분을 고려해야 한다. 기업은 기후 변화로 인한 위험에 직면할 수 있지만 동시에 새로운 투자 기회를 창출할 수도 있다. 투자자, 대출 기관 등은 기후 변화로 인해 어떤 회사가 위험한 상황에 놓여 있고 어떤 회사가 이에 잘 대응하고 있는지를 고려하여 의사를 결정하게 되므로 기업의 기후 변화와 관련한 정보를 요구하고 있다. 정보가 충분하지 않으면 위험을 적절히 고려하지 못할 가능성이 있기 때문이다.

(2) 책임투자의 확산

최근 투자의 방식이 기업의 재무적 성과에 초점을 맞추던 방식에서 벗어나 비재무적 성과를 고려하여 투자 대상의 잠재적 위험을 관리하는 방식으로 변화하고 있다. 이런 비재무적 요소를 각각 E(Environment), S(Social), G(Governance)로 정의 및 분류하여 기업이 이러한 문제를 어떻게 인식하고 실천하고 있는지를 중요한 요소로 평가하고 있다.

2006년 4월 UNEP/FI(United Nations Environment Programme Finance Initiative) 및 UN Global Compact가 제정한 UN 책임투자원칙 (UN Principles for Responsible Investment)은 투자 의사를 결정함에 있어 기업의 재무적 요소와 더불어 ESG 등 비재무적 요소를 함께 고려해야 한다는 원칙을 담고 있다.

UN 책임투자원칙

1. 우리는 ESG 이슈들을 투자 분석 및 투자 의사결정 시 적극적으로 반영한다
2. 우리는 투자 철학 및 운용 원칙에 ESG 이슈를 통합하는 적극적인 투자가가 된다
3. 우리는 투자 대상에게 ESG 이슈들의 정보 공개를 요구한다.
4. 우리는 금융 산업의 PRI 준수와 이행을 위해 노력한다.
5. 우리는 금융 산업의 PRI 이행에 있어서 그 효과를 증진시킬 수 있도록 상호 협력한다.

(출처: UN Principles for Responsible Investment)

국내에서도 2016년 12월 스튜어드십 코드 [기관투자자의 수탁자 책임에 관한 원칙]을 제정하였고 이는 기관투자자의 수탁자 책임을 강조하는 원칙이며, 투자 의사결정 및 자산 운용 과정에서의 사회적 책임을 강조하는 원칙을 담고 있다. 스튜어드십 코드(Stewardship Code) 또는 국민연금기금 의결권 행사 지침이란 연기금이 기업의 의사결정에 개입할 수 있도록 하는 제도를 의미한다.

> ## 한국 스튜어드십코드 7대 원칙
>
> 1. 기관투자자는 고객, 수익자 등 타인 자산을 관리·운영하는 수탁자로서 책임을 충실히 이행 하기 위한 명확한 정책을 마련해 공개해야 한다.
> 2. 기관투자자는 수탁자로서 책임을 이행하는 과정에서 실제 직면하거나 직면할 가능성이 있는 이행상충 문제를 어떻게 해결할지에 관해 효과적이고 명확한 정책을 마련하고 내용을 공개해야 한다.
> 3. 기관투자자는 투자대상회사의 중장기적인 가치를 제고하여 투자자산의 가치를 보존하고 높일 수 있도록 투자대상회사를 주기적으로 점검해야 한다.
> 4. 기관투자자는 투자대상회사의 공감대 형성을 지향하되, 필요한 경우 수탁자 책임 이행을 위한 활동 전개 시기와 절차, 방법에 관한 내부 지침을 마련해야 한다.
> 5. 기관투자자는 충실한 의결권 해사를 위한 지침·절차 세부기준을 포함한 의결권 정책을 마련해 공개해야 하며, 의결권 행사의 적정성을 파악할 수 있도록 의결권 행사의 구체적인 내용과 그 사유를 함께 공개해야 한다.
> 6. 기관투자자는 의결권 행사와 수탁자 책임 이행 활동에 관해 고객과 수익자에게 주기적으로 보고해야 한다.
> 7. 기관투자자는 수탁자 책임의 적극적이고 효과적인 이행을 위해 필요한 역량과 전문성을 갖추어야 한다.
>
> (출처: 기관투자자의 수탁자 책임에 관한 원칙)

(3) 글로벌 규제 강화

지속가능한 발전이라는 관점에서 국가적 목표를 달성하기 위해서는 시장 메커니즘을 강화해야 한다는 인식이 확산되고 있다. 이에 따라 많은 국가에서 기업의 자율적인 ESG 활동을 권고하는 단계를 넘어, 최근에는 ESG 성과 관리를 위한 정부 차원의 다양한 규제들이 마련되고 있다. 특히, 유럽연합(EU)은 환경 보전과 경제적 성장을 동시에 실현하기 위해 ESG 요소가 반영된 정책을 도입하며 가장 선도적인 역할을 하고 있다.

EU는 2050년까지 탄소 순 배출량을 '0'으로 감축하는 '탄소 중립'(Carbon Neutral) 목표를 달성하고 탄소 중립 경제로의 전환을 신성장 동력으로 삼기 위해 유럽 그린딜(European Green Deal)을 발표하였다. 대표적인 정책으로는 EU 탄소국경조정제도(Carbon Border Adjustment Mechanism, CBAM), EU 배터리 여권(Battery Passport), EU 디지털 제품 여권 제도(Digital Product Passport, DPP) 등이 있다.

〈표1〉 EU 새로운 배터리 규제 (New Batteries Regulation) 주요 내용

1	적용대상	용량 2kWh 이상인 모든 산업용·자동차용 배터리 및 경량운송수단(Light means of transport: LMT) ※ 경량운송수단(LMT): 전기자전거, 스쿠터 등
2	주요내용	배터리 여권 도입, 탄소 발자국 공개, 재활용 회수 목표 설정, 공급망 실사 의무 시행 등 - (세부 내용) 재료 원산지, 탄소 발자국, 재활용 원료 사용 비율, 배터리 내구성 용도 변경 및 재활용 이력 등 기재, EU 요구하는 재활용 원료 사용 비율 및 안전사항 요건 충족 要 - (형태) 일반 대중의 접근이 가능한 개방형 전자 시스템 운영, 배터리 이해 당사자가 실시간으로 정보에 접근, 공유, 탐색할 수 있어야 함

〈표2〉 EU 새로운 에코디자인 규제
(New eco-design for sustainable product regulation)

1	적용대상	모든 물리적 제품(physical products): 대상 확대 ※ (기존 적용 대상) 에너지 소비 및 에너지 품목
2	주요내용	(환경규제 부합) 내구성, 재활용 가능성, 수리 가능성, 재활용 원재료 비율 (디지털 제품 여권 도입) 소비자가 상품 공급망의 지속가능성 여부를 사전 파악한 후, 구매할 수 있도록 지원 – (핵심 요소) 제품 정보, 적합성 문서, 사용자 매뉴얼, 지침, 경고 및 안전 정보, 제조자 관련 정보 등을 QR 코드 등의 형태로 상품에 표기 – (특징) 가치 사슬 내 이해관계자가 관련 제품 정보에 접근이 가능하도록 함

출처: 김희경, 강노경(2022) 바탕으로 저자 작성

〈표3〉 EU 탄소국경조정제도(CBAM) 주요 내용

1	시행일정	('23.1.1일~25.12.31일) 수입업자 수입제품 관련 정보(온실가스 배출량 등) 기재한 분기별 보고서 제출 ('26.1.1일~) CBAM 인증서 구입 및 제출
2	적용품목	시멘트, 전기, 비료, 철강, 알루미늄
3	적용국가	아이슬란드, 리히텐슈타인, 노르웨이, 스위스 및 외부영토(세우타, 엘리야 등) 外 적용
4	괴세대상	생산시설(installation) 내 발생한 직접 배출량 限 – 단순재(simple goods: 투입원료, 연료 내 배출량 無): 상품의 귀속 배출량은 생산과정에서 직접 발생한 온실가스 배출량 – 복합재(complex goods: 생산시 다른 단순재를 투입원료로 사용: 상품의 귀속 배출량과 상품 생산에 투입된 모든 중간재들의 배출량 합산하여 산정

5	운영형태	수입업자는 전년도 수입품에 내재한 배출량에 상응하는 CBAM 인증서 구매·제출 의무 국가는 전자 DB 형태의 등록부(National Registry)에 수입업자 CBAM 거래 내역 등 관리 EU 집행위는 중앙 DB(일반 대중 접근 可)에 수입업자의 CBAM 인증서 구매·보유·제출·재구매 등 거래내역 기록
6	주요절차	수입업자는 매년 5.31일까지 관할 당국에 전년도 수입 제품 유형별 총량, 수입품 내재 온실가스 배출량, CBAM 인증서 수량 정보 신고 의무 수입품 내재 배출량은 공인된 인증기관(verifier accredited)으로부터 검증 필수

출처: 김희경, 강노경(2022) 바탕으로 저자 작성

ESG 정보공개의 주요 구성 요소

많은 기업에서 ESG 보고서를 작성하여 환경, 사회, 지배구조에 관련된 데이터와 정책을 상세히 공개한다. 이를 정보공개라고 하며 정보공개는 기업이 ESG 요소들을 관리하고 이행하는 필수적인 과정으로

그래픽: 김의균 · Midjourney

이를 통해 기업은 ESG 전략과 성과를 체계적으로 관리하고 개선할 수 있는 기회를 얻게 된다.

ESG 정보공개의 주요 구성 요소는 다음과 같다.

(1) 환경(Environmental)

기업의 환경적 영향을 측정하는 요소로 탄소 배출량, 에너지 사용량, 자원 관리, 폐기물 처리, 환경 보호 활동 등이 포함된다. 기업의 환경 정보를 공개함으로써 기후 변화에 대한 대응 및 지속가능한 자원 관리를 보여줄 수 있다.

- 탄소 배출량: 기업이 배출하는 이산화탄소와 기타 온실가스의 양
- 에너지 사용량: 기업이 사용하는 에너지의 종류와 양
- 자원 관리: 물, 토지, 광물 등의 자원 사용과 관리
- 폐기물 처리: 생산과정에서 발생하는 폐기물의 관리 및 처리 방식
- 환경 보호 활동: 기업의 환경 보호 및 지속가능성 증진을 위한 노력

(2) 사회(Social)

기업이 사회에 미치는 영향을 평가하는 요소로 노동 관행, 인권 존중, 직원 복지, 지역 사회 기여, 다양성 및 포용성 등이 포함된다. 이는 기업이 사회적 책임을 다하고 공정한 노동 환경을 제공하는지를 평가할 수 있다.

- 노동 관행: 근로 조건, 임금, 근로 시간, 안전한 작업 환경 제공

- 인권 존중: 기업의 인권 정책과 실천
- 직원 복지: 직원 복지, 교육 및 훈련 프로그램
- 지역사회 기여: 기업이 지역사회에 기여하는 활동
- 다양성 및 포용성: 조직 내 다양성과 포용성 촉진

(3) 지배구조(Governance)

기업의 지배구조와 관련된 요소로 이사회 구성, 경영진 보상, 윤리 경영, 투명성, 주주 권리 보호 등이 포함된다. 좋은 지배구조는 기업의 투명성과 신뢰성을 높이며, 리스크 관리와 장기적 성장을 도모한다.

- 이사회 구성: 이사회 구성원의 다양성, 독립성, 전문성
- 경영진 보상: 경영진의 보상 구조와 성과 연계
- 윤리 경영: 기업의 윤리 경영 정책과 실천
- 투명성: 기업의 경영 투명성과 정보 공개 수준
- 주주 권리 보호: 주주 권리와 관련된 정책과 실천

ESG 정보는 목적 적합성과 표현의 충실성을 갖추어야 한다. 정보 취합 및 작성 과정에서 정확성을 확보하고 정보의 보고 범위를 명시하여야 한다. 또한 가공된 정보와 가공되지 않은 정보를 조화롭게 배치하고, 중립적 관점에서 긍정 및 부정적 영향을 모두 보고하여 편향된 해석을 방지해야 한다.

기업 거버넌스는 다음과 같은 주요 요소들로 구성된다.

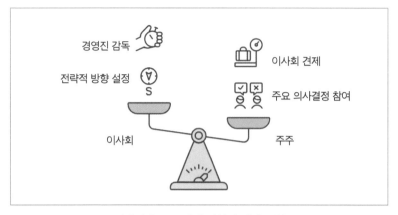

이사회와 주주 간의 권한과 책임 균형

- 이사회: 기업의 전략적 방향을 결정하고, 경영진의 활동을 감독하는 역할을 한다.
- 주주: 기업의 소유권을 가진 자들로서, 주주총회를 통해 주요 의사 결정에 참여하고, 이사회와 경영진을 견제하는 역할을 한다.
- 경영진: 일상적인 경영활동을 수행하고, 기업의 전략을 실행하는 책임을 진다.
- 감사: 기업의 재무 상태와 경영활동의 투명성을 점검하고, 내부 통제 시스템을 검토하는 역할을 한다.

03 거버넌스의 요소: 주주, 이사회, 감사의 정의 및 역할

주주

(1) 주주의 역할과 권리

주주는 기업의 소유권을 보유한 사람들로서, 그들의 권리는 주주총회를 통해 행사된다. 주주총회는 기업의 주요 의사결정을 내리는 최고 의사결정 기구로, 기업의 운영에 중요한 사항들을 결정하는 데 핵심적인 역할을 한다. 주주들은 이사회와 경영진의 의사결정을 승인하거나 거부할 수 있는 권한을 가지고 있으며, 이를 통해 기업 경영에 직접적인 영향을 미칠 수 있다.

주주총회에서는 이사와 감사의 선임, 재무제표 승인, 배당금 결정 등 기업의 운영에 중대한 영향을 미치는 안건들이 다뤄진다. 주주들은

주주의 권리와 책임을 통한 기업경영 영향력 강화

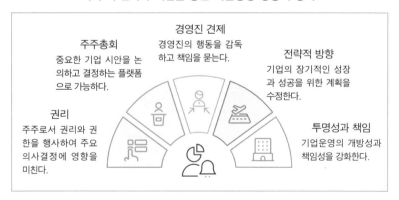

경영진 견제
경영진의 행동을 감독하고 책임을 묻는다.

주주총회
중요한 기업 시안을 논의하고 결정하는 플랫폼으로 가능하다.

전략적 방향
기업의 장기적인 성장과 성공을 위한 계획을 수정한다.

권리
주주로서 권리와 권한을 행사하여 주요 의사결정에 영향을 미친다.

투명성과 책임
기업운영의 개방성과 책임성을 강화한다.

이와 같은 안건들에 대해 투표를 통해 의견을 표명할 수 있으며, 이를 통해 기업의 경영 방향을 결정짓는 중요한 역할을 수행한다. 특히, 주주들은 경영진의 행동을 견제하고, 기업이 올바른 경영 방침을 유지하도록 하는 데 중요한 역할을 한다.

주주의 권리는 기업의 경영진이 책임감 있게 경영하도록 하는 중요한 견제 장치로 기능한다. 예를 들어, 주주들은 이사회가 제시한 경영 계획이나 전략이 기업의 장기적인 이익에 부합하지 않는다고 판단될 경우 이를 거부하거나 수정할 수 있는 권한을 가진다. 이러한 권한은 주주들이 자신들의 투자 가치를 보호하고, 기업이 지속가능한 성장 경로를 유지하도록 하는 데 기여한다.

결과적으로, 주주는 기업의 소유자로서, 기업의 주요 의사결정 과정에 참여하고, 경영진의 결정을 검토할 수 있는 중요한 역할과 권리를 가진다. 이러한 역할은 기업의 투명성과 책임성을 강화하는 데 기여하며, 기업의 장기적인 성공과 지속가능한 발전을 도모하는 데 필수적인 요소로 작용한다.

(2) 주주와 소액주주

한국의 주주들은 크게 대주주와 소액주주로 구분된다. 대주주는 보통 창업주나 그 가족, 혹은 재벌 총수 일가가 주를 이루며, 기업의 중요한 의사결정에 막대한 영향력을 행사한다. 이들은 대규모 지분을 보유하고 있어, 경영진을 임명하거나 해임하는 데 직접적인 권한을 가지고 있다. 대주주는 기업의 전략적 방향을 결정하고, 주요 경영 방침을

한국 기업 거버넌스에서 주주역할

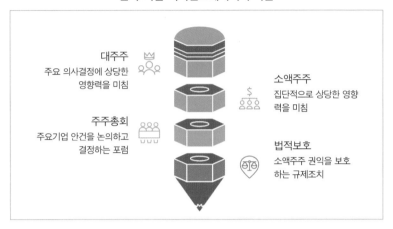

대주주
주요 의사결정에 상당한
영향력을 미침

소액주주
집단적으로 상당한 영향
력을 미침

주주총회
주요기업 안건을 논의하고
결정하는 포럼

법적보호
소액주주 권익을 보호
하는 규제조치

설정하는 데 중요한 역할을 한다. 이들은 기업의 장기적인 비전과 목표를 주도하며, 경영진이 이를 실현하기 위해 필요한 자원을 적절히 배분하도록 지도한다.

반면, 소액주주는 상대적으로 적은 지분을 보유하고 있으며, 개별적으로는 기업 의사결정에 미치는 영향력이 제한적이다. 소액주주들은 기업의 경영에 대한 직접적인 영향력은 미미할 수 있지만, 집단적으로는 상당한 영향을 미칠 수 있다. 특히, 소액주주들이 주주총회에서 연대하여 의견을 표명하거나 특정 안건에 대해 단결된 입장을 취할 경우, 기업의 의사결정에 중요한 변화를 일으킬 수 있다.

소액주주의 권익을 보호하기 위해 한국에서는 다양한 법적 제도와 규제가 마련되어 있다. 예를 들어, 주주총회에서의 의결권 행사, 경영진에 대한 정보 요청, 그리고 특정한 경영 사안에 대해 소송을 제기할 수 있는 권리 등이 보장된다. 이러한 법적 제도는 소액주주들이 대주주의 지배적 영향력에 의해 불이익을 당하지 않도록 보호하는 역할을 한다.

결국, 대주주와 소액주주는 각각의 위치에서 기업 경영에 중요한 역할을 하고 있다. 대주주는 기업의 전반적인 방향성을 설정하고, 경영진을 통제하는 주요 역할을 맡고 있으며, 소액주주는 기업 경영의 투명성과 책임성을 유지하기 위한 중요한 견제 역할을 한다. 이들의 균형 잡힌 상호작용은 기업의 건강한 지배구조를 유지하고, 장기적인 성장과 지속가능성을 도모하는 데 필수적이다.

(3) 주주총회의 역할

주주총회는 주주들이 모여 기업의 주요 안건을 논의하고 의결하는 가장 중요한 의사결정 기구이다. 주주총회는 주주들이 기업의 경영에 직접적으로 참여할 수 있는 기회를 제공하며, 기업 운영의 투명성과 책임성을 높이는 데 중요한 역할을 한다.

정기 주주총회는 통상적으로 매년 한 번 열리며, 이 회의에서는 기업의 재무제표 승인, 이사 및 감사의 선임, 배당금 결정 등 기업 운영에 필수적인 주요 안건들이 다루어진다. 주주들은 이 회의에서 경영진이 제시한 안건을 검토하고, 투표를 통해 이를 승인하거나 거부할 수 있는 권한을 가진다. 이러한 과정은 기업의 경영진이 주주들의 의사를 반영하여 책임 있게 경영하도록 하는 중요한 견제 장치로 작용한다.

주주총회는 또한 주주들이 경영진에게 직접 질문을 하고, 기업의 경영 상황에 대해 자신의 의견을 표명할 수 있는 기회를 제공한다. 이를 통해 주주들은 기업의 현재 상태와 미래 계획에 대한 정보를 얻고, 경영진이 올바른 방향으로 기업을 이끌고 있는지 확인할 수 있다. 이러한 소통은 기업의 투명성을 높이고, 주주들과 경영진 간의 신뢰를 강화하는 데 기여한다.

특별 주주총회는 특정한 긴급한 사안이나 중요한 변화가 필요할 때 수시로 열릴 수 있다. 예를 들어, 인수합병, 자본 구조 변경, 또는 경영진 교체와 같은 중대한 결정이 필요할 때 특별 주주총회가 소집된다. 이 회의에서는 주주들이 신속하게 기업의 중요한 결정에 참여할 수 있는 기회를 제공하며, 기업이 긴급 상황에서도 주주들의 의견을 반영한 의사결정을 내릴 수 있도록 한다.

결론적으로, 주주총회는 주주들이 기업의 경영에 직접 참여하고, 중요한 의사결정을 내리는 장으로서의 역할을 한다. 이를 통해 기업의 경영 투명성과 책임성을 강화하고, 주주들의 권리를 보호하는 데 핵심적인 기능을 수행한다.

(4) 주주 권익 보호 제도

소액주주들의 권익을 보호하기 위해 한국에서는 다양한 법적 제도와 규제를 도입하였다. 이러한 제도들은 소액주주들이 대주주의 지배적인 영향력으로부터 보호받고, 기업 경영에 공정하게 참여할 수 있도록 설계되었다. 주요 보호 제도는 다음과 같다.

• 주주제안권: 주주제안권은 소액주주들이 일정 비율 이상의 지분을 보유할 경우, 주주총회에서 안건을 제안할 수 있는 권리를 의미한

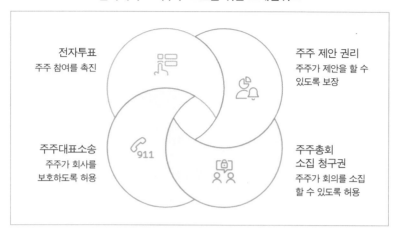

한국에서 소액주주 보호를 위한 프레임워크

전자투표
주주 참여를 촉진

주주 제안 권리
주주가 제안을 할 수
있도록 보장

주주대표소송
주주가 회사를
보호하도록 허용

911

주주총회
소집 청구권
주주가 회의를 소집
할 수 있도록 허용

다. 이 제도는 소액주주들이 자신의 목소리를 낼 수 있는 기회를 제공하며, 기업의 중요한 의사결정 과정에 참여할 수 있도록 한다. 이를 통해 주주들은 기업 경영에 실질적인 영향을 미칠 수 있으며, 자신들의 권익을 적극적으로 보호할 수 있다.

• 주주총회 소집청구권: 주주총회 소집청구권은 일정 비율 이상의 지분을 보유한 주주들이 임시 주주총회를 소집할 수 있는 권리를 의미한다. 이 제도는 경영진이 주주들의 요구를 무시하거나 긴급한 상황에 대한 논의가 필요한 경우, 주주들이 직접 회의를 소집하여 중요한 사안을 논의하고 결정할 수 있는 기회를 제공한다. 이를 통해 주주들은 기업 경영에 대한 통제력을 강화하고, 중요한 이슈에 대해 신속하게 대응할 수 있다.

• 주주대표소송제도: 주주대표소송제도는 주주가 회사의 임원이나 이사가 불법 행위를 저질렀을 경우, 회사를 대신하여 소송을 제기할

수 있는 권리를 의미한다. 이 제도는 경영진의 부정행위나 책임 회피를 견제하고, 주주들이 기업의 법적 권익을 보호할 수 있도록 한다. 주주대표소송을 통해 주주들은 기업 경영의 투명성과 책임성을 높일 수 있으며, 경영진이 법적·윤리적 기준을 준수하도록 강제하는 역할을 한다.

이러한 주주 권익 보호 제도들은 소액주주들이 기업 경영에 공정하게 참여하고, 자신의 권리를 적극적으로 행사할 수 있도록 돕는다. 또한, 이러한 제도들은 기업의 투명성과 책임성을 강화하여, 주주들과 기업 간의 신뢰를 높이는 데 중요한 기여를 한다.

(5) 전자투표제와 주주 참여 확대

최근 들어 주주들의 참여를 확대하고, 보다 투명한 기업 운영을 실현하기 위해 전자투표제를 도입하는 기업들이 증가하고 있다. 전자투표제는 주주들이 주주총회에 직접 참석하지 않고도 인터넷을 통해 의결권을 행사할 수 있게 해주는 제도이다. 이 제도는 주주들이 시간과 장소에 구애받지 않고 의사결정에 참여할 수 있도록 함으로써, 주주 민주주의를 실현하는 데 중요한 역할을 하고 있다.

전자투표제는 특히 소액주주들의 참여를 유도하는 데 효과적이다. 소액주주들은 물리적으로 주주총회에 참석하기 어려운 경우가 많았지만, 전자투표제를 통해 보다 쉽게 의결권을 행사할 수 있게 되었다. 이로 인해 소액주주들도 기업의 중요한 의사결정에 실질적인 영향을 미칠 수 있으며, 이는 경영진이 주주들의 다양한 의견을 더 잘 반영하도록 하는 데 기여한다.

또한, 전자투표제는 경영진의 책임성을 강화하는 중요한 수단이기도 하다. 주주들의 참여가 확대되면서, 경영진은 주주들의 요구와 기대에 부응해야 하는 압력을 더 많이 받게 된다. 이는 경영진이 더 투명하고 책임감 있는 결정을 내리도록 유도하며, 기업 운영의 효율성과 공정성을 높이는 데 기여한다.

이처럼 한국의 주주들은 전자투표제와 같은 제도를 통해 기업의 소유권을 행사하고, 경영진을 감시하며, 기업의 중요한 의사결정에 적극적으로 참여하는 중요한 역할을 수행하고 있다. 주주의 권익 보호와 참여 확대는 기업의 투명성과 경영 효율성을 높이는 데 핵심적인 요소로 작용하고 있으며, 이는 장기적으로 기업의 성장과 성공에 중요한 영향을 미친다.

이사회

(1) 이사회의 구성

이사회는 기업의 최고 의사결정 기구로서, 기업의 전략적 방향을 결정하고 경영진의 업무를 감독하는 중요한 역할을 수행한다. 한국의 이사회는 일반적으로 사내이사와 사외이사로 구성되며, 각기 다른 역할을 통해 이사회의 기능을 다각도로 지원한다.

사내이사는 기업의 내부 경영진으로 구성되며, 기업의 일상적인 운영에 직접 관여하는 역할을 한다. 이들은 주로 CEO, CFO, COO와 같은 주요 경영진으로, 기업의 전략적 결정과 운영상의 문제를 다루는

이사회의 구성과 역할

데 중요한 역할을 한다. 사내이사는 기업의 현황과 내부 사정을 잘 이해하고 있어, 이사회의 결정이 실질적인 경영 활동에 반영될 수 있도록 조언하고 지침을 제공한다.

사외이사는 기업 외부에서 선임된 전문가들로 구성된다. 이들은 법률, 회계, 경영, 산업 전문가 등 다양한 분야에서 경험을 쌓은 인물들로, 이사회의 독립성을 보장하고 경영진의 활동을 객관적으로 평가하는 역할을 맡는다. 사외이사는 기업의 경영 활동을 독립적인 시각에서 검토하며, 경영진의 의사결정이 기업 전체의 이익에 부합하는지 평가하고, 필요한 경우 견제 역할을 수행한다. 이는 경영진의 독단적인 결정이나 비합리적인 행위를 방지하고, 기업의 투명성과 책임성을 높이는 데 기여한다.

이사회는 이러한 사내이사와 사외이사의 균형을 통해, 기업의 장기적인 성공과 지속가능한 성장을 도모한다. 사내이사의 내부적 시각과 사외이사의 외부적 시각이 조화를 이루어, 이사회가 기업의 다양한 이해관계자를 고려한 균형 잡힌 결정을 내릴 수 있도록 돕는다. 이사회의 구성은 기업의 경영 효율성과 투명성을 강화하는 데 필수적이며, 이를 통해 기업은 글로벌 경쟁력을 유지하고 강화할 수 있다.

(2) 이사회의 역할과 책임

이사회는 기업의 최고 의사결정 기구로서, 다양한 핵심 역할과 책임을 수행한다. 이사회의 주요 역할은 기업의 전략적 방향을 설정하고, 경영진의 활동을 감독하며, 기업의 재무 성과를 검토하고 승인하는 것이다. 구체적으로는 다음과 같은 역할을 담당한다.

• 전략 수립: 이사회는 기업의 장기적인 목표와 전략을 수립하고, 이를 실행하기 위한 계획을 승인한다. 이는 기업의 비전과 목표를 명확히 설정하고, 경영진이 이를 달성하기 위한 구체적인 실행 방안을 마련하도록 지도하는 역할을 포함한다. 이사회는 전략적 결정을 통해 기업의 성장을 도모하고, 시장에서의 경쟁력을 강화하는 데 기여한다.

• 경영진 감독: 이사회는 CEO 및 고위 경영진의 임명과 해임을 결정하고, 그들의 성과를 평가한다. 이를 통해 경영진이 기업의 목표와 일치하는 방향으로 회사를 이끌고 있는지를 확인하고, 필요시 적절

한 조치를 취한다. 경영진의 성과 평가와 보상 결정 또한 이사회의 중요한 책임 중 하나이다.

• 재무 관리: 이사회는 기업의 재무제표와 예산을 검토하고 승인하며, 배당금 정책을 결정한다. 이는 기업의 재무 상태를 투명하게 유지하고, 주주들에게 적절한 수익을 제공하는 데 중점을 둔다. 이사회는 재무 관리에 대한 책임을 통해 기업의 재정적 안정성을 유지하고, 장기적인 재무 목표를 달성하기 위한 계획을 마련한다.

• 내부 통제: 이사회는 기업의 리스크 관리 및 내부 통제 시스템을 구축하고 운영 상태를 점검한다. 이는 기업이 직면할 수 있는 다양한 리스크를 사전에 인식하고, 이를 효과적으로 관리하기 위한 시스템을 유지하는 역할을 포함한다. 내부 통제 시스템의 운영 상태를 지속적으로 모니터링함으로써, 기업이 법적·윤리적 기준을 준수하고, 경영 투명성을 유지할 수 있도록 보장한다.

이사회의 이러한 역할과 책임은 기업의 지속가능성과 장기적인 성장을 뒷받침하는 데 필수적이다. 이사회의 효과적인 운영은 기업이 목표를 달성하고, 다양한 이해관계자의 이익을 균형 있게 반영하며, 변화하는 경영 환경에 유연하게 대응할 수 있는 능력을 갖추도록 돕는다.

(3) 사외이사의 역할

사외이사는 기업 외부의 독립적인 전문가들로 구성되며, 이사회의 독립성과 투명성을 강화하는 중요한 역할을 한다. 사외이사는 경영진과의 이해관계가 없기 때문에, 보다 객관적이고 공정한 시각에서 기업의 경영 활동을 평가하고 감독할 수 있다. 그들의 전문성은 기업의 전략적 의사결정에 중요한 기여를 하며, 경영진의 활동을 견제하고 책임성을 높이는 데 기여한다.

(4) 이사회의 독립성 강화

이사회의 독립성을 강화하기 위해 다양한 제도적 노력이 이루어지고 있다. 이러한 노력은 이사회가 경영진으로부터 독립적으로 활동할 수 있도록 하여, 기업의 투명성과 책임성을 높이는 데 중점을 두고 있다.

한국에서는 이사회의 독립성을 강화하기 위해 사외이사의 비율을 일정 수준 이상 유지하도록 법적으로 규정하고 있다. 이는 이사회 내에 독립적인 시각을 가진 사외이사들이 충분히 배치되도록 하여, 경영진의 의사결정을 객관적으로 평가하고 견제할 수 있는 환경을 조성한다. 사외이사들이 기업의 이해관계로부터 자유롭게 활동할 수 있도록 함으로써, 이사회가 보다 공정하고 투명한 의사결정을 내릴 수 있도록 돕는다.

또한, 사외이사가 이사회 내 주요 위원회(예: 감사위원회, 보상위원회)에 참여하도록 하는 제도적 장치도 마련되어 있다. 이러한 위원회는 기업의 재무 관리, 내부 통제, 경영진 보상 등에 대한 중요한 결정을 내리는 역할을 하며, 사외이사의 참여는 이들 결정이 보다 객관적이고 투명하게 이루어지도록 보장한다. 예를 들어, 감사위원회는 기업의 재무제표를 검토하고 내부 통제 시스템을 감독하는 중요한 역할을 수행하며, 사외이사가 참여함으로써 경영진의 자의적인 재무 관리를 견제할 수 있다.

이러한 제도적 장치는 이사회의 독립성과 투명성을 높여 경영진의 자의적인 의사결정을 억제하고, 기업의 장기적인 성장을 도모하는 데 기여한다. 이사회의 독립성이 강화되면, 기업은 보다 투명하고 책임감 있는 경영을 실천할 수 있으며, 주주들과 이해관계자들의 신뢰를 얻을 수 있다. 이는 궁극적으로 기업의 지속가능성과 글로벌 경쟁력을 강화하는 데 중요한 역할을 한다.

(5) 이사회 위원회 구축

이사회는 기업의 효율적인 운영과 효과적인 감독을 위해 여러 위원회를 구성할 수 있다. 이러한 위원회들은 각각의 전문 분야에서 이사회의 업무를 지원하고, 보다 심도 있는 검토와 결정을 내릴 수 있도록 한다. 대표적인 이사회 위원회로는 감사위원회, 보상위원회, 리스크 관리위원회 등이 있다.

• 감사위원회: 감사위원회는 기업의 재무보고의 정확성과 투명성을 검토하고, 내부 감사 시스템을 감독하는 역할을 한다. 이 위원회는 재무제표의 신뢰성을 확보하고, 기업의 재정 상태를 투명하게 공개함으로써 주주들과 이해관계자들의 신뢰를 구축하는 데 중요한 기여를 한다. 또한, 감사위원회는 내부 통제 시스템이 효과적으로 운영되고 있는지 점검하며, 경영진이 법적·윤리적 기준을 준수하고

있는지 감독한다.

- 보상위원회: 보상위원회는 경영진의 보상 체계를 설계하고, 성과 평가를 기반으로 보상 정책을 결정하는 역할을 한다. 이 위원회는 경영진의 성과와 보상을 연계시켜, 경영진이 기업의 목표 달성에 집중하도록 유도한다. 또한, 공정하고 투명한 보상 정책을 통해, 경영진의 과도한 보상이나 부적절한 인센티브 구조를 방지하고, 기업의 장기적인 성장을 촉진한다.

- 리스크 관리위원회: 리스크 관리위원회는 기업이 직면할 수 있는 주요 리스크를 식별하고, 이를 효과적으로 관리하기 위한 전략을 수립하는 역할을 한다. 이 위원회는 금융 리스크, 운영 리스크, 법적 리스크 등 다양한 위험 요소를 체계적으로 분석하고, 이를 최소화하기 위한 방안을 마련한다. 리스크 관리위원회의 활동은 기업이 불확실한 경영 환경 속에서도 안정적으로 운영될 수 있도록 지원하며, 장기적인 경영 안정성을 강화하는 데 기여한다.

이러한 이사회 위원회들은 각각의 전문 분야에서 이사회의 의사결정 과정을 심도 있게 지원하며, 기업의 전반적인 경영 효율성과 투명성을 높이는 데 중요한 역할을 한다. 이사회의 위원회 구조는 복잡한 경영 문제를 효과적으로 다루고, 주주와 이해관계자들의 이익을 보호하는 데 필수적인 요소로 작용한다.

(6) 이사회의 평가와 개선

이사회의 효율성을 높이기 위해 정기적인 평가와 개선이 필요하다.

이사회는 자체 평가를 통해 성과를 검토하고, 개선점을 도출하여 운영의 효율성을 높인다. 또한, 외부 전문기관에 의한 독립적인 평가를 통해 이사회의 활동을 객관적으로 분석하고, 이를 바탕으로 개선 방안을 마련한다. 이러한 평가와 개선 활동은 이사회의 책임성을 강화하고, 기업 경영의 투명성과 효율성을 높이는 데 중요한 역할을 한다.

이사회의 이러한 다양한 기능과 역할은 기업의 경영 투명성과 책임성을 높이고, 장기적인 성장을 도모하는 데 필수적이다. 이사회의 독립성과 전문성 강화는 기업의 전략적 의사결정의 질을 높이고, 경영진의 활동을 효과적으로 감독하여 기업 가치를 극대화하는 데 기여한다.

내부 통제 및 감사 시스템 강화: 기업 내부의 통제 시스템은 투명성을 높이는 데 필수적이다. 내부 통제 시스템의 현황을 분석하고, 기존 시스템에서 발생하는 비효율성이나 취약점을 파악한다. 기업이 직면할 수 있는 재무, 운영, 규제, 기술적 리스크를 평가하여, 우선적으로 개선해야 할 영역을 정의한다. 기업 전반에 걸쳐 적용할 명확하고 일관된 통제 정책을 수립한다. 통제 절차는 조직의 특성과 목표에 부합하도록 설계하며, 모든 직원이 이해하기 쉬운 방식으로 문서화한다.

경영진 성과 평가 및 보상 체계 개선: 경영진의 성과를 객관적으로 평가하고, 보상 체계가 단기적 성과가 아닌 장기적 성장과 지속가능성에 기반하도록 설계한다. 과도한 보상이 아닌, 기업 가치에 기여한 성과에 따라 보상이 이루어지도록 관리한다.

기업의 감사 구조

외부감사

감사위원회

내부감사

감사의 독립성

재무 보고 검토

감사 활동 조정 및 감독

운영과 통제 평가

공정하고 객관적인
평가보장

감사

(1) 감사의 역할과 목적

감사는 기업의 재무 상태와 경영 활동을 점검하며, 회계의 투명성을 확보하기 위한 중요한 기구이다. 감사의 주요 목적은 기업이 재무보고를 정확하고 신뢰성 있게 수행하고 있는지 확인하고, 내부 통제 시스템이 적절하게 운영되고 있는지를 평가하는 데 있다. 이러한 활동을 통해 기업의 재무적 건전성과 신뢰성을 높이고, 부정 행위나 회계 부정 등을 예방하는 역할을 한다.

감사의 주요 역할과 목적은 다음과 같다.

• 재무보고의 정확성 검토: 감사는 기업의 재무제표를 검토하여, 기업이 회계 기준을 준수하고 있는지, 그리고 재무보고가 정확하고 완전하게 이루어지고 있는지를 확인한다. 이를 통해 기업의 재무 상태를 이해관계자들에게 투명하게 제공하며, 신뢰성 있는 재무 정보를 제

공한다.

- 내부 통제 시스템의 검토: 감사는 기업의 내부 통제 시스템이 효과적으로 운영되고 있는지를 점검한다. 내부 통제 시스템은 기업의 재무 보고, 자산 보호, 운영 효율성 등을 관리하는 데 중요한 역할을 하며, 감사는 이러한 시스템이 적절하게 설계되고 운영되고 있는지 확인한다.

- 부정 행위 예방: 감사는 재무제표와 경영 활동을 면밀히 검토함으로써, 기업 내에서 발생할 수 있는 부정 행위나 회계 부정을 예방하는 역할을 한다. 감사는 잠재적인 리스크를 식별하고, 이를 개선하기 위한 권고 사항을 제시하여, 기업이 투명하고 윤리적인 경영을 실천할 수 있도록 돕는다.

- 기업 신뢰성 증대: 정기적인 감사는 기업의 재무적 건전성과 회계의 투명성을 강화하여, 주주, 투자자, 규제 당국 등 이해관계자들에게 신뢰를 제공한다. 감사 활동은 기업이 법적·윤리적 기준을 준수하고 있다는 확신을 주며, 이를 통해 기업의 평판과 장기적인 성공에 기여한다.

결과적으로, 감사는 기업의 재무적 안정성을 유지하고, 투명한 경영을 보장하는 데 필수적인 역할을 한다. 이를 통해 기업은 부정 행위의 위험을 최소화하고, 장기적인 성장과 지속가능한 발전을 도모할 수 있다.

(2) 외부 감사

외부 감사는 독립적인 회계 법인에 의해 수행되며, 기업의 재무 보고서가 회계 기준에 따라 정확하게 작성되었는지를 검토하는 중요한 절차이다. 외부 감사인은 기업과의 독립적인 관계를 유지하며, 객관적인 시각에서 재무제표를 평가하고 분석한다. 이를 통해 투자자와 이해관계자에게 신뢰성 있는 정보를 제공하여, 기업의 재무 상태와 경영 성과에 대한 명확한 이해를 돕는다.

외부 감사의 주요 역할과 목적은 다음과 같다.

• 재무제표의 정확성 검토: 외부 감사는 기업이 작성한 재무제표가 일반적으로 인정된 회계 원칙(GAAP)이나 국제 회계 기준(IFRS) 등 관련 회계 기준을 준수하고 있는지를 확인한다. 이 과정에서 재무제표에 포함된 정보가 정확하고, 공정하게 작성되었는지 검토하며, 오류나 왜곡이 없는지를 확인한다.

• 객관적 평가 제공: 외부 감사인은 기업과 독립적인 관계를 유지하기 때문에, 재무제표를 객관적이고 공정한 시각에서 평가할 수 있다. 이러한 독립성은 감사인의 평가가 신뢰할 수 있음을 보장하며, 투자자와 이해관계자들이 기업의 재무 상태를 정확하게 파악할 수 있도록 한다.

• 신뢰성 있는 정보 제공: 외부 감사는 재무제표가 신뢰할 수 있는지 여부를 평가하고, 이를 바탕으로 투자자와 이해관계자들에게 신뢰성 있는 재무 정보를 제공한다. 외부 감사의 결과는 기업의 신용도와 투자 가능성을 판단하는 중요한 기준이 되며, 이는 기업의 자본

조달과 시장에서의 평판에 직접적인 영향을 미친다.

- 연례 감사와 감사보고서: 외부 감사는 주로 연 1회 실시되며, 이 과정에서 감사인은 기업의 재무 상태와 경영 성과에 대한 의견을 제시하는 감사보고서를 작성한다. 이 보고서는 기업의 재무제표에 대한 감사인의 의견을 명확하게 서술하며, 기업이 재무 보고에서 어떤 문제를 가지고 있는지, 또는 개선이 필요한 부분이 있는지를 지적한다.

- 외부 감사는 기업의 투명성과 책임성을 높이는 데 중요한 역할을 한다. 외부 감사의 결과는 기업의 신뢰성을 강화하고, 투자자와 이해관계자들의 의사결정에 중요한 정보를 제공하여, 기업의 지속가능성과 장기적인 성장에 기여한다.

(3) 내부 감사

내부 감사는 기업 내부의 감사부서나 감사위원회에 의해 수행되며, 경영 활동의 적법성과 효율성을 점검하는 중요한 역할을 한다. 내부 감사는 기업의 일상적인 운영 과정에서 발생하는 다양한 업무를 검토하고 평가하여, 내부 통제 시스템과 리스크 관리 체계가 효과적으로 작동하고 있는지를 확인한다. 이러한 활동은 기업의 운영 효율성을 높이고, 내부 부정 행위를 예방하며, 경영진의 의사결정이 합법적이고 윤리적으로 이루어지도록 지원하는 데 기여한다.

내부 감사의 주요 역할과 목적은 다음과 같다.

- 내부 통제 시스템의 평가: 내부 감사는 기업의 내부 통제 시스템이

효과적으로 작동하고 있는지 점검한다. 이 시스템은 기업이 법적 요구사항과 내부 정책을 준수하며, 자산을 보호하고 재무 기록을 정확하게 유지하도록 하는 역할을 한다. 내부 감사는 이러한 통제 시스템이 적절히 설계되고 실행되고 있는지 확인하고, 필요한 경우 개선 사항을 제시한다.

- 리스크 관리 체계 검토: 내부 감사는 기업이 직면할 수 있는 다양한 리스크를 관리하기 위한 체계가 적절히 운영되고 있는지 평가한다. 이를 통해 기업이 재무적, 운영적, 법적 리스크에 효과적으로 대응할 수 있도록 지원하며, 잠재적인 문제를 사전에 식별하고 대응 방안을 마련한다.

- 경영 효율성 제고: 내부 감사는 기업의 일상적인 운영 과정에서 비효율적인 부분을 발견하고, 이를 개선하기 위한 권고 사항을 제시한다. 이러한 활동은 기업의 자원을 효율적으로 활용하고, 운영 비용을 절감하며, 전반적인 경영 효율성을 높이는 데 기여한다.

- 내부 부정 행위 예방: 내부 감사는 기업 내에서 발생할 수 있는 부정 행위나 비윤리적 행동을 예방하는 데 중요한 역할을 한다. 정기적인 감사와 평가를 통해 부정 행위의 발생 가능성을 최소화하고, 기업의 윤리적 기준을 준수하도록 지원한다.

- 경영진 의사결정 지원: 내부 감사는 경영진이 내리는 의사결정이 법적·윤리적 기준에 부합하는지 확인하고, 경영진이 신뢰할 수 있는 정보와 분석을 기반으로 결정을 내릴 수 있도록 지원한다. 이는 경영진이 책임감 있게 기업을 운영할 수 있도록 돕는다.

결과적으로, 내부 감사는 기업의 경영 투명성과 효율성을 높이고, 지속가능한 성장을 촉진하는 데 중요한 역할을 한다. 내부 감사 활동은 기업이 법적·윤리적 기준을 준수하고, 신뢰성 있는 경영을 실천하는 데 필수적인 요소로 작용한다.

(4) 감사위원회

감사위원회는 이사회 내의 독립적인 기구로서, 외부 감사와 내부 감사를 총괄하고 조정하는 중요한 역할을 수행한다. 감사위원회는 주로 사외이사로 구성되며, 이들은 감사 활동의 독립성과 투명성을 확보하기 위해 노력한다. 이를 통해 감사위원회는 기업의 재무적 신뢰성과 운영의 건전성을 보장하는 데 핵심적인 역할을 한다.

감사위원회의 주요 역할은 다음과 같다.

- 감사 계획 수립: 감사위원회는 외부 감사와 내부 감사의 전반적인 계획을 수립한다. 이를 통해 감사 활동이 체계적으로 진행되며, 기업의 재무 보고 및 운영의 적정성이 철저히 검토될 수 있도록 한다.
- 감사 결과 검토: 감사위원회는 외부 감사와 내부 감사의 결과를 검토하고, 감사인의 보고서를 분석한다. 이를 통해 기업의 재무 상태와 내부 통제 시스템에 대한 평가를 확인하고, 필요한 경우 경영진에게 개선 사항을 제안한다.
- 감사인의 선임 및 평가: 감사위원회는 외부 감사인을 선임하고, 그들의 업무 성과를 평가하는 역할을 한다. 이는 감사인의 독립성과 객관성을 유지하기 위한 중요한 절차이며, 감사 결과의 신뢰성을 보

장하는 데 기여한다.

- 내부 통제 시스템의 점검: 감사위원회는 기업의 내부 통제 시스템이 효과적으로 운영되고 있는지 점검한다. 이는 기업이 법적 요구사항과 내부 정책을 준수하고, 재무 기록과 자산 관리가 적절하게 이루어지도록 하는 데 필수적이다.
- 정기 회의 개최: 감사위원회는 정기적으로 회의를 개최하여 감사 활동의 진행 상황을 보고 받고, 감사 계획과 결과를 논의한다. 이를 통해 감사 활동의 진행 상황을 모니터링하고, 발생하는 문제를 즉각적으로 해결할 수 있다.

감사위원회의 이러한 역할은 기업의 감사 활동이 독립적이고 투명하게 수행되도록 보장하며, 기업의 재무적 신뢰성과 운영의 효율성을 높이는 데 중요한 기여를 한다. 감사위원회는 기업의 경영진과 이사회 간의 중요한 연결 고리로서, 경영진의 의사결정을 견제하고, 기업의 장기적인 성장을 도모하는 데 필수적인 역할을 한다.

(5) 감사의 독립성 보장

감사의 독립성은 감사 활동의 신뢰성과 객관성을 확보하는 데 필수적인 요소이다. 감사가 독립적으로 수행될 때, 기업의 재무 상태와 운영에 대한 평가가 공정하고 투명하게 이루어질 수 있으며, 이해관계자들은 이를 기반으로 신뢰할 수 있는 의사결정을 내릴 수 있다.

감사의 독립성을 보장하기 위한 주요 방법은 다음과 같다.

- 외부 감사인의 독립성 유지: 외부 감사인은 기업과의 독립적인 관계

를 유지해야 하며, 이를 통해 감사 활동의 객관성을 보장한다. 외부 감사인은 기업의 재무제표를 검토하고, 법적·회계적 기준에 부합하는지 평가하는 과정에서 어떤 이해관계에도 영향을 받지 않아야 한다. 이를 위해 외부 감사인은 주기적으로 감사 계약을 변경하거나, 다른 감사인을 선임하는 등의 방법으로 독립성을 유지한다.

• 내부 감사의 독립적 운영: 내부 감사의 경우, 감사부서는 최고 경영진으로부터 독립적으로 운영되며, 감사 결과를 직접 이사회나 감사위원회에 보고한다. 이를 통해 내부 감사가 경영진의 영향을 받지 않고, 기업의 운영과 재무 상태를 객관적으로 평가할 수 있다. 내부 감사부서가 독립적으로 운영됨으로써, 감사 활동의 결과가 공정하게 도출되고, 필요한 경우 경영진에게 직접적인 개선 조치를 제안할 수 있다.

• 감사위원회와의 직접 보고: 내부 감사부서가 감사위원회에 직접 보고하는 구조는 감사의 독립성을 더욱 강화한다. 감사위원회는 이사회의 독립적인 기구로서, 감사 결과를 검토하고 필요 시 경영진에게 개선 요구를 할 수 있는 권한을 가진다. 이 구조는 감사 활동이 경영진의 영향 없이 이루어지도록 보장한다.

• 감사 계약의 주기적 변경: 외부 감사인의 경우, 감사 계약을 주기적으로 변경하거나 다른 감사인을 선임하는 방식으로 독립성을 유지할 수 있다. 이 방법은 특정 감사인이 기업과 장기적으로 유착 관계를 맺는 것을 방지하고, 새로운 시각에서 기업의 재무 상태와 운영을 평가할 수 있도록 돕는다.

감사의 독립성을 보장하는 이러한 방법들은 감사 활동의 신뢰성과 객관성을 높이는 데 기여한다. 독립적으로 수행된 감사는 기업의 재무적 건전성과 운영 효율성을 정확하게 평가할 수 있으며, 이를 통해 기업의 장기적인 성장을 도모하고, 이해관계자들에게 신뢰할 수 있는 정보를 제공할 수 있다.

(6) 감사의 투명성 제고

감사의 투명성을 높이는 것은 기업의 신뢰성을 강화하고, 이해관계자들에게 정확하고 신뢰할 수 있는 정보를 제공하는 데 매우 중요하다. 투명한 감사 활동은 기업의 재무 상태와 경영 성과에 대한 신뢰를 높이고, 기업의 경영 투명성을 전반적으로 개선하는 데 기여한다.

감사의 투명성을 제고하기 위한 주요 방법은 다음과 같다.

- 감사 결과의 공개: 기업은 감사 결과를 이해관계자들이 쉽게 접근할 수 있도록 공개해야 한다. 이를 위해 감사보고서는 기업의 홈페이지나 금융감독원의 전자공시시스템(DART)을 통해 공개된다. 이러한 공개 절차는 투자자와 이해관계자들이 기업의 재무 상태와 경영 성과에 대한 최신 정보를 확인할 수 있도록 하며, 기업의 신뢰성을 높인다.

- 감사보고서의 상세한 작성: 감사보고서는 기업의 재무제표에 대한 평가뿐만 아니라, 내부 통제 시스템과 리스크 관리 체계에 대한 검토 결과도 포함해야 한다. 보고서에 포함된 정보는 명확하고 구체적으로 작성되어야 하며, 이해관계자들이 기업의 재무 상태를 정확하

게 이해할 수 있도록 도와야 한다. 투명한 보고서는 기업의 재무적 건전성을 평가하는 데 필수적인 자료가 된다.

• 이사회 및 주주총회에서의 논의: 감사 결과는 이사회 및 주주총회에서 논의되어야 하며, 이러한 논의를 통해 감사 활동의 투명성을 더욱 높일 수 있다. 이사회와 주주들은 감사보고서의 내용을 검토하고, 감사인이 제시한 개선 사항이나 권고 사항에 대해 경영진이 적절히 대응하고 있는지 확인할 수 있다. 이러한 과정은 기업의 경영 투명성을 높이고, 경영진의 책임성을 강화하는 데 기여한다.

• 이해관계자와의 소통 강화: 기업은 감사 결과에 대한 이해관계자와의 소통을 강화하여, 감사 활동의 투명성을 더욱 제고할 수 있다. 정기적인 설명회나 보고서를 통해 이해관계자들에게 감사 결과와 그에 따른 개선 조치를 설명하고, 그들의 질문이나 우려에 답변하는 것이 중요하다. 이러한 소통은 기업과 이해관계자 간의 신뢰를 강화하는 데 중요한 역할을 한다.

이러한 투명성 제고 활동들은 감사 활동의 신뢰성을 높이고, 기업의 경영 투명성을 전반적으로 강화하는 데 필수적이다. 투명한 감사는 기업의 재무 상태와 경영 성과를 정확하게 평가할 수 있게 하며, 이를 통해 기업은 장기적인 성장과 지속가능한 발전을 도모할 수 있다.

(7) 감사 활동의 지속적 개선

감사 활동의 지속적인 개선은 기업의 재무 투명성과 신뢰성을 유지하고 강화하는 데 필수적이다. 이를 위해 정기적인 평가와 교육이 중요한 역할을 한다. 다음은 감사 활동의 지속적 개선을 위한 주요 방안들이다.

- 정기적인 자체 평가: 감사부서는 정기적으로 자체 평가를 실시하여 감사 활동의 효과성과 효율성을 점검해야 한다. 이러한 평가는 감사 절차의 준수 여부, 감사 결과의 정확성, 내부 통제 시스템의 점검 효과 등을 포함한다. 자체 평가를 통해 도출된 개선 사항은 즉각적인 조치를 통해 해결되며, 이를 통해 감사 활동의 질이 지속적으로 향상된다.

- 지속적인 교육과 훈련: 감사인과 감사부서 직원들은 최신 회계 기준, 법적 규제, 감사 기법 등에 대한 지속적인 교육과 훈련을 받아야 한다. 이를 통해 감사인들은 변화하는 회계 환경에 신속히 적응하고, 고도의 전문성을 유지할 수 있다. 지속적인 교육은 감사 활동의 정확성과 신뢰성을 높이는 데 중요한 역할을 한다.

- 최신 감사 기법 도입: 감사부서는 최신 감사 기법과 도구를 도입하여 감사 활동의 효율성을 높여야 한다. 데이터 분석, IT 감사 도구, 그리고 리스크 기반 감사 접근법 등 현대적인 감사 방법론은 감사 과정에서 발생할 수 있는 오류를 줄이고, 더 정확하고 포괄적인 감사 결과를 도출하는 데 기여한다.

- 외부 평가와 피드백: 외부 전문 기관에 의한 정기적인 감사 평가를 통해 감사 활동의 질을 객관적으로 평가받는 것도 중요하다. 외부 평가는 내부에서 간과할 수 있는 문제점을 발견하는 데 도움이 되며, 개선점을 명확히 하는 데 기여한다. 또한, 감사 활동에 대한 피

드백을 수용하고 이를 개선에 반영함으로써, 감사의 효과성을 지속적으로 향상시킬 수 있다.

- 감사 활동의 문서화와 공유: 감사 활동의 모든 과정과 결과를 문서화하고, 이를 조직 내에서 공유하는 것도 개선에 중요한 요소이다. 문서화된 자료는 향후 감사 활동의 참고 자료로 활용될 수 있으며, 감사의 일관성과 효율성을 높이는 데 기여한다. 또한, 감사 활동의 결과와 개선 사항을 조직 내에서 공유함으로써, 전사적인 경영 투명성과 책임성을 강화할 수 있다.

이러한 지속적인 개선 노력은 감사 활동의 질을 높이고, 기업의 재무 투명성과 신뢰성을 강화하는 데 큰 기여를 한다. 감사의 독립성과 투명성 보장은 기업의 경영 투명성과 신뢰성을 높이는 핵심적인 요소이며, 지속적인 개선을 통해 감사 활동이 기업의 장기적인 성공과 지속가능한 성장을 지원할 수 있도록 해야 한다.

이해관계자

기업 거버넌스의 개선은 주주뿐만 아니라 모든 이해관계자와의 신뢰 구축에 중요한 역할을 한다. 이해관계자에는 직원, 고객, 공급업체, 지역사회 등이 포함되며, 이들과의 신뢰 관계는 기업의 장기적인 성공과 지속가능한 성장을 위해 필수적이다.

투명하고 책임 있는 경영은 이해관계자들에게 신뢰를 제공하는 핵심 요소이다. 기업이 경영 활동을 투명하게 공개하고, 책임 있는 의사결정을 내릴 때, 이해관계자들은 기업에 대한 신뢰를 강화할 수 있다.

이해관계자 신뢰 구축 피라미드

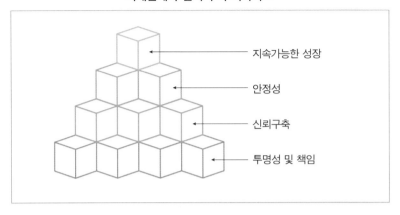

예를 들어, 공정한 고용 관행을 통해 직원들의 신뢰를 얻고, 품질 높은 제품과 서비스를 제공함으로써 고객의 신뢰를 확보하며, 윤리적이고 지속가능한 공급망 관리로 공급업체와의 협력 관계를 강화할 수 있다. 이러한 신뢰는 기업의 평판을 높이고, 이해관계자들과의 장기적인 관계를 구축하는 데 기여한다.

이해관계자와의 신뢰 관계는 기업의 안정적인 운영을 위한 중요한 기반이다. 신뢰 관계가 잘 형성된 기업은 변화하는 시장 환경에서도 이해관계자들의 지지를 받을 가능성이 높으며, 이는 기업이 위기 상황에서도 안정적으로 운영될 수 있는 능력을 강화한다. 예를 들어, 직원들이 기업에 대해 높은 신뢰를 가지고 있으면, 기업은 높은 생산성과 창의적인 아이디어를 기대할 수 있다. 고객과의 신뢰 관계는 브랜드 충성도를 높이고, 지속적인 매출 성장을 지원할 수 있다.

기업 평판의 제고는 이해관계자와의 신뢰 구축의 중요한 결과 중 하나이다. 기업이 이해관계자들과의 관계를 중요하게 여기고, 그들의 기대에 부응하는 경영을 실천할 때, 기업의 사회적 평판은 자연스럽게 높아진다. 좋은 평판은 기업의 제품과 서비스에 대한 신뢰를 높이고, 새로운 고객과 파트너를 끌어들이는 데 중요한 역할을 한다. 또한, 평판이 좋은 기업은 더 많은 투자자들의 관심을 받으며, 자본시장에서 경쟁력을 강화할 수 있다.

지속가능한 관계 구축은 기업이 장기적으로 성공하기 위해 필수적이다. 이해관계자들과의 신뢰를 바탕으로 한 지속가능한 관계는 기업이 지속가능한 성장을 도모하는 데 중요한 역할을 한다. 이는 단순히 단기적인 이익을 넘어, 기업이 장기적인 성공을 이루기 위해 필수적인 요소로 작용한다.

결론적으로, 기업 거버넌스의 개선은 이해관계자와의 신뢰 구축에 중요한 역할을 하며, 이는 기업의 안정적인 운영과 지속가능한 성장을 위한 핵심 기반이 된다. 투명하고 책임 있는 경영을 통해 이해관계자들에게 신뢰를 제공함으로써, 기업은 장기적으로 더 큰 성공과 성장을 이룰 수 있다.

04 기업 거버넌스 이론의 쟁점

거버넌스를 지원하는 이론적 프레임워크

거버넌스를 지원하는 이론적 프레임워크는 기업이 복잡하고 상호 연결된 현대 경영 환경에서 효과적인 거버넌스 관행을 구축하고 실행할 수 있도록 돕는 중요한 개념적 도구들을 제공하고 있다. 이러한 이론들은 거버넌스가 어떻게 기업의 장기적 성공, 지속가능성, 그리고 윤리적 경영을 보장하는지에 대한 이해를 깊게 하고 있다. 다음은 이 이론적 프레임워크들에 대한 상세한 고찰이다.

기업 거버넌스 이론

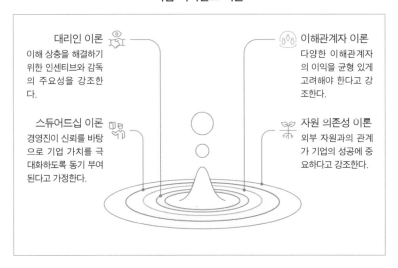

대리인 이론
이해 상충을 해결하기 위한 인센티브와 감독의 주요성을 강조한다.

이해관계자 이론
다양한 이해관계자의 이익을 균형 있게 고려해야 한다고 강조한다.

스듀어드십 이론
경영진이 신뢰를 바탕으로 기업 가치를 극대화하도록 동기 부여된다고 가정한다.

자원 의존성 이론
외부 자원과의 관계가 기업의 성공에 중요하다고 강조한다.

(1) 대리인 이론 (Agency Theory)

대리인 이론은 거버넌스의 기초를 이해하는 데 중요한 이론으로, 특히 기업의 주주(원리자)와 경영진(대리자) 간의 관계에 초점을 맞추고 있다. 이 이론은 주주와 경영진 간의 이익이 항상 일치하지 않을 수 있으며, 이로 인해 발생할 수 있는 이해 상충에 대해 설명하고 있다. 경영진은 회사의 일상적인 운영을 책임지지만, 그들의 개인적 목표와 주주의 목표가 다를 수 있다. 예를 들어, 경영진은 단기적인 성과나 자신의 보상을 극대화하려는 동기를 가질 수 있으며, 이는 주주의 장기적인 이익과 상충될 수 있다.

이러한 이해 상충을 해결하기 위해 대리인 이론은 성과 기반 인센티브와 독립적인 이사회와 같은 거버넌스 메커니즘의 중요성을 강조하고 있다. 성과 기반 인센티브는 경영진이 주주의 이익을 극대화하도록 동기를 부여하는 도구로, 경영진의 보상이 회사의 장기적 성과와 연계되도록 설계된다. 독립적인 이사회는 경영진을 객관적으로 감독하고 평가할 수 있는 능력을 제공하며, 경영진의 결정이 주주의 이익에 부합하는지 확인하는 역할을 한다. 이러한 메커니즘들은 경영진의 행동을 주주의 기대와 일치시키며, 기업의 투명성과 책임성을 높이는 데 중요한 역할을 하고 있다.

(2) 이해관계자 이론 (Stakeholder Theory)

이해관계자 이론은 전통적인 주주 중심의 거버넌스 모델을 확장하여, 기업이 다양한 이해관계자의 이익을 고려해야 한다는 것을 강조하고 있다. 이 이론은 기업이 단순히 주주의 이익만을 추구하는 것이 아니라, 직원, 고객, 공급업체, 지역사회, 환경 등 기업의 활동에 영향을 받는 모든 이해관계자의 이익을 균형 있게 고려해야 한다고 주장하고 있다.

이해관계자 이론은 기업의 의사결정이 보다 포괄적이고 공정하게 이루어질 수 있도록 하며, 이는 장기적인 지속가능성과 윤리적 경영을 촉진한다. 기업이 다양한 이해관계자의 목소리를 듣고, 그들의 기대를 반영하는 경영 전략을 수립할 때, 이는 기업과 이해관계자 간의 신뢰 관계를 강화하는 데 기여한다. 또한, 이러한 접근은 기업이 환경적·사회적 책임을 다하는 데 중요한 역할을 하며, 이는 기업의 장기적인 성공에 긍정적인 영향을 미친다.

(3) 스튜어드십 이론 (Stewardship Theory)

스튜어드십 이론은 경영진이 단순히 자신들의 이익을 위해 행동하는 것이 아니라, 기업의 수호자로서 주주와 이해관계자의 최선의 이익을 위해 행동할 동기가 있다고 가정하고 있다. 이 이론은 경영진이 주주의 대리인으로서가 아니라, 스튜어드(관리자)로서 전체 기업 가치를 극대화하려는 책임을 진다는 전제를 기반으로 하고 있다.

스튜어드십 이론은 경영진이 기업의 장기적 성장을 도모하고, 지속 가능한 가치를 창출할 수 있도록 신뢰 기반의 거버넌스 구조를 강조하고 있다. 이 이론에 따르면, 경영진은 주주와 이해관계자의 이익을 보호하기 위해 윤리적이고 책임감 있게 행동하며, 이는 기업의 전반적인 성과를 향상시키는 데 기여한다. 스튜어드십 이론은 경영진과 이사회 간의 신뢰를 바탕으로 한 협력 관계를 촉진하며, 이는 기업의 장기적인 안정성과 지속가능성을 보장하는 데 중요한 역할을 하고 있다.

(4) 자원 의존성 이론 (Resource Dependence Theory)

자원 의존성 이론은 기업이 외부 환경과의 상호작용을 통해 생존하고 성장하는 데 필요한 자원을 확보하고 관리하는 데 있어 거버넌스의 역할을 강조하고 있다. 이 이론은 기업이 성공적으로 운영되기 위해서는 자본, 정보, 기술, 시장 접근 등과 같은 핵심 자원을 안정적으로 확보해야 하며, 이러한 자원은 종종 외부 이해관계자로부터 제공된다고 보고 있다.

자원 의존성 이론은 기업이 이러한 중요한 자원을 확보하기 위해 강력한 이해관계자 관계를 구축해야 한다는 점을 강조하고 있다. 이 이론에 따르면, 기업의 거버넌스 구조는 자원 의존성을 관리하고, 외부 자원 제공자들과의 협력 관계를 최적화하기 위해 설계되어야 한다. 이를 통해 기업은 외부 환경의 불확실성을 줄이고, 장기적인 성장을 위한 안정적인 기반을 마련할 수 있다. 또한, 이 이론은 기업이 자원 확보와 관련된 리스크를 효과적으로 관리할 수 있도록 돕고 있으며, 이는 기업이 지속가능한 방식으로 운영될 수 있도록 지원하고 있다.

거버넌스 개념에 대한 이러한 이론적 프레임워크들은 ESG 경영에서의 거버넌스가 왜 중요한지, 그리고 어떻게 효과적으로 구현될 수 있는지를 이해하는 데 필수적인 기반을 제공하고 있다. 전통적인 거버넌스 원칙을 현대 ESG 프레임워크와 통합함으로써, 기업은 윤리적 리더십, 이해관계자 참여, 포괄적인 리스크 관리, 지속가능성 통합, 그리고 책임을 촉진하는 거버넌스 구조를 구축할 수 있다.

이러한 원칙들은 기업이 단지 이윤을 추구하는 것을 넘어, 사회적 책임을 다하고 환경에 긍정적인 영향을 미치는 방향으로 운영될 수 있도록 돕고 있다. 궁극적으로, 이러한 거버넌스 구조는 기업이 장기적인 성공과 지속가능한 성장을 달성하는 데 필수적인 역할을 하고 있으며, 이는 현대 비즈니스 환경에서 기업의 경쟁력을 강화하는 데 중요한 요소로 작용하고 있다.

전자투표제 도입

기업 거버넌스 개선은 주주 권익 보호를 강화함으로써 경영 투명성을 높이는 데 핵심적인 역할을 한다. 주주들이 기업의 경영에 더 적극적으로 참여하고, 경영진의 의사결정을 감시할 수 있는 제도적 장치가 강화될수록, 경영진은 투명하고 책임 있는 경영을 실천할 수밖에 없다.

예를 들어, 전자투표제의 도입은 주주 권익 보호의 중요한 사례이다. 이 제도는 소액주주들이 주주총회에 물리적으로 참석하지 않더라도 온라인을 통해 의결권을 행사할 수 있도록 하여, 경영진의 의사결정에 직접적으로 참여할 기회를 제공한다. 전자투표제는 소액주주들이 보다 쉽게 경영진의 활동을 감시하고 견제할 수 있게 하며, 경영진이 주주들의 목소리에 더 귀 기울이도록 만든다.

이러한 제도적 장치는 경영진의 자의적인 의사결정을 억제하고, 기업의 경영 투명성을 제고하는 데 크게 기여한다. 주주들이 경영진의 활동을 면밀히 감시할 수 있을 때, 경영진은 자신의 결정이 주주들과 이해관계자들의 이익을 보호하고 있다는 것을 증명해야 한다. 이 과정에서 기업은 더욱 투명한 경영 방식을 채택하게 되며, 주주들과의 신뢰 관계도 강화된다.

또한, 주주 권익 보호는 기업이 법적·윤리적 기준을 준수하도록 하

기업 거버넌스에서 전자투표의 영향

높은 경영 투명성

전통적인
주주총회

전자투표가
활성화된 주주총회

낮은 주주 참여 ← → 높은 주주 참여

경영진이
지배하는 환경

제한된
전자투표 참여

낮은 경영 투명성

고, 장기적인 성장 전략을 세우는 데도 긍정적인 영향을 미친다. 주주들이 경영진의 성과를 평가하고, 필요할 경우 개선을 요구할 수 있는 권한을 가지게 되면, 기업은 지속가능한 성장과 이익 창출을 목표로 하는 경영 방침을 수립하게 된다.

결론적으로, 주주 권익 보호를 강화하는 것은 경영 투명성을 높이는 데 필수적이며, 이는 기업의 장기적인 성공과 지속가능한 성장을 도모하는 데 중요한 요소이다. 주주들이 적극적으로 참여하고 경영진을 견제할 수 있는 환경을 조성하는 것이야말로, 현대 기업의 경영 투명성을 높이고 이해관계자들에게 신뢰를 제공하는 길이다.

이사회의 독립성 강화

이사회의 독립성과 전문성을 강화하는 것은 기업의 전략적 의사결정이 보다 객관적이고 합리적으로 이루어질 수 있도록 하는 데 중요한 역할을 한다. 이사회가 경영진으로부터 독립적으로 운영되고, 다양한 시각과 전문성을 가진 구성원들로 이루어져 있을 때, 기업의 의사결정 과정은 더 공정하고 균형 있게 이루어진다.

사외이사의 비율을 높이는 것은 이사회의 독립성을 강화하는 핵심적인 방법 중 하나이다. 사외이사는 기업의 내부 이해관계로부터 독립된 인물들로, 경영진의 결정에 대해 객관적인 평가를 제공할 수 있다.

이사회의 독립성 및 전문성 강화주기

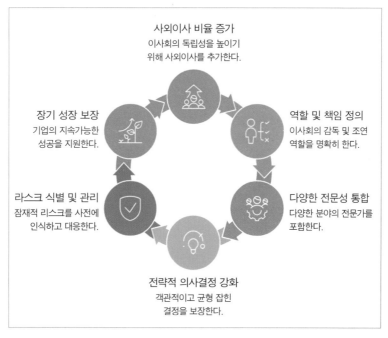

사외이사 비율 증가
이사회의 독립성을 높이기 위해 사외이사를 추가한다.

역할 및 책임 정의
이사회의 감독 및 조연 역할을 명확히 한다.

다양한 전문성 통합
다양한 분야의 전문가를 포함한다.

전략적 의사결정 강화
객관적이고 균형 잡힌 결정을 보장한다.

라스크 식별 및 관리
잠재적 리스크를 사전에 인식하고 대응한다.

장기 성장 보장
기업의 지속가능한 성공을 지원한다.

이들은 기업의 전략적 결정이 모든 이해관계자에게 공정하고, 기업의 장기적인 이익에 부합하는지 검토하는 역할을 한다. 사외이사의 참여가 확대될수록, 이사회는 경영진의 독단적인 결정을 효과적으로 견제할 수 있게 된다.

또한, 이사회의 역할과 책임을 명확히 규정하는 것도 중요하다. 이사회의 책임과 권한이 명확히 정의되면, 이사회는 경영진의 감독자이자 조언자로서의 역할을 더 잘 수행할 수 있다. 명확한 규정은 이사회가 기업의 전략적 방향을 설정하고, 경영진의 활동을 평가하는 데 필요한 기준을 제공하며, 이를 통해 의사결정 과정의 투명성과 책임성을 높인다.

다양한 분야의 전문가들로 구성된 이사회는 기업의 장기적인 성장 전략을 수립하고, 리스크를 효과적으로 관리하는 데 중요한 기여를 한다. 다양한 배경과 전문성을 가진 이사회 구성원들은 다양한 관점에서 기업의 문제를 분석하고, 더 나은 결정을 내릴 수 있도록 돕는다. 예를 들어, 재무, 법률, 마케팅, 기술 등 다양한 분야의 전문가들은 각자의 전문 지식을 바탕으로 기업의 전략적 의사결정에 기여할 수 있다.

이사회의 독립성과 전문성 강화는 기업이 직면할 수 있는 리스크를 사전에 식별하고, 이를 관리하기 위한 전략을 수립하는 데도 중요한 역할을 한다. 독립적인 이사회는 경영진의 결정이 단기적인 이익에 치우치지 않고, 기업의 장기적인 성공을 보장하는 방향으로 이루어지도록 감시하고 조언할 수 있다.

결론적으로, 이사회의 독립성과 전문성을 강화하는 것은 기업의 의사결정 과정을 객관적이고 합리적으로 만드는 데 필수적이다. 이는 기업이 장기적으로 지속가능한 성장을 추구하고, 이해관계자들에게 신뢰를 제공하는 데 중요한 기여를 한다.

감사기능의 강화와 재무 투명성 확보

감사기능의 강화는 기업의 재무적 투명성과 회계의 정확성을 확보하는 데 중요한 역할을 한다. 효과적인 감사 체계는 기업의 재무 상태를 정확하게 반영하고, 이해관계자들에게 신뢰성 있는 정보를 제공함으로써 기업의 장기적인 성공을 지원한다.

외부 감사와 내부 감사의 역할을 명확히 구분하는 것은 감사기능을 강화하는 첫 번째 단계이다. 외부 감사는 독립적인 회계 법인이 기업의 재무제표와 관련된 회계 처리 및 보고가 회계 기준에 따라 정확하게 이루어졌는지를 검토하는 역할을 한다. 이들은 기업과 독립적인 관계를 유지함으로써 객관적이고 신뢰성 있는 평가를 제공할 수 있다. 반면, 내부 감사는 기업 내부의 감사부서나 감사위원회가 수행하며,

기업 재무 투명성 강화를 위한 감사 기능의 핵심 요소

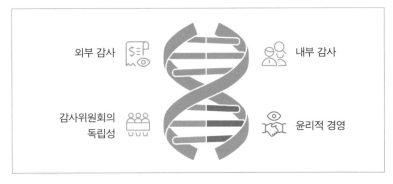

기업의 일상적인 운영과 관련된 내부 통제 시스템과 리스크 관리 체계를 점검한다. 내부 감사는 경영진의 의사결정이 법적·윤리적 기준에 부합하는지 확인하고, 기업 운영의 효율성을 높이는 데 기여한다.

감사위원회의 독립성을 보장하는 것은 감사기능의 강화에서 또 다른 중요한 요소이다. 감사위원회는 이사회 내에 독립적으로 구성된 기구로, 외부 감사와 내부 감사를 총괄하고 조정하는 역할을 한다. 감사위원회가 사외이사로 구성되어 독립적으로 운영될 때, 감사 활동은 보다 객관적이고 공정하게 이루어지며, 경영진의 영향을 받지 않고 기업의 재무 상태와 운영에 대한 정확한 평가를 제공할 수 있다. 이는 기업의 재무보고의 투명성을 높이고, 이해관계자들에게 신뢰할 수 있는 정보를 제공하는 데 중요한 역할을 한다.

감사기능의 강화는 경영진의 부정 행위를 예방하고, 기업의 윤리적 경영을 촉진하는 데도 기여한다. 정기적인 감사 활동은 기업 내에서 발생할 수 있는 회계 부정이나 비윤리적인 행위를 사전에 발견하고 예방하는 데 중요한 역할을 한다. 또한, 감사 결과는 이사회와 주주들에게 보고되어 경영진의 행동을 투명하게 평가할 수 있는 기회를 제공하며, 이를 통해 경영진이 더욱 책임감 있게 경영하도록 유도한다.

결과적으로, 감사기능의 강화는 기업의 재무적 건전성과 신뢰도를 높여 투자자들의 신뢰를 얻고, 자본시장에서의 경쟁력을 향상시키는 데 중요한 역할을 한다. 강화된 감사기능은 기업이 투명하고 윤리적인 경영을 실천하도록 지원하며, 장기적인 성공과 지속가능한 성장을 촉진하는 데 기여한다.

기업가치 향상과 투자 유치

기업 거버넌스의 개선은 기업가치의 향상과 투자 유치에 직접적으로 로 긍정적인 영향을 미친다. 투명하고 책임성 있는 경영은 기업의 신뢰성을 높이며, 이는 투자자들이 기업에 대한 신뢰를 바탕으로 자금을 투자하는 중요한 동기가 된다. 기업지배구조가 개선된 기업은 더 낮은 자본조달 비용을 누릴 수 있으며, 이는 기업의 재정적 유연성을 증대시키고, 성장 기회를 확대하는 데 기여한다.

투명하고 책임성 있는 경영은 투자자들에게 기업의 신뢰성을 증대시키는 주요 요소이다. 투자자들은 기업이 법적, 윤리적 기준을 준수하고, 재무 상태를 정확하고 투명하게 보고하며, 이해관계자들의 이익을 균형 있게 고려하는지를 중요하게 평가한다. 이러한 투명한 경영 관행은 투자자들이 기업의 장기적인 성과와 지속가능성을 신뢰하도록 만든다. 신뢰가 높아질수록 투자자들은 자금을 기업에 투자할 가능

기업 거버넌스 개선을 통한 글로벌 경쟁력 강화 전략

지속가능한 경영
전략적 투자와 성장을 촉진하는 관행에 중점을 둔다.

투명성
모든 재무 보고 및 운영이 명확하고 공개적이며 이해관계자에게 신뢰를 구축하는 것을 보장한다.

기업 거버넌스 개선

글로벌 기준
국제 투자자를 유치하고 글로벌 시장에서 경쟁력을 강화하기 위해 거버넌스를 표준화한다.

책임성
의사결정자가 법적 및 윤리적 기준을 준수하고 이해관계자의 이익을 균형 있게 고려하도록 보장한다.

성이 커지며, 이는 자본조달 비용을 낮추고, 기업의 재무 건전성을 강화하는 결과를 초래한다.

글로벌 스탠더드에 부합하는 지배구조를 구축한 기업은 특히 국제 투자자들로부터 더 많은 관심을 받게 된다. 글로벌 투자자들은 투명성과 책임성, 그리고 지속가능한 경영을 중시하는 경향이 있기 때문에, 이러한 기준을 충족하는 기업에 더 높은 가치를 부여한다. 국제적인 기준에 맞춘 지배구조는 기업이 글로벌 시장에서 신뢰를 구축하고, 경쟁력을 강화하는 데 중요한 역할을 한다. 이는 글로벌 자본 시장에서의 입지를 넓히고, 더 많은 국제 투자자를 유치하는 데 필수적이다.

장기적으로, 이러한 투자 유치는 기업의 성장을 촉진하고, 지속가능한 경영을 가능하게 한다. 충분한 자본을 확보한 기업은 연구개발, 시장 확장, 인수합병 등의 전략적 투자를 통해 성장할 수 있으며, 이를 통해 기업가치를 더욱 높일 수 있다. 또한, 지속가능한 경영을 실천하는 기업은 장기적인 관점에서 시장의 변동성에 더 잘 대응할 수 있으며, 이는 투자자들에게 안정적인 투자 대상으로 인식된다.

결론적으로, 기업 거버넌스의 개선은 기업가치의 향상과 투자 유치에 필수적인 요소이다. 투명하고 책임 있는 경영은 투자자들에게 신뢰를 제공하며, 글로벌 스탠더드를 충족하는 지배구조는 국제 시장에서 기업의 경쟁력을 강화한다. 이러한 요소들은 기업의 지속가능한 성장을 촉진하고, 장기적으로 기업가치를 극대화하는 데 중요한 역할을 한다.

ESG 경영의 실천

기업 거버넌스의 개선은 ESG(Environmental, Social, Governance) 경영의 실현에 중요한 역할을 하며, 이는 기업의 지속가능한 성장을 촉진하는 데 필수적이다. ESG 경영은 환경 보호, 사회적 책임, 그리고 투명한 지배구조를 핵심 요소로 하여, 기업이 장기적으로 지속가능한 방식으로 성장할 수 있도록 한다.

ESG 경영의 실천은 기업이 환경 보호와 사회적 책임을 다하는 경영을 가능하게 한다. 기업 거버넌스스가 개선되면, 경영진은 기업의 이익뿐만 아니라 환경과 사회에 미치는 영향을 고려한 의사결정을 내리게 된다. 이러한 의사결정 과정은 투명하게 이루어지며, 기업이 법적·윤리적 기준을 준수하면서도 환경 보호와 사회적 책임을 충실히 이행

ESG 경영을 통한 지속가능한 기업 성장 전략

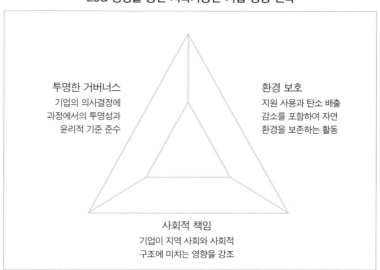

투명한 거버너스
기업의 의사결정에
과정에서의 투명성과
윤리적 기준 준수

환경 보호
지원 사용과 탄소 배출
감소를 포함하여 자연
환경을 보존하는 활동

사회적 책임
기업이 지역 사회와 사회적
구조에 미치는 영향을 강조

할 수 있도록 한다. 예를 들어, 기업은 지속가능한 자원 사용, 탄소 배출 감소, 그리고 지역 사회 기여와 같은 활동을 통해 ESG 목표를 달성할 수 있다.

장기적으로, ESG 경영은 기업의 이미지와 브랜드 가치를 높이는 데 기여한다. 환경 보호와 사회적 책임을 중시하는 소비자와 투자자들은 이러한 가치에 부합하는 기업을 더 선호하게 된다. ESG 요소를 고려한 경영을 실천하는 기업은 시장에서 긍정적인 평판을 얻게 되며, 이는 브랜드 충성도를 높이고, 더 많은 고객과 투자자들을 끌어들이는 데 도움이 된다. 또한, ESG 경영은 기업의 위기 관리 능력을 강화하여, 환경적·사회적 리스크로부터 기업을 보호하고, 장기적인 재무 안정성을 확보하는 데 기여한다.

글로벌 시장에서의 경쟁력 강화도 ESG 경영의 중요한 이점 중 하나이다. 국제적으로 ESG 경영이 중요한 기준으로 자리 잡고 있는 가운데, ESG 요소를 경영에 통합한 기업은 글로벌 투자자들과 파트너들에게 더욱 매력적인 투자 대상으로 인식된다. 이는 자본 조달과 시장 확장에서 경쟁 우위를 제공하며, 기업이 글로벌 시장에서 더 강력한 입지를 구축하는 데 기여한다.

지속가능한 성장은 ESG 경영의 궁극적인 목표이다. 기업이 환경과 사회에 미치는 영향을 최소화하면서도 지속가능한 방식으로 성장할 수 있도록 하는 ESG 경영은, 단기적인 이익을 넘어 장기적인 성공을 추구한다. 이는 기업이 변화하는 시장 환경과 규제 요구에 유연하게 대응할 수 있도록 하며, 장기적으로 안정적인 수익을 창출할 수 있는 기반을 마련해 준다.

결론적으로, 기업 거버넌스의 개선은 ESG 경영의 실현에 필수적이며, 이는 기업의 지속가능한 성장을 촉진하는 데 중요한 역할을 한다. ESG 요소를 고려한 경영은 기업의 이미지와 브랜드 가치를 높이고, 글로벌 시장에서의 경쟁력을 강화하며, 장기적으로 기업이 지속가능한 방식으로 성장할 수 있도록 지원한다.

06 한국 기업 거버넌스의 특징과 개선점

연대별 한국 거버넌스의 변천

(1) 1960년대: 경제 개발과 대기업 성장

한국의 기업 거버넌스는 1960년대 이후 급격한 경제 성장을 배경으로 형성되었다. 이 시기에 한국 정부는 경제 개발을 위한 5개년 계획을 수립하며, 국가 주도의 경제 성장을 강력하게 추진하였다. 정부는 산업화와 경제 발전을 가속화하기 위해 대기업들에게 집중적인 지원을 제공하였다. 이러한 지원에는 금융 지원, 세제 혜택, 수출 장려 정책 등이 포함되어 있었으며, 이는 대기업들이 빠르게 성장할 수 있는 기반을 마련해 주었다.

한국 기업 거버넌스의 진화

1960년대 경제 개발
정부 주도의 성장을 촉진하기 위한 대기업 지원

1997년 금융 위기
경영 투명성 부족을 드러낸 위기

1970년대 재벌 강화
대기업 간의 다각화 및 상호 의존성 증가

2000년대 개혁 노력
투명성 및 책임성 강화를 위한 개혁 지향

특히, 정부의 이러한 정책적 지원은 재벌이라는 독특한 기업지배구조가 자리 잡는 데 중요한 역할을 했다. 재벌 구조는 대기업들이 다양한 산업 분야로 확장하면서, 자회사 및 계열사를 통해 다각화된 사업 포트폴리오를 운영할 수 있도록 하는 기반이 되었다. 이 과정에서 대기업들은 빠르게 자본을 축적하고, 경영 자율성을 확대해 나갔다.

정부의 정책적 지원은 대기업의 성장과 함께 한국 경제 전체의 빠른 발전을 이끄는 동력이 되었다. 이러한 경제 성장 과정에서 형성된 재벌 구조는 이후 한국 경제의 핵심적인 특징으로 자리 잡게 되었으며, 한국의 기업 거버넌스는 이 시기에 형성된 기초 위에서 발전하게 되었다.

(2) 1970년대와 1980년대: 재벌 구조의 공고화

1970년대와 1980년대는 한국 경제가 대기업 중심으로 성장하면서 재벌 구조가 더욱 공고해진 시기였다. 이 시기 동안, 한국 정부는 중화학 공업화 정책을 적극적으로 추진하며 대규모 투자를 유도하였다. 이러한 정책은 재벌들이 중공업, 화학, 전자 등 다양한 산업 분야로 사업을 다각화할 수 있는 기회를 제공하였다. 그 결과, 재벌들은 여러 산업에 걸쳐 거대한 사업 포트폴리오를 형성하게 되었다.

이러한 다각화는 재벌들의 기업 규모를 더욱 확장시키는 동시에, 계열사 간의 상호 의존성을 강화하는 결과를 낳았다. 계열사들은 서로 자금, 기술, 인력을 공유하며 긴밀히 연계되어 있었고, 이를 통해 재벌 그룹 전체의 경제적 힘을 극대화할 수 있었다. 하지만 이러한 구조는 기업 내부에서 의사결정 과정이 집중화되는 문제를 초래했다. 소수의 지배주주, 주로 창업주 가문, 또는 그 후손들이 기업의 주요 의사결정을 장악하게 되었으며, 이들의 권한은 더욱 확대되었다.

이로 인해 재벌 구조는 점차 기업 경영의 투명성과 공정성 측면에서 비판을 받게 되었다. 소수 지배주주에게 집중된 권한은 기업의 전략적 방향을 독단적으로 결정할 수 있는 위험성을 내포하고 있었으며, 이는 소액주주와 외부 이해관계자들에게 불이익을 초래할 가능성을 높였다. 이러한 문제에도 불구하고, 1970년대와 1980년대의 경제적 성장은 재벌 구조가 한국 경제의 핵심적인 특징으로 자리 잡는 데 중요한 역할을 하였다.

(3) 1997년 아시아 금융 위기: 지배구조 개혁의 필요성 대두

1997년 아시아 금융 위기는 한국 경제와 기업지배구조에 큰 충격을 안겨주었다. 이 위기는 수많은 한국 기업들이 심각한 재정적 어려움을 겪거나 파산에 이르는 결과를 초래했으며, 대규모 구조조정이 불가피하게 이루어졌다. 이러한 상황은 한국의 기존 기업지배구조의 문제점을 명확하게 드러내는 계기가 되었다.

특히, 금융 위기는 기업들의 경영 투명성 부족, 내부 통제의 미비, 그리고 과도한 부채 의존이라는 심각한 문제들을 부각시켰다. 많은 기업들이 과도한 확장과 부채에 의존한 경영을 지속하면서 재정적 위기에 취약해졌고, 이러한 경영 방식은 금융 위기가 닥쳤을 때 치명적인 결과를 초래했다. 이로 인해, 기존의 재벌 중심의 지배구조가 기업의 안정성과 지속가능성을 해치는 주요 요인으로 인식되기 시작했다.

이 위기는 한국 사회 전반에서 거버넌스 개혁의 필요성을 강하게 대두시켰다. 기업의 경영 투명성과 효율성을 강화해야 한다는 요구가 높아졌으며, 이는 경영진의 책임성과 내부 통제 시스템의 개선을 포함한 전방위적인 개혁을 촉발시켰다. 또한, 기업들이 더 이상 소수의 지배주주에 의해 독단적으로 운영되어서는 안 된다는 인식이 확산되었으며, 이를 위해 외부 감시와 규제의 중요성이 재차 강조되었다.

결국, 1997년 아시아 금융 위기는 한국 기업들이 보다 투명하고 책임성 있는 경영을 추구하도록 하는 전환점이 되었다. 이 시기를 기점으로, 한국의 기업 거버넌스는 외부 감시와 규제를 강화하고, 투명성을 높이기 위한 다양한 개혁을 추진하게 되었다. 이러한 개혁은 이후 한국 경제의 회복과 발전에 중요한 역할을 하였으며, 기업들이 장기적인 성장과 지속가능성을 도모하는 데 필요한 기반을 마련하는 계기가 되었다.

(4) 2000년대 이후: 지배구조 개선 노력

2000년대 이후, 한국 정부와 기업들은 기업 거버넌스 개선을 위한 다양한 개혁을 적극적으로 추진해왔다. 이러한 노력은 1997년 아시아 금융 위기 이후 더욱 중요성이 부각되었으며, 기업의 지속가능성과 글로벌 경쟁력을 높이기 위한 필수적인 과제로 인식되었다.

우선, 외부 감사 제도가 강화되었다. 이는 기업의 재무 상태와 경영 활동을 외부의 독립된 감사인이 철저히 검토하도록 하여, 경영 투명성을 확보하고 기업 내부의 부정행위를 예방하는 데 중요한 역할을 하였다. 외부 감사의 강화는 기업이 법적, 윤리적 기준을 준수하도록 하는 데 기여하며, 전체 주주와 이해관계자들의 신뢰를 높이는 결과를 가져왔다.

또한, 사외이사 제도의 도입과 활성화가 이루어졌다. 사외이사는 기업의 경영진과 독립된 인물로서 이사회에서 객관적인 시각을 제공하고, 경영진의 독단적인 결정을 견제하는 역할을 한다. 이사회의 독립성을 확보하기 위한 이 제도는 경영진의 책임성을 높이고, 기업의 장기적인 이익을 위해 보다 균형 잡힌 의사결정을 촉진하는 데 기여하였다.

아울러, 주주 권익 보호를 위한 법적 제도와 규제가 도입되었다. 소액주주들의 권리를 강화하기 위해 다양한 법적 장치들이 마련되었으며, 주주들이 경영진의 의사결정에 보다 적극적으로 참여할 수 있는 기회가 확대되었다. 이는 기업이 주주 가치를 극대화하는 방향으로 경영 전략을 수립하게 하는 중요한 동기가 되었다.

이러한 거버넌스 개선 노력들은 한국 기업의 투명성을 높이고, 경영진의 책임성을 강화하며, 주주와 이해관계자들의 신뢰를 회복하는 데 큰 기여를 하였다. 결과적으로, 한국 기업들은 글로벌 시장에서의 경쟁력을 높이고, 보다 지속가능한 경영을 추구할 수 있는 기반을 마련하게 되었다.

(5) 최근 동향: ESG 경영과 글로벌 스탠더드

최근 들어 ESG(Environmental, Social, Governance) 경영의 중요성이 부각되면서, 한국 기업들은 이에 적극적으로 대응하기 위해 ESG 요소를 경영의 중요한 기준으로 삼아, 기업이 사회적 책임을 다하고, 장기적으로 신뢰받는 기업 문화를 형성하는 데 기여하고 있다.

또한, 한국 기업들은 글로벌 스탠더드에 부합하는 지배구조를 구축하기 위해 다양한 노력을 기울이고 있다. 이는 국제 무대에서의 경쟁력을 강화하고, 글로벌 투자자들의 신뢰를 확보하기 위한 중요한 전략으로 자리 잡고 있다. ESG 경영을 통해 한국 기업들은 지속가능한 발전을 도모하며, 국제적인 규제와 기준에 부합하는 경영 방식을 채택하고 있다. 이러한 변화는 기업의 투명성과 책임성을 더욱 강화하며, 글로벌 시장에서의 입지를 확고히 하는 데 중요한 역할을 하고 있다.

이와 같이, 한국 기업 거버넌스는 역사적 배경 속에서 다양한 변화를 겪으며 지속적으로 발전해왔다. 경제 성장과 위기의 과정을 통해, 한국 기업들은 점차 투명성과 책임성을 강화하는 방향으로 나아가고 있으며, ESG 경영과 같은 새로운 글로벌 트렌드를 반영한 개선 노력이 앞으로도 계속될 것이다. 이러한 노력들은 한국 기업들이 장기적으로 지속가능한 경영을 실현하고, 글로벌 경쟁력을 유지하는 데 중요한 역할을 할 것이다.

한국 기업 지배구조의 특징

(1) 가족 경영 체제와 기업지배구조 문제

한국 대기업들은 전통적으로 가족 경영 체제를 유지해왔으며, 창업주와 그 후손들이 기업 운영의 중심 역할을 담당해왔다. 이러한 가족 경영 체제는 신속한 의사결정과 일관성 있는 경영, 그리고 시장 변화에 대한 유연한 대응이라는 장점을 지니고 있다. 그러나 이러한 체제는 투명성과 공정성의 측면에서 심각한 문제를 야기할 수 있다. 특히, 높은 상속세 부담으로 인해 대주주들은 지배권 유지를 위해 순환출자 구조, 내부거래, 지배구조의 복잡화를 초래하는 다양한 방법을 채택하는 경향이 있다. 이러한 방식은 기업의 재무 투명성을 저해하고, 궁극적으로는 소액주주들의 권익을 침해하며 주주 가치를 희생시키는 결과를 초래할 수 있다.

이와 같은 문제를 해결하기 위해서는 스튜어드십 코드 도입과 이사회 독립성 강화를 포함한 구체적인 개혁이 필요하다. 스튜어드십 코드는 기관투자자들이 기업의 지배구조에 보다 적극적으로 개입하여 책임 있는 의결권을 행사하도록 촉구하는 지침이다. 이를 통해 기업의 장기적인 지속가능성과 투명한 경영을 유도할 수 있다. 또한, 이사회 독립성을 강화함으로써 경영진에 대한 감독 기능을 강화하고, 대주주와 경영진 간의 이해 상충 문제를 완화할 수 있다.

일본의 사례는 이러한 개혁의 성공적인 예로 제시될 수 있다. 일본은 2014년에 스튜어드십 코드를 도입하여 기관투자자들이 기업 경영에 적극적으로 참여하도록 유도하였고, 2015년에는 기업 지배구조 코

일본 스튜어드십 코드와 거버넌스 코드

규제명	날짜	내용
스튜어드십 코드	2014. 02	지속가능 이슈에 대해 기업과 적극적인 대화를 해야 하며 스튜어드쉽 코드는 이와 관련하여 필요한 방침들의 모음집
이토 보고서	2014. 08	일본 경제 재건을 목적으로 설립된 경제산업성 산하 연구회(기업 보고 LAB) 조사 보고서 자본 선순환을 위해 필요한 요소로 해외 주요 기관투자가의 Buy & Hold 조건인 자본비용을 상회하는 ROE 달성 및 기업 자본의 효율적 배분 필요성 강조
거버넌스 코드	2015. 06	중장기적 사업 경쟁력 확보와 투자자 수익 증진을 위해 거버넌스 경영의 필요성 규정 준수 또는 설명 원칙(comply or explain)을 적용해 거버넌스 코드를 준수하지 못한 기업은 투자자에게 그 이유를 설명해야 한다.
'가치협창 가이던스' 공표	2017. 05	지배구조 개혁과 지속적인 기업가치 향상을 추진하는 데 필요한 기업과 중장기 투자 중심인 투자가의 대화(Engagement)를 위한 가이드라인으로 활용
거래소 시장 재편	2022. 04	해외투자가의 접근성 향상과 기업의 효율적 자본 경영을 통한 투자자 수익률 향상 목적으로 프라임, 스탠더드 그로스 시장으로 재편했다. 상장/유지 기준에 거버넌스(유통주식 비율) 적용
SX종목 선정 (Sustainability Transformation)	2023. 02	경제산업성과 JPX는 지난 2023년 2월 SX(Sustainability Transformation)을 실천하는 선진적인 기업(매년 10개(예상)회사)을 선정하고 리스트를 공개할 계획을 발표, 선정된 기업 리스트는 도쿄증권거래소와 경제산업성 홈페이지의 개재되며, 정부가 선정한 일본 대표기업으로서 정부 차원에서 국내외 투자자에게 적극적으로 홍보될 예정이다. SX 평가는 PBR 1배 이상 기업을 대상으로 하며, 평가 항목으로 PBR 수준을 포함한다.
JPX PBR 개선안 PBR개혁 1.0	2023. 03	PBR 1 이하 기업을 대상으로 개선안 요청 주요 목적: 기업의 비효율적 자산의 효율성 향상
JPX Prime 150	2023. 05	프라임 시장에 상장된 기업을 대상으로 투자자 관점의 기업가치 창출 여부인 PBR과 ROE 조건을 모두 충족하는 150개 기업으로 구성(외국인 투자자 맞춤 포트폴리오)
JPX PBR 개혁 2.0	2024. 01	도쿄 증권거래소(TSE)는 '자본과 주가의 비용을 의식한 경영 실행 행동'에 관한 정보를 공개한 회사의 목록과 영문 공시 여부를 평가한 기업 리스트를 발표한다.
신NISA	2024. 01	기존 NISA의 개편 (비과세 기간 무기한 적용/연간 납입한도 증가와 총투자 한도 증가 등)를 통해 기존 예금 기반의 금융시장을 모험자본 중심의 금융시장으로 유도

자료: 미래에셋증권 리서치센터

드를 도입하여 기업 운영의 투명성과 책임성을 강화하는 개혁을 추진해왔다. 이러한 개혁을 통해 일본 기업들은 지배구조의 투명성을 높이고 주주들의 신뢰를 회복하는 데 성공하였다.

일본의 스튜어드십 코드는 기관투자자들이 투자 대상 기업의 장기적 성장과 지속가능성을 촉진하기 위해 의결권을 적극적으로 행사하고, 그 활동을 투명하게 공개하도록 권고하는 지침이다.

일본 금융청은 이 코드를 제정한 이후 2017년과 2020년에 걸쳐 개정을 통해 기관투자자들의 책임 있는 투자를 더욱 촉진하였다. 이러한 개정을 통해 기관투자자들은 의결권 행사 과정에서 보다 투명하게 정보를 공개하고, 기업의 지속가능한 성장을 목표로 하는 적극적인 역할을 수행하도록 유도되었다.

또한, 일본의 기업 지배구조 코드는 상장기업들이 준수해야 할 지배구조 원칙을 제시하고 있다. 이 원칙에는 이사회의 독립성 강화, 주주와의 대화 촉진, 내부 통제 시스템 구축 등이 포함되어 있다. 특히, 이사회의 독립성 강화를 통해 대주주의 영향력을 줄이고, 경영진에 대한 효과적인 감독 기능을 수행할 수 있도록 하였다. 이를 통해 일본 기업들은 투명성과 책임 경영을 강화하고, 주주 가치 제고에도 긍정적인 영향을 미쳤다. 이러한 개혁의 결과로 일본 기업들은 단기적인 이익 추구보다는 장기적인 기업 가치 제고를 목표로 하는 경영을 추진하게 되었으며, 이는 투자자들로부터 긍정적인 평가를 받았다. 한국 역시 일본의 사례를 참고하여 스튜어드십 코드 도입을 통해 기관투자자들의 역할을 확대하고, 기업 지배구조 코드를 제정하여 기업의 투명성과

주요 금융관련 규제 리스트

날짜	일정
2013/06	'일본 재흥 전략(JAPAN is Back)'의회 각료회의에서 결의/일본판 '스튜어드십 코드' 책정할 것을 결정함
2014/02	'스튜어드십 코드' 책정
2015/05	'거버넌스 코드' 책정
2015/08	'스튜어드십 코드' 및 '거버넌스 코드' 팔로우업 회의 구성
2017/05	'스튜어드십 코드' 개정(1차)
2018/06	'거버넌스 코드' 개정, 투자가와 기업의 대화 가이드라인 공표
2019/12	회사법 개정(사외이사 1명 의무조항):
2020/03	'스튜어드십 코드' 재개정(2차)
2021/06	'거버넌스 코드' 재개정(2차) (사외이사 비중 강화 2명 이사회 구성의 2/3 이상) 투자가와 기업의 대화 가이드라인 개정
2022/04	도쿄증권거래소 재편: 시장편입 기준 '거버넌스 수준' 인용
2023/03	도쿄증권거래소 PBR 1 이하 기업을 대상으로 개선책을 요청하면서 시장 전체를 대상으로 기업경영 시 자본비용과 주가를 고려할 것을 요청

자료: 언론자료, 미래에셋증권 리서치센터

책임 경영을 강화하는 방안을 적극적으로 검토할 필요가 있다. 한국의 주요 기관투자자들은 이러한 개혁을 통해 기업 지배구조 개선에 중요한 역할을 할 수 있을 것이며, 이를 통해 한국 기업들은 장기적인 성장 기반을 강화하고 주주 가치를 증대하는 긍정적인 변화를 이끌어 낼 수 있을 것이다. 이를 위해 한국 정부와 금융 당국은 기관투자자들의 책임 있는 투자와 기업 지배구조 강화를 촉진할 수 있는 정책적 지원을 제공하고, 이사회의 독립성 강화를 위한 법적·제도적 장치를 마련해야 할 것이다.

(2) 재벌 구조와 독과점 문제

한국의 기업 거버넌스는 재벌 중심의 구조를 기반으로 형성되어 있으며, 이 구조는 여러 계열사들이 상호 출자와 내부 거래를 통해 자본을 집중적으로 운영하는 특징을 가지고 있다. 재벌 구조는 대규모 자본을 효율적으로 관리하는 데 유리하지만, 계열사 간의 지나친 상호 의존과 내부 거래의 불투명성으로 인해 독과점 문제를 초래할 수 있다.

특히, 재벌 그룹들이 특정 산업에서 독점적 위치를 차지하면 공정한 경쟁이 어려워지며, 중소기업들의 시장 진입이 제한된다. 이는 시장의 다양성을 저해하고, 혁신과 경쟁이 위축되는 결과를 초래할 수 있다. 공정거래위원회 자료에 따르면, 한국 대기업들의 내부 거래 비율은 높은 수준을 유지하고 있으며, 이는 중소기업들이 정상적으로 성장할 수 있는 기회를 감소시키고 전체 경제의 활력을 떨어뜨리는 요인으로 작용하고 있다.

재벌 내 계열사들 간의 내부 거래는 또한 외부 투자자와 소액 주주들에게 불리하게 작용할 수 있다. 내부 거래가 과도하게 이루어질 경우, 특정 계열사가 재벌 그룹 내에서 자본을 우선적으로 배분받게 되면서 다른 계열사들이 불이익을 받을 가능성이 있다. 이러한 불투명한 거래는 외부 주주들에게 정보 접근성을 제한하고, 이익 분배가 왜곡되면서 소수 주주의 권리가 침해될 위험을 증가시킨다.

재벌 구조의 이러한 문제점을 해결하기 위해 투명성 규제 강화와 내부 거래 제한 같은 개혁이 필요하다. 이를 위해서는 일정 규모 이상의 내부 거래에 대해 이사회 승인 의무화 또는 외부 감사인 검토 절차를 도입하여 거래의 공정성을 확보할 수 있다. 또한, 상호 출자를 제한하여 계열사 간의 지나친 의존을 줄임으로써 재벌 그룹 내 자본의 집중과 독과점 문제를 완화할 수 있다.

이러한 개혁은 단순히 기업 거버넌스의 투명성을 높이는 데 그치지 않고, 한국 경제 전반의 공정한 경쟁 환경을 조성하는 데 기여할 수 있다.

(3) 지배구조의 집중화와 미성숙한 주주의식

한국 기업 거버넌스에서 지배구조의 집중화는 매우 중요한 특징 중 하나이다. 대주주와 경영진이 밀접하게 연결되어 있는 경우가 많아, 주요 의사결정 권한이 소수 대주주에게 집중되는 경향이 있다. 이는 빠르고 일관성 있는 의사결정을 가능하게 하는 장점이 있지만, 동시에 외부의 감시와 견제가 어려워지는 구조적 문제를 야기할 수 있다. 이러한 집중화 구조는 대주주의 독단적 결정을 방지하기 위한 장치가 부족해 지배구조의 투명성과 공정성을 저하시킬 수 있다.

또한, 국내 주주들의 미성숙한 주주의식은 지배구조 문제를 더욱 심화시키는 요소이다. 많은 주주들이 대주주의 독단적 결정에 대해 반발하거나 견제하지 못하는 경우가 많아, 소수 주주들의 권익이 침해되는 사례가 발생한다. 대표적인 사례로 물적 분할을 통해 새로운 회사를 상장시키는 방식을 들 수 있다. 물적 분할은 주주들이 가진 기존 회사의 주식과 무관하게 새 회사를 상장시키는 방식으로, 기존 주주들에게는 지분을 제공하지 않는다. 이로 인해 기존 주주들의 가치가 희석될 위험이 높고, 대주주의 이익을 우선시하는 결정이 이루어질 수 있다.

이와 같은 지배구조 문제는 한국 기업들이 장기적인 성장을 이루는 데 장애가 될 수 있으며, 주주의 권익을 보호하고 기업의 투명성을 높이는 구조 개선이 필요하다. 이를 위해 주주의 권리를 강화하고 의사 결정 과정에서 소수 주주의 목소리를 반영할 수 있는 제도가 필요하다. 미국의 주주대표 소송 제도와 같이, 소수 주주들이 부당한 의사결정에 대해 법적으로 대응할 수 있는 방안을 마련하는 것도 효과적일 것이다.

아울러, 주주의식 강화를 위해 주주 교육 프로그램과 주주 권리 고지를 제도화하여 주주들이 자신의 권리를 인식하고 적극적으로 행사할 수 있도록 유도하는 것이 필요하다. 이러한 투명한 구조가 뒷받침된다면, 기업은 소수 주주들의 권익을 보장하고 신뢰받는 지배구조를 구축할 수 있을 것이다.

(4) 외부 감시와 규제 강화

최근 한국의 기업 거버넌스는 외부 감시와 규제의 강화를 통해 개선되고 있으며, 이는 기업의 투명성과 책임성을 높이는 데 중요한 역할을 한다. 특히 외부 감사 제도와 사외이사 제도는 경영진의 독단적 결정을 견제하고 주주의 권익을 보호하는 데 핵심적인 기여를 하고 있다.

외부 감사 제도는 기업의 재무 및 경영 상태를 철저히 검토하여 법적·윤리적 기준을 준수하도록 유도한다. 이를 통해 재무 보고의 신뢰성을 확보하고, 기업이 자본 시장에서 투명한 평가를 받을 수 있도록 돕는다. 외부 감사 제도는 외부 투자자와 소액 주주들에게 중요한 정보 제공 역할을 하며, 부실 경영이나 비윤리적 경영으로부터 기업을 보호하는 장치로 기능한다.

사외이사 제도의 활성화는 기업의 경영 투명성을 제고하고, 주요 의사결정에서 경영진의 독단을 방지하기 위한 필수적 장치이다. 그러나 OECD 지배구조 보고서에 따르면, 한국의 사외이사 제도는 여전히 낮은 독립성을 보이고 있어, 사외이사의 실질적인 견제 역할이 충분히 발휘되지 않는 상황이다. 사외이사의 독립성이 확보되지 않으면, 경영진의 결정이 대주주나 특정 이해관계자에 편향될 가능성이 커지기 때문에 외부 감시 역량 강화를 위한 제도적 개선이 필요하다.

외부 감시와 규제 강화를 위해서는 다음과 같은 방안을 고려할 수 있다.

- 사외이사 독립성 강화: 사외이사가 회사 내부의 이해관계자와 독립적으로 의사결정에 참여할 수 있도록 법적 기준을 강화하고, 일정 비율 이상의 독립 사외이사를 이사회에 포함하는 규정을 도입하는 것이 필요하다.
- 외부 감사인 지정 제도: 특정 감사인을 지정하여 기업의 재무 보고서에 대한 독립적 검토를 의무화하고, 특정 감사인과의 장기적 관계로 인해 발생할 수 있는 이해 상충을 방지하는 제도를 마련한다.
- 이사회 구성의 다변화: 다양한 배경과 전문성을 가진 이사들을 포함

하여, 기업의 의사결정이 보다 투명하고 공정하게 이루어질 수 있도록 이사회 구성에 대한 요건을 강화한다.

이와 같은 외부 감시 강화 조치는 단순히 법적 기준을 준수하게 하는 데 그치지 않고, 기업의 지속가능한 성장을 촉진하는 중요한 수단이 될 수 있다. 한국 기업들은 외부 감시와 규제 강화를 통해 주주와 다양한 이해관계자들에게 신뢰를 확보하고, 글로벌 스탠더드에 부합하는 경영 환경을 조성함으로써 장기적인 경쟁력을 강화할 수 있을 것이다.

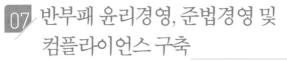

07 반부패 윤리경영, 준법경영 및 컴플라이언스 구축

반부패 윤리경영의 개념

　윤리 경영(Ethical Management) 또는 윤리적 경영은 기업의 경영 활동을 사회의 윤리적 가치체계에 근거하여 수행하는 전반적인 경영 방식을 의미한다. 윤리 경영을 실천하기 위해서는 경영윤리 또는 기업 윤리(비즈니스 윤리)라는 윤리적 기준이 필요하며, 이를 바탕으로 기업의 모든 경영 활동이 윤리적 사고와 가치 규범을 따르도록 하는 것이 윤리 경영이다. 이는 기업이 단순히 법적 규제를 준수하는 것을 넘어, 사회적 기대에 부응하고 지속가능한 경영을 실현하는 데 필수적인 역할을 하고 있다.

　윤리 경영의 구성 요소인 기업 반부패는 조직이 청렴성, 투명성, 책임감을 바탕으로 운영하겠다는 약속을 강조한다. 이 약속에는 조직의 모든 수준에서 그리고 고객, 공급업체, 규제 기관, 지역 사회를 포함한 이해관계자와의 상호 작용에서 부패를 예방하고 윤리적 행동을 장려하는 전략, 정책 및 관행을 구현하는 것이 포함된다. 이러한 맥락에서 윤리 경영은 지속가능한 비즈니스 관행을 지원하고 사회의 전반적인 복지에 기여하는 정직과 성실의 문화를 조성하는 데 매우 중요하다.

　ESG 거버넌스 측면에서 반부패 윤리경영의 개념은 부패, 뇌물수수, 부당취득 및 기타 형태의 비윤리적 행위를 근절하기 위한 포괄적인

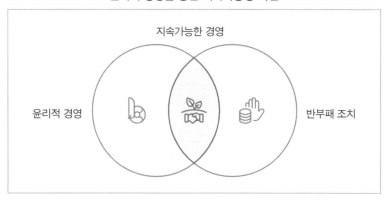

윤리적 경영을 통한 지속가능성 촉진

지속가능한 경영

윤리적 경영   반부패 조치

조치를 포함한다. 이는 기업이 법적 처벌, 금전적 손실, 평판 훼손 등 비즈니스 지속가능성에 심각한 위험을 초래할 수 있는 부패 문제를 인식하고, 이를 예방하고 대응하기 위한 제도적 장치를 마련해야 한다는 점을 강조하고 있다. 부패는 기업의 운영뿐만 아니라 사회 전반에 걸쳐 공정성과 신뢰를 저해할 수 있으므로, 반부패 윤리경영은 이를 방지하기 위한 책임을 법적 의무일 뿐만 아니라 사회적 책임의 일환으로 받아들여야 한다.

반부패 윤리경영의 배경

반부패 윤리경영은 20세기 중반부터 점차 대두되기 시작했으며, 특히 1990년대 이후 글로벌화와 함께 국제적 관심이 크게 증가했다. 반부패 윤리경영의 주요 배경을 시간순으로 정리하면 다음 표와 같으며, 이 표는 반부패 윤리경영이 어떻게 발전해왔는지를 보여주며, 각 사건이 글로벌 차원에서 부패 방지를 위한 법적 및 윤리적 기준을 강화하는 데 중요한 역할을 했음을 나타낸다.

연도	사건	주요 내용
1977	미국 해외부패방지법(FCPA) 제정	미국 기업의 해외 뇌물 제공을 금지하며, 글로벌 기업들에게 큰 영향을 미침.
1997	OECD 반부패 협약 채택	국제상거래에서 외국 공무원에 대한 뇌물 제공을 금지하는 협약으로, OECD 회원국들이 부패 문제를 적극적으로 다루도록 유도함.
1999	OECD 반부패 협약 발효	미국, 일본, 독일, 영국, 캐나다 등 주요 국가들이 비준하여 협약이 공식적으로 시행됨.
2003	UN 반부패 협약 (UNCAC) 채택	전 세계적인 반부패 노력을 강화하고, 공공 및 민간 부문 모두에 윤리적 경영 기준을 확립하는 데 기여함.

1977년 미국의 해외부패방지법(FCPA)은 해외에서의 뇌물 문제를 해결하기 위해 이 법을 도입했다. 이는 글로벌 기업들에게 중요한 영향을 미쳤고, 다른 국가들에서도 유사한 법 제도를 마련하는 계기가 되었다.

1990년대 OECD 반부패 협약에서 OECD는 1997년에 부패 방지를 위한 국제적인 협약을 채택했다. 이는 OECD 회원국들이 부패 문제를 적극적으로 다루고 규제하는 데 중요한 역할을 했다.

2000년대 UN 반부패 협약에서 유엔은 부패 방지를 위한 협약 (UNCAC)을 채택하여 전 세계적인 반부패 움직임을 촉진했다. 이 협약은 공공 및 민간 부문 모두에 윤리적 경영 기준을 강화하는 데 기여했다.

반부패 윤리경영의 실천과 평가

반부패 윤리경영을 효과적으로 실천하기 위해서는 성과평가 시스템을 정비하여 윤리경영의 실천 여부를 지속적으로 모니터링해야 한다. 이는 단기적인 재무적 성과에 치중하지 않고, 장기적인 관점에서 기업의 윤리적 경영 성과를 평가할 수 있는 질적인 평가지표를 개발하는 것을 포함한다. 예를 들어, 소비자의 기업에 대한 평판, 기업의 지역사회 기여도, 종업원의 경영 만족도와 같은 지표들이 윤리경영의 성과를 평가하는 데 활용될 수 있다.

국제적으로는 영국의 BITC(Business in the Community)와 같은 윤리경영 측정 방식을 비롯하여, 국제투명성기구(TI)에서 매년 발표하는 부패인식지수(Corruption Perceptions Index, CPI)가 각 국가의 청렴도 인식을 측정하는 데 사용되고 있다. 대한민국에서는 공공기관을 대상으로 한 청렴도 측정 방식이 존재하며, 이를 통해 공공 부문의 청렴도를 평가하고 있다. 이러한 평가 시스템은 기업이 자신의 윤리경영 성과를 외부적으로 검증받고, 지속적인 개선을 도모하는 데 기여하고 있다.

반부패 윤리경영의 실천 방향

(1) 부패방지 정책 및 행동 강령 구축

반부패 윤리경영의 핵심 요소는 부패방지 정책 및 행동 강령의 개발과 구현이다. 이 정책과 강령은 유엔부패방지협약(UNCAC), OECD 뇌물방지협약 등 국제적인 반부패 기준에 부합하는 수용 가능한 행동을 정의하며, 기업이 부패 위험을 처리하는 데 필요한 지침을 제공한다. 이를 통해 기업은 부패와 관련된 모든 활동에 명확하고 포괄적인 대응 방안을 마련하고, 이를 조직 전반에 적용하여 청렴하고 투명한 경영을 실천하게 된다.

(2) 위험 평가 및 관리

위험 평가 및 관리는 부패 방지의 또 다른 중요한 부분이다. 기업은 정기적으로 부패 위험 평가를 실시하여 조달, 계약, 공무원과의 교류 등 사업의 다양한 측면에서 부패 노출을 식별하고 평가해야 한다. 이 과정에서 식별된 부패 위험은 제3자 및 비즈니스 파트너에 대한 실사 절차를 통해 더욱 명확히 파악되고, 이를 바탕으로 효과적인 위험 관리 전략이 구현되도록 한다. 이러한 전략은 부패가 발생할 가능성을 최소화하고, 기업이 부패와 관련된 법적, 운영적 리스크에 효과적으로 대응할 수 있도록 지원한다.

(3) 교육 및 인식 프로그램

교육 및 인식 프로그램은 기업의 모든 임직원이 부패 위험에 대한 인식을 높이고, 회사의 반부패 정책을 충분히 이해하며, 윤리적 의사 결정을 촉진하는 데 필수적인 요소이다. 기업은 임직원을 대상으로 부패 위험 인식 및 대응, 윤리적 행동의 중요성 등을 다루는 종합적인 교육 프로그램을 제공해야 한다. 이러한 교육은 직원들이 부패 방지의 중요성을 인식하고, 조직 내에서 청렴성을 유지하는 데 자신들의 역할을 명확히 이해하도록 돕는다.

(4) 모니터링 및 규정 준수 시스템

모니터링 및 규정 준수 시스템은 부패 방지를 위해 필수적인 요소이다. 기업은 내부 통제, 감사 절차, 내부 고발자 메커니즘을 포함한 효과적인 시스템을 구축하여 부패 행위를 탐지하고 예방해야 한다. 이 시스템은 부패 신고를 위한 명확한 절차를 보장하며, 내부 고발자를 보복으로부터 보호하고, 부패 혐의에 대한 신속한 조사를 통해 문제를 해결할 수 있도록 한다. 이는 기업이 투명성과 책임감을 유지하는 데 중요한 역할을 한다.

(5) 투명성 및 보고

투명성 및 보고는 반부패 윤리경영의 중요한 측면이다. 기업은 부패 방지 노력, 관련 법률 및 규정 준수, 부패와 관련된 법적 조치 등을 투명하게 공개해야 한다. 이를 통해 이해관계자들에게 기업의 윤리적 경영에 대한 신뢰를 제공할 수 있다. 또한, 외부 감사 및 인증을 활용하여 부패 방지 조치의 효율성을 검증하고, 기업이 실제로 반부패 정책을 효과적으로 실행하고 있음을 입증할 수 있다.

(6) 이해관계자 참여

이해관계자 참여는 정부, NGO, 업계 단체 등과의 협력을 통해 반부패 이니셔티브를 강화하고, 윤리적 관행의 폭넓은 준수를 장려하는 것을 목표로 한다. 기업은 산업이나 지역 내에서 조직적 부패 문제를 해결하기 위한 집단 행동 이니셔티브에 적극 참여하여, 더 나은 사회적 결과를 도출하기 위해 협력해야 한다. 이는 단순히 기업 내부의 부패 방지뿐만 아니라, 더 넓은 사회적 차원에서 부패를 근절하는 데 기여할 수 있다.

이처럼 반부패 윤리경영을 ESG 거버넌스 프레임워크에 포함시키는 것은 기업이 윤리적이고 투명하며 책임 있는 방식으로 사업을 수행하겠다는 강한 의지를 나타내는 것이다. 이는 법적, 운영적 위험을 완화할 뿐만 아니라, 기업의 평판을 높이고, 이해관계자들과의 신뢰를 구축하며, 더 공평하고 지속가능한 글로벌 경제 발전에 기여하는 중요한 역할을 한다. 이러한 접근은 기업이 단순한 이윤 추구를 넘어서, 장기적으로 지속가능한 성공을 도모하고 사회적 책임을 다하는 데 중요한 기반을 제공한다.

윤리경영의 본질과 목표

윤리경영의 본질은 기업이 윤리적 기준을 준수하면서도 이윤 추구라는 기업 본래의 목적을 벗어나지 않는다는 점에 있다. 이는 기업이 도덕적이 되자는 막연한 개념이 아니라, 기존의 잘못된 관행이나 비용 구조를 윤리적 기준에 맞게 개선하여 기업의 경쟁력을 향상시키고 경제적 부가가치를 극대화하는 데 있다. 윤리경영은 장기적인 관점에서 기업이 지속가능한 성공을 도모하는 데 필수적인 요소로 작용한다.

윤리경영의 성공적인 정착을 위한 노력

 윤리경영을 성공적으로 정착시키기 위해서는 기업뿐만 아니라 정부, 학계 등 사회 전반에 걸친 종합적인 노력이 필요하다.

(1) 최고경영자의 의지와 리더십

 최고경영자는 윤리경영의 중요성을 인식하고, 이를 적극적으로 지원해야 한다. 윤리경영은 장기적인 관점에서 기업의 이익을 확대하기 위한 투자로 인식되어야 하며, 최고경영자는 윤리적 리더십을 발휘하여 기업 윤리 준수에 대한 강한 의지를 보여야 한다. 예를 들어, 엔론의 파산 원인 중 하나가 최고경영자인 케네스 레이의 부도덕성에 있었다는 사실은 윤리적 리더십의 중요성을 잘 보여준다.

(2) 구체적이고 실질적인 윤리경영 시스템 도입

 윤리경영 시스템을 도입하여 윤리강령 선포 이후의 실천을 촉진해야 한다. 윤리강령 제작, 임직원 윤리교육, 비윤리적 행위 감독 체계 구축, 실천에 대한 평가 등이 윤리경영 시스템의 주요 요소이다. 특히, 기업 내부고발제도의 도입과 같은 실천력을 높이는 방안을 고려해야 한다.

(3) 윤리 담당 임원 선임 및 전담 부서 설치

 윤리경영을 체계적으로 추진하기 위해 고위급 임원을 윤리경영 책임자로 선임하고, 강력한 권한을 가진 전담 조직을 설치해야 한다. 이러한 조직은 윤리경영 추진의 중요성과 시급성에 따라 기업 내에서 우선순위를 유지하며 윤리경영을 실천할 수 있도록 지원한다.

(4) 정부의 인센티브 제공

정부는 윤리경영을 평가하는 제도를 만들어 우수 기업에게 인센티브를 제공해야 한다. 예를 들어, 미국에서는 우수 윤리경영 운영 기업에 대해 형벌 경감 지침을 제공하거나 세금 감면, 공공기관 입찰 우대 등의 혜택을 통해 윤리경영을 장려하고 있다.

(5) 학계의 기업윤리 교육 강화

학계는 기업윤리 교육에 대한 지속적인 투자와 관심을 기울여야 한다. 미국의 경영대학원에서는 기업윤리를 필수 과목으로 지정하여 학생들과 기업인들에게 기업윤리의 중요성을 교육하고 있다.

(6) 사회적 윤리 인프라 구축

사회는 윤리적 기업을 발굴하고 칭찬하는 시스템을 활성화해야 한다. 소비자가 윤리적 기업만을 선호하고 비윤리적 기업을 외면하는 환경이 조성되면, 기업들은 자발적으로 윤리경영의 수준을 높이게 된다. 예를 들어, 미국의 비영리단체인 '경제최우선협의회(CEP)'가 매년 선정하는 '양심 기업상'과 같은 상은 윤리적 기업을 사회적으로 인정하고 칭찬하는 역할을 한다.

그렇다면 윤리경영의 성공적인 정착을 위해서는 어떠한 노력이 필요한가? 이를 위해서는 기업의 노력뿐만 아니라 정부, 학계 등 사회 각계에 걸친 종합적인 노력이 이루어져야 한다.

첫째, 최고경영자는 윤리경영에 대한 긍정적인 인식전환을 바탕으로 윤리경영 도입 및 추진과정에 있어 적극적인 지원을 아끼지 말아야 한다. 아직 많은 기업의 경영자들은 윤리경영을 잘 하면 절약할 수도 있는 비용이라고 인식하고 있다. 그러나 장기적인 관점에서 이익이나 매출 확대를 위한 투자로서 윤리경영을 인식하고 추진해 나가는 자세가 필요하다. 또한 이를 위해서 최고경영자는 추진과정에서 생겨날 기업 윤리 준수에 관한 여러 유혹을 뿌리칠 수 있는 강한 의지를 가진 최고윤리경영자(Chief Ethical Officer)가 되어야 할 것이다. 최고경영자 자신이 윤리적이지 못하고 윤리적으로 존경받지 못하는 등 윤리적 리더십을 가지지 못할 때 기업의 윤리생명은 끝난다고 해도 과언이 아니기 때문이다. 엔론 파산의 가장 큰 원인 중에 하나가 최고경영자인 케네스 레이의 부도덕성이었다는 것을 잊으면 안 될 것이다.

둘째, 제도 측면에서는 구체적이고 실질적인 윤리경영 시스템을 도입해야 한다. 윤리경영 추진 사례를 보면, 윤리강령 선포 후 이에 대한 실천이 제대로 이루어지지 못하는 경우가 많다. 기업 내 윤리경영 시스템을 도입하여 윤리경영 활동을 인력 관리나 동기 부여의 수단으로 활용하는 등 경영활동에 반영하게 되면 실천력을 한층 높일 수 있게 된다. 윤리경영시스템의 구축은 윤리강령 제작·선포, 임직원에 대한 윤리교육, 비윤리적 행위 감독 체계, 실천에 대한 평가 등으로 이루어지게 된다. 국내의 경우 윤리강령의 내용이 아직 선언적인 수준에만 그치는 기업도 적지 않은 편인데, 실천력을 높이기 위해서는 외국처럼 기업 내부고발제도를 도입하는 등 윤리강령이 강제력을 갖는 방안도 고려해 볼 필요가 있다.

셋째, 윤리 담당 임원을 선임하고 전담 부서를 설치해야 한다. 윤리경영을 기업내에서 보다 체계적이고 실질적으로 추진하기 위해서는 강력한 권한을 갖는 전담 조직의 신설이 필수적인데, 이를 위해서는 고위급 임원을 윤리경영 책임자로 선정해야 한다. 윤리경영 전담 조직의 권한이 미약할 경우 기업의 사정이나 외부 경영 환경 변화에 따라 중요도나 시급성에서 밀려 윤리경영 추진이 제대로 이루어지지 않을 수도 있기 때문이다. 세계적 제지업체인 인터내셔널 페이퍼의 경우 윤리경영 전담 부서의 강력한 지휘 아래 전직원에 대한 엄격한 윤리교육이 행해지고 있다.

넷째, 정부 차원에서는 기업의 윤리경영 정도를 평가하는 제도를 만들어 우수 기업에게 인센티브를 제공해야 한다. 미국의 경우 '우수 윤리경영 운영 기업에 대한 형벌 경감 지침'을 제정하여 평소 윤리적인 기업 운영을 위해 노력하고 있는 기업이 잘못을 해 처벌 받게 될 경우 그렇지 않은 기업보다 처벌을 경감해 주고 있다. 또한 우수 기업에 대해 세금 감면, 조사 면제, 공공기관 입찰 우대 등의 인센티브를 통하여 윤리경영을 장려하고 있으며, 대통령이 매년 수여하는 품질관리대상인 '말컴 볼드리지상(Malcom Baldrige National Quality Award)' 수여를 통해서도 윤리경영 확산에 노력하고 있다.

다섯째, 학계에서도 기업윤리 교육에 대한 지속적인 투자와 관심이 필요하다. 국내에서는 기업윤리가 일부 대학에서 과목으로만 개설되어 있는 수준이지만, 미국을 비롯한 윤리경영 선진국의 경우 대부분의 경영대학원에서 기업윤리를 필수 강좌 만들어 학생들과 기업인들에게 기업윤리를 교육함으로써 기업들의 윤리경영 노력을 뒷받침해 주고 있다.

여섯째, 사회적 윤리요구 수준 제고, 윤리적 기업 발굴 등 사회적 윤리 인프라를 구축해야 한다. 윤리적 기업은 사회가 만드는 것이다. 즉, 소비자가 윤리적 기업만을 선호하고 비윤리적인 기업은 가차없이 외면하는 등의 윤리환경이 조성되고 윤리적 경영 기업을 발굴하여 칭찬해 주는 시스템이 활성화되는 사외에서는 기업들 또한 윤리경영의 수준을 높이지 않을 수 없게 된다. 미국에는 비영리단체인 '경제최우선 협의회(CEP)'가 매년 선정하는 '양심기업상', 포천과 월스트리트저널이 매년 발표하는 '가장 존경 받은 기업' 등을 통해 사회적으로 윤리적 기업을 칭찬하는 시스템이 활성화되어 있다.

08 준법경영 및 컴플라이언스에 대한 개념 및 정의

컴플라이언스의 개념

ESG 경영은 리스크를 관리함으로써 기업이 지속가능한 성장을 하기 위함이다. 기업이 당면한 모든 리스크를 제대로 관리해야만 안정적으로 성장할 수 있다. 최근 ESG 경영이 부각됨에 따라 새로운 리스크 관리 패러다임으로 GRC에 대한 관심이 높아졌다. GRC는 거버넌스(Governance), 리스크(Risk), 컴플라이언스(Compliance)의 약자이다. GRC는 기업이 비즈니스 목표에 맞게 발전 및 경영전략을 수립하고, 신뢰를 바탕으로 조직을 투명하게 운영하며, 의사결정을 민주적으로 하고, 모든 리스크를 효율적으로 관리하며, 법령과 규제의 준수 및 내부통제를 충족시키는 기능을 한다. ESG 경영의 환경(E), 사회(S), 거버넌스(G) 세 가지 요소 중 거버넌스가 GRC의 핵심 전략이며 그중에서도 컴플라이언스가 기본이다. 기업의 ESG는 거버넌스로부터 시작하며 거버넌스는 컴플라이언스로 시작한다. ESG 경영의 기본이고 핵심은 컴플라이언스라고 할 수 있다.

compliance는 라틴어 complere에서 유래했다. 모든 것을 가지고 있고 부족함이 없다는 뜻이다. 영어 단어 complete의 어원이기도 하다. 히로유키 후루타(Hiroyuki Furuta)는 "compliance는 상대방의 말을 잘 듣는 순종적인 상태이며 요구를 완전히 충족시키는 것을 의미한다. 법

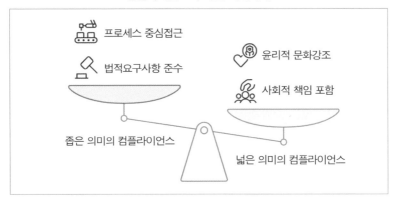

컴플라이언스의 폭을 이해하기

프로세스 중심접근

윤리적 문화강조

법적요구사항 준수

사회적 책임 포함

좁은 의미의 컴플라이언스

넓은 의미의 컴플라이언스

률적 관점에서는 법의 명령을 지키고 법이나 규칙을 완전히 인지하고 있는 상태를 의미한다"라고 했다.(Origins and History of Compliance, 2016)

캠브리지 영어사전에서는 컴플라이언스를 '법률이나 규칙, 특히 특정 산업이나 작업유형을 통제하는 법률이나 규칙을 준수하는 행위'와 '누군가가 말하거나 원하는 모든 것을 하는 행위'라고 정의하고 있다.

ISO37301(준법경영시스템)에서는 컴플라이언스를 '조직의 모든 규범 준수 의무 사항(compliance obligation)을 준수하는 것'으로 정의하고 있다. 컴플라이언스는 조직이 자발적으로 준수하기로 했거나 의무적으로 준수해야 하는 모든 요구사항을 충족하는 것을 말한다. 한편 KS산업표준에서는 컴플라이언스를 '규범준수' 또는 '준수'로 번역했다. 국내 인정기구나 인증기관에서는 준법 또는 컴플라이언스를 사용하고 있다.

위와 같은 개념 정의를 종합해 보면 컴플라이언스는 '조직을 둘러싸고 있는 다양한 의무 사항을 철저히 준수하면서 지속가능경영을 하는 과정의 활동'이라 할 수 있다. 준수는 전례나 규칙 등을 지킨다는 의미가 강하다. 컴플라이언스에서는 조직이 자발적으로 지키고 대응한다는 의미가 매우 중요하다.

컴플라이언스는 준법 혹은 규범 준수로 정의한다면 너무 좁은 개념이다. 준법은 기업이 활동하는 모든 법적 요구사항을 준수하고 기업 자체적으로 설정한 윤리 강령, 내부 규정 및 정책을 따르는 개념이다. 과거 기업은 법령만 지키면 되었지만 이제는 법적 요구사항을 넘어서 윤리적 기준과 사회적 기대를 충족시키는 범위까지도 고려하여야 한다. 기업은 법률적 준수뿐만 아니라 사회적 책임과 의무가 있다. 특히 ESG 경영에서는 다양한 이해관계자에 대한 책임을 다해야 한다.

『윤리·준법 경영의 성공전략 컴플라이언스』의 저자 마틴 비겔만 (2002)은 "기업이 문제를 겪지 않기 위해 법규를 준수하는 수준에만 머무르는 것은 완전한 컴플라이언스가 아니다"라고 했다. "일류 컴플라이언스는 법규 준수(규정 및 법률을 지키는 것)와 윤리(가치, 무결성, 책임성, 항상 옳은 일을 하는 것에 기반한 문화를 개발하고, 이를 지속시키는 것)를 성공적으로 혼합하는 것이다"라고 주장했다. 컴플라이언스는 윤리, 준법경영에 있어 가장 기본이 되는 조직의 안전기능이다. 컴플라이언스는 법만으로는 충분하지 않고 윤리가 포함되어야 한다. 법률이 모든 비즈니스 행동을 규정할 수 없기 때문이다.

컴플라이언스를 '준법 경영'이나 '규범 준수'와 같은 개념으로만 사용한다면 그 의미가 좁아진다. 컴플라이언스에는 윤리적 기준과 사회적 요구를 충족시키는 개념이 들어있기 때문이다. 지금까지 알아본 내용을 모두 포함하는 컴플라이언스를 대체할 만한 우리말 단어가 없어 이 책에서는 영어 단어 그대로 '컴플라이언스'로 사용한다.

기업 경영에서 컴플라이언스의 의미는 준법에 가깝다. 하지만 기업을 둘러싸고 있는 실정법만을 지키는 것만 의미하지는 않는다. 컴플라이언스는 외부에서 부과되는 법령뿐 아니라 산업 규제를 포함하여 기업 내규 및 가이드라인에 완전히 부합하는 상태를 말한다. 즉 조직 내외의 모든 법규를 조직과 조직원이 준수하고 있는 상태를 말한다. ESG 경영이 대두되면서 컴플라이언스는 기업의 사회적 책임까지 포함하는 개념으로 발전했다.

한편 컴플라이언스를 법률 준수로 한정해야 한다는 주장도 있다(컴플라이언스 솔루션, 준법경여의 해법, 한국컴플라이언스아카데미, 2021년). 법률을 준수할 수 있는 제도와 프로세스를 만드는 것이 컴플라이언스 프로그램이다. 성문화된 법률, 명령, 규칙, 사내 규정 등을 준수하도록 하는 일련의 업무 프로세스를 만드는 것이 컴플라이언스의 본질이다. 따라서 "윤리 경영은 컴플라이언스가 아니고 준법 경영이 컴플라이언스다"라고 주장하고 있다.

컴플라이언스 프로그램을 정착시키기 위해선 객관적인 시스템이 필요하다. 대표적인 게 국제표준화기구(ISO)가 제정한 ISO37001(부패방지 경영시스템)과 ISO37301(컴플라이언스경영시스템)이다. ISO37001은 이미 국내·외에서 컴플라이언스 인증 수단이 되었다. 최근 경기주택도시공사(GH)가 2022년부터 민간사업자 공모 시에 ISO37001 인증을 받은 기업에 가점을 부여하기로 한 것은 의미 있는 변화다. 아울러 세계시장에선 ISO37001이 부패방지법 위반에 대한 면책사유의 근거가 되기도 한다.

진정한 의미의 컴플라이언스는 법령을 지키는 수준에서 한걸음 더 나가 기업의 사회적 책임을 다하고 윤리적인 기업문화를 개발하고 지속시키는 것이다. 좁은 의미의 컴플라이언스는 실정법의 준수이며 넓은 의미의 컴플라이언스는 기업의 사회적 책임을 다하는 것이다. 컴플라이언스는 기업 거버넌스의 기본이자 최소한의 책임이다.

컴플라이언스 체계 추진 전략

제일 먼저 컴플라이언스의 중요성에 대한 인식 확산이 필요하다. 경영진이 컴플라이언스의 중요성을 인식하고, 이를 경영 전략의 핵심 요소로 삼아야 한다. 경영진이 주도적으로 나서야 회사 전체에 준법경영 문화가 자리잡을 수 있다. 또한 컴플라이언스를 기업 문화의 일환으로 인식하고, 모든 직원들이 이를 준수할 수 있도록 교육과 의사소통이 중요하다.

두 번째, 컴플라이언스 정책 및 절차를 수립한다. 회사의 규모와 산업 특성을 반영한 컴플라이언스 정책을 마련해야 한다. 주요 법규와 규정을 기반으로 한 정책을 작성하고, 명확한 기준을 제시한다. 정책이 효과적으로 실행될 수 있도록 절차를 구체적으로 설정한다. 예를 들어, 문제 발생 시 보고 체계, 내부 감사 절차 등을 마련한다.

세 번째, 회사가 직면할 수 있는 법적, 규제적 위험 요소를 식별하고, 그에 따른 대응책을 마련해야 한다.식별된 위험 요소 중에서 가장 중요한 부분에 우선순위를 두고 자원을 집중한다. 중소기업은 모든 리스크를 다루기 어려울 수 있으므로, 핵심 리스크부터 관리하는 것이 효율적이다.

네 번째, 모든 직원이 컴플라이언스 요구 사항을 이해하고 준수할 수 있도록 정기적인 교육 프로그램을 시행한다. 특히 신규 직원이나 법규 변동 시에는 추가 교육이 필요하다. 컴플라이언스 관련 정보가 조직 내에서 원활하게 전달될 수 있도록 의사소통 체계를 구축한다. 익명 제보 시스템 등도 포함될 수 있다.

다섯 번째, 컴플라이언스 시스템이 제대로 작동하는지 지속적으로 모니터링하고, 개선이 필요한 부분을 파악한다. 정기적으로 내부 감사를 실시해 컴플라이언스 체계의 효과성을 평가하고, 발견된 문제점에 대해 즉각적인 조치를 취한다.

여섯 번째, 내부 자원이 부족할 경우, 법률 전문가나 컨설턴트를 활용해 컴플라이언스 정책 수립과 절차 개발을 지원받을 수 있다. IT 시스템을 활용해 컴플라이언스 관리를 자동화하고, 이를 통해 인적 오류를 최소화할 수 있다.

일곱 번째, 직원들로부터 컴플라이언스 체계에 대한 피드백을 정기적으로 수집해, 시스템의 취약점을 보완한다. 법규와 규제의 변동에 따라 정책과 절차를 지속적으로 업데이트해 최신의 컴플라이언스 요구 사항을 반영한다.

마지막으로, 중소기업의 경영진은 컴플라이언스를 포함한 ESG 경영의 책임자로서 지속가능한 경영을 추진해야 한다. 이는 기업의 장기적인 성공을 위해 필수적이다. 컴플라이언스 체계가 ESG 경영과 연계될 수 있도록, 환경 및 사회적 책임을 고려한 규제 준수를 강화한다.

컴플라이언스 정책 및 수립 절차

컴플라이언스 정책 및 수립 절차는 기업이 법적 규제를 준수하고 윤리적 기준을 지키기 위한 기본적인 틀을 마련하는 과정이다. 이를 효과적으로 수립하고 실행하기 위해서는 단계별 접근이 필요하다. 다음은 컴플라이언스 정책 및 절차 수립의 구체적인 단계이다.

컴플라이언스 정책 수립 절차

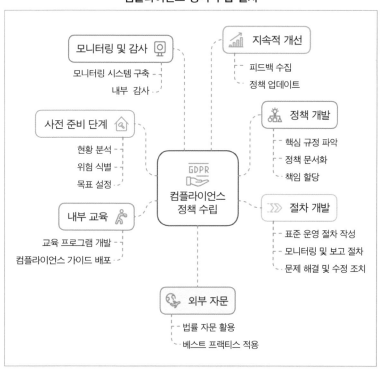

(1) 사전 준비 단계

- 현황 분석: 먼저 회사의 현재 상태를 평가해야 한다. 이를 위해 법적 요구사항, 기존의 규제 준수 수준, 내부 통제 시스템의 상태 등을 검토한다.
- 위험 식별: 회사가 직면할 수 있는 법적, 윤리적, 규제적 위험 요소를 식별한다. 이는 컴플라이언스 정책에서 중점적으로 다루어야 할 부분을 결정하는 데 중요하다.
- 목표 설정: 컴플라이언스 정책의 목적과 목표를 명확히 정한다. 이는 법적 준수, 윤리적 기준 유지, 리스크 관리, 기업 이미지 보호 등이 포함될 수 있다.

(2) 컴플라이언스 정책 개발

- 핵심 규정 파악: 회사가 속한 산업의 주요 법적 요구사항과 규정을 파악하고, 이를 반영한 정책을 작성 한다. 이때, 산업별 규제, 환경 규제, 개인정보 보호법, 노동법 등 관련 법규를 포함해야 한다.
- 정책 문서화: 컴플라이언스 정책을 문서화한다. 이 문서는 회사의 컴플라이언스 목표, 규정 준수의 중요성, 관련 절차, 책임 소재 등을 포함해야 한다. 정책 문서는 이해하기 쉽게 작성되어야 하며, 구체적이고 명확한 지침을 제공해야 한다.
- 책임 할당: 정책 실행에 대한 책임을 명확히 하고, 각 부서와 직무에 따라 책임자를 지정한다. 예를 들어, 컴플라이언스 오피서를 지정해 전체적인 책임을 부여할 수 있다.

(3) 컴플라이언스 절차 개발

• 표준 운영 절차(SOP) 작성: 정책에 따라 구체적인 실행 절차를 개발한다. SOP는 특정 상황에서 어떻게 행동해야 하는지에 대한 구체적인 지침을 제공한다. 예를 들어, 보고 체계, 문제 해결 절차, 감시 및 감사 절차 등이 포함될 수 있다.

• 모니터링 및 보고 절차: 컴플라이언스 위반을 감시하고 보고할 수 있는 체계를 구축한다. 이를 통해 발생할 수 있는 문제를 조기에 발견하고, 즉각적인 조치를 취할 수 있다. 익명 제보 시스템도 도입할 수 있다.

• 문제 해결 및 수정 조치: 컴플라이언스 위반이 발생했을 때, 이를 해결하기 위한 절차를 마련해야 한다. 수정 조치, 재발 방지 대책, 필요시 법적 대응 방안 등을 포함한다.

(4) 내부 교육 및 인식 제고

• 교육 프로그램 개발: 모든 직원들이 컴플라이언스 정책을 이해하고 준수할 수 있도록 교육 프로그램을 개발한다. 정기적인 교육 세션을 통해 정책과 절차를 반복적으로 강조하고, 새로운 규제나 법적 요구사항이 생길 때마다 교육을 업데이트한다.

• 컴플라이언스 가이드 배포: 정책과 절차에 대한 요약본이나 가이드를 제작해 전 직원에게 배포한다. 이를 통해 언제든지 참조할 수 있도록 한다.

(5) 정기적인 모니터링 및 감사

- 모니터링 시스템 구축: 컴플라이언스 정책의 준수 여부를 지속적으로 모니터링할 수 있는 시스템을 구축한다. 이는 주기적인 내부 감사, 데이터 분석, 보고서 검토 등을 통해 이루어질 수 있다.
- 내부 감사: 정기적인 내부 감사를 통해 컴플라이언스 정책이 제대로 이행되고 있는지, 절차에 문제가 없는지 확인한다. 감사 결과에 따라 필요한 개선 조치를 취한다.

(6) 정책 및 절차의 지속적인 개선

- 피드백 수집: 직원들로부터 컴플라이언스 정책 및 절차에 대한 피드백을 수집해, 정책의 실효성과 현실성을 평가한다. 이는 실제 현장에서의 문제점이나 불편 사항을 개선하는 데 도움이 된다.
- 정책 업데이트: 법적 요구사항의 변화나 새로운 규제의 도입에 따라 정책과 절차를 업데이트해야 한다. 또한, 내부 감사 결과나 외부 환경의 변화에 따라 정책을 지속적으로 개선한다.

(7) 외부 자문 및 베스트 프랙티스 도입

- 법률 자문 활용: 필요 시 법률 전문가나 컨설턴트를 통해 정책 및 절차의 적법성을 검토하고, 법적 리스크를 최소화할 수 있다.
- 베스트 프랙티스 적용: 업계의 모범 사례를 벤치마킹하여 컴플라이언스 정책에 반영함으로써, 더욱 효과적이고 효율적인 컴플라이언스 체계를 구축할 수 있다.

위험 평가

위험 평가(Risk Assessment)는 컴플라이언스 체계의 핵심 요소 중 하나로, 기업이 직면할 수 있는 법적, 규제적, 윤리적 위험을 식별하고 평가하며, 이를 관리하기 위한 전략을 개발하는 과정이다. 위험 평가는 기업이 어떤 위험에 노출되어 있는지 이해하고, 그 위험을 최소화하기 위한 조치를 취할 수 있도록 도와준다. 위험 평가는 일반적으로 다음과 같은 단계로 구성된다.

(1) 위험 식별 (Risk Identification)

법적 및 규제 요구사항 분석: 기업이 준수해야 하는 법률, 규제, 표준 등을 식별한다. 여기에는 국가 및 지역 법규, 산업별 규제, 환경 규제, 노동법, 데이터 보호법 등이 포함된다.

내부 및 외부 위험 요소 식별: 기업 내부에서 발생할 수 있는 위험(예: 데이터 유출, 내부자 부패, 계약 위반)과 외부에서 발생할 수 있는 위험(예: 규제 변경, 외부 감사, 경쟁자의 법적 대응)을 파악한다.

이해관계자 분석: 주요 이해관계자(예: 고객, 직원, 투자자, 정부 기관)와 관련된 위험 요소를 식별한다.

이는 각 이해관계자 그룹이 기업의 준법경영에 미치는 영향을 평가하는 데 중요하다.

(2) 위험 평가 및 분석 (Risk Assessment and Analysis)

위험 평가 매트릭스 작성: 각 위험 요소를 발생 가능성(Probability)

과 영향도(Impact)의 두 가지 축으로 평가한다. 발생 가능성은 해당 위험이 발생할 확률을, 영향도는 발생 시 기업에 미치는 잠재적인 영향을 의미한다.

위험 우선순위 설정: 평가 매트릭스를 기반으로 위험 요소들을 우선순위에 따라 분류한다. 가장 높은 우선순위의 위험은 발생 가능성과 영향도가 모두 높은 위험이다.

정량적 및 정성적 분석: 위험 요소에 대해 정량적(예: 재정적 손실 규모 추산) 및 정성적(예: 평판 손상, 법적 리스크)으로 분석한다. 이러한 분석을 통해 각 위험이 기업에 미치는 총체적 영향을 파악할 수 있다.

(3) 위험 대응 전략 수립 (Risk Response Planning)

- 회피(Avoidance): 특정 위험을 완전히 제거하거나 그 위험과 관련된 활동을 중단하는 방법이다. 예를 들어, 법적 리스크가 큰 거래를 아예 진행하지 않는 것이 회피 전략에 해당할 수 있다.
- 완화(Mitigation): 위험의 발생 가능성이나 영향을 줄이기 위한 조치를 취한다. 이는 규정 준수 절차 강화, 내부 통제 강화, 추가 교육 및 훈련 등을 포함할 수 있다.
- 전가(Transfer): 위험의 책임을 제3자에게 전가하는 방법이다. 예를 들어, 보험 가입이나 특정 계약 조항을 통해 위험을 외부 파트너나 보험 회사에 전가할 수 있다.
- 수용(Acceptance): 위험을 그대로 받아들이되, 그에 대한 대응 계획을 마련한다. 이는 발생 가능성이 낮거나, 완화 비용이 너무 높은 위

험에 대해 주로 적용된다.

(4) 위험 관리 계획 실행 (Risk Management Implementation)

정책 및 절차 개발: 위험 평가에서 도출된 결과를 바탕으로 구체적인 정책 및 절차를 마련한다. 이는 리스크 관리 계획을 일상 업무에 적용하기 위해 필요하다.

책임자 지정 및 역할 배분: 각 위험 요소에 대해 책임자를 지정하고, 리스크 대응을 위한 역할을 명확히 한다. 이는 리스크 관리 계획이 효과적으로 실행되도록 하기 위한 조치이다.

모니터링 및 보고 체계 구축: 위험 관리 활동을 지속적으로 모니터링하고, 정기적인 보고 체계를 구축한다. 이는 위험 관리의 실행 상황을 점검하고, 필요 시 즉각적인 조치를 취할 수 있도록 도와준다.

(5) 모니터링 및 재평가 (Monitoring and Re-assessment)

- 지속적인 모니터링: 위험 평가 결과와 대응 계획의 실행 상황을 지속적으로 모니터링한다. 특히, 법적 규제나 외부 환경이 변화할 경우 위험 평가를 업데이트해야 한다.
- 정기적인 재평가: 주기적으로 위험 평가를 재실시해 새로운 위험이 발생했는지, 기존 위험의 특성이 변화했는지를 확인한다. 이는 기업이 변화하는 환경에 맞춰 리스크 관리 전략을 조정할 수 있도록 도와준다.
- 피드백 및 개선: 리스크 관리 활동에서 얻은 피드백을 바탕으로 위

험 평가 및 대응 전략을 지속적으로 개선한다. 이를 통해 기업의 위험 관리 능력을 강화할 수 있다.

(6) 커뮤니케이션 및 교육 (Communication and Training)

위험 인식 공유: 위험 평가 결과와 대응 전략을 경영진과 직원들에게 투명하게 공유하여, 모든 이해관계자가 위험을 인식하고 대응할 수 있도록 한다.

교육 및 훈련: 위험 관리와 관련된 교육 프로그램을 운영해 직원들이 자신이 맡은 역할을 이해하고, 위험 대응 절차를 숙지할 수 있도록 한다.

(7) 위험 관리 기록 유지 (Documentation and Record Keeping)

평가 기록 보관: 모든 위험 평가 과정과 결과를 문서화하고, 이를 안전하게 보관한다. 이는 법적 준수 증빙 자료로 활용될 수 있으며, 향후 평가 시 중요한 참고 자료가 된다.

보고서 작성: 위험 평가 결과와 관리 계획을 경영진 및 관련 부서에 정기적으로 보고하여, 리스크 관리가 효과적으로 이루어지고 있음을 확인한다.

[한경ESG] 커버 스토리 - 밸류업 시대, 차세대 거버넌스

기업가치를 높이는 데 지배구조 개혁이 중요하게 거론된다. 금융위원회도 코리아 디스카운트의 주원인으로 지배구조를 지목했다. 전문가들은 지배주주·일반주주 간 힘의 불균형을 해소하고, 기업 이사회가 지속가능성 사안을 다뤄야 진정한 의미의 기업가치 제고가 가능하다고 조언한다.

2024년 5월 2일 발표한 기업가치 제고 계획(밸류업 프로그램)도 이러한 맥락에서 마련됐다. 기업이 스스로 기업가치 제고와 관련한 계획을 수립해 공시하도록 유도하기 위해서다. 시장 평가, 자본효율성, 주주환원 정책 등을 주요 공시 지표로 제시한다. 지배구조와 관련해서는 일반주주 권익 제고, 이사회 책임성, 감사 독립성 등 한국거래소의 기업지배구조 보고서 가이드라인이 제시하는 항목을 참고해 지표를 자율적으로 선정하도록 했다.

이에 첫 밸류업 리포트를 공시한 키움증권은 ROE 15%, 주주환원율 30%, PBR 1배를 달성 목표로 제시하며 업계 최고 자본효율성 기반으로 주주를 중시하는 경영을 펼치겠다고 공언했다. 밸류업 공시를 통해 성장성에 대한 우려 불식을 기대한다고도 했다. 다만 지배구조와 관련한 내용이 부족해 아쉬움을 남긴다.

지배구조 취약점 관리해야

전문가들은 기업가치 제고를 위해 기업이 한국 특유의 취약점으로 분류되는 지배주주와 일반주주 간 힘의 불균형 문제를 적극적으로 다루고 관련 정보를 공시해야 한다고 주문한다. 지배주주가 사적이익을 추구할 유인이 큰 상황에서는 주주환원에 나설 이유도, 생산성 제고와 혁신의 노력을 기울일 이유도 없다는 것이다.

이와 관련해 정준혁 서울대 교수는 "대부분의 한국 기업이 지배주주가 존재하는 상황에서 지배주주와 일반주주 간 갈등을 해소하는 것이 기업 밸류업의 핵심"이라고 말했다. 그는 "한국의 경우 주식 발행을 통한 자금조달이 드물고, 상속세 부담이 증가할 수 있으며, 적대적 인수합병 가능성이 낮은 상황에서 지배주주가 주가를 부양할 유인이 크지 않다"고 지적했다.

이를 해소하기 위해선 지배구조 평가에 "집중투표제, 분리선출 감사위원 수처럼 지배주주 외 주주가 이사 등을 선임해 지배주주의 대리인 문제를 통제할 수 있는 사항"을 포함할 것을 권고했다. 지배주주의 존재 자체는 옳고 그름의 문제가 아니지만, 지배주주에 대한 관리·감독이 필요하다는 취지다.

김우찬 고려대 교수는 "일반주주의 권한을 강화해야 진정한 의미의 지배구조 개혁을 이룰 수 있으며, 기업가치 제고도 가능하다"고 봤다. 그는 "총수·경영자와 일반주주의 이해관계가 충돌하는 상황에서 일반주주가 이를 거부할 수 있고, 기업에 문제가 발생했을 때도 책임을 물을 수 있도록 권한을 줘야 기업가치 제고를 위한 건설적 대화가 가능하다"고 설명했다.

이어 "좋은 기업 거버넌스가 자원 배분의 효율성을 높이고, 생산성 제고와 혁신을 이끌어낸다. 경영자가 이해관계자와 함께 ESG(환경·사회·지배구조) 경영을 할 수 있도록 경제력 집중을 해소하는 제도를 도입해야 한다"고 강조했다.

차세대 거버넌스는 무엇일까

기업 이사회가 생산성 제고와 혁신을 위해 기후와 인적자본 등 지속가능성 사안을 중요하게 다뤄야 한다는 의견도 있다. 한국 밸류업 논의를 촉발한 일본도 기업 밸류업 프로그램을 마련하는 과정에서 지속가능성 사안에 대한 경영 전략화 그리고 이를 토대로 한 기업과 투자자의 대화를 밸류업의 핵심으로 내세운 바 있다.

이러한 개념은 OECD가 G20과 함께 지난해 9월에 개정한 '기업 거버넌스 원칙'에서도 엿볼 수 있다. 세계 자본시장과 관계 법규 등의 변화를 반영해 8년 만에 개정된 원칙은 ①기업의 자본시장 접근성을 개선하고 ② 투자자 보호를 위한 틀을 제시하며 ③ 기업의 지속가능성 및 회복력을 지원한다는 3가지 목표를 담고 있다.

개정 원칙은 첫 번째 목표인 기업의 자본시장에 대한 접근성 향상과 함께 세 번째 목표인 기업의 지속가능성 회복도 중요하게 다룬다. 이와 관련해 마티아스 코르만 OECD 사무총장은 "(개정이) 환경 및 사회적 위험을 관리하는 데 도움이 될 것이라는 모든 OECD 및 G20 회원국의 강한 열망을 반영한다"고 말했다. 기업 거버넌스의 역할을 환경 및 사회적 위험관리로 확장한 셈이다.

이 원칙은 정부, 준정부 기구, 자율 규제 기구가 각국의 기업 거버넌스 체계를 평가하고 관련 법제와 자율 규제 개선에 참고하는 지침서로 활용되고 있어 의미가 남다르다. 특히 금융안정위원회는 금융 시스템의 건전성 확보를 위해 이 원칙을 적용하고 있다. 한국ESG기준원도 해당 원칙을 준용해 지배구조 모범 규준을 만든다.

ESG 경영도 이러한 현대적 지배구조의 개념을 적극적으로 수용한다. 국제지속가능성기준위원회(ISSB)는 지배구조를 지속가능성 관련 위험 및 기회를 모니터링, 관리·감독하기 위한 기업의 관리 방식 전반으로 해석한다. 한국지속가능성기준위원회(KSSB)는 전통적 지배구조에 한정된 개념으로 오인할 가능성이 높아 이를 지배구조와 구별할 수 있도록 '거버넌스'라고 번역했다.

현대적 거버넌스 토대로 한 리더십 요구

투자자들은 기업의 지배구조(control structure)뿐 아니라 지속가능성을 다루는 현대적 거버넌스(governance)에 주목한다. 비즈니스의 친환경성, 기후 리스크 관리 여부, 보상 체계와 지속가능성의 연계 등을 살펴본다. 이사회가 실제로 지속가능성 사안을 검토하고 의결하지 않으면 진정한 의미의 거버넌스 개혁이 불가능한 것이다.

무엇보다 OECD는 기후변화라는 과제를 해결하기 위해 기업이 현대적 거버넌스를 토대로 리더십을 발휘할 것을 요구한다. 기업의 자본시장 접근성을 개선하고, 투자자 보호를 위한 틀을 제공하며, 기업의 지속가능성을 향상시키는 것이 기업의 실적과 무관하지 않다고 본 것이다.

이와 관련해 앨릭스 에드먼스 런던 비즈니스 스쿨 교수는 최근 자본시장연구원과의 인터뷰에서 "ESG를 틈새 주제로 보지 말고, 장기적 재무 가치를 창출하는 중요한 요소로 봐야 한다"며 "기업이 이해관계자에게 투자하는 것은 주주 가치를 희생하는 것이 아니라 파이를 키우므로 주주와 이해관계자 모두에게 이익이 된다"고 설명했다.

한편 한국거래소는 5월 31일 기업 밸류업을 위한 코스피 대형 상장기업 간담회를 개최하고 "기업가치 제고 계획은 기업경영의 큰 방향을 결정하는 것이고 시장참여자들과 소통 창구가 되어야 하는 만큼 '빠른 공시' 등 속도에 집중하기보다는 진정성 있는 고민과 검토를 거쳐 '의미 있는 공시'가 이루어지도록 노력하겠다"고 밝혔다.

이승균 기자 csr@hankyung.com

(한경ESG) 커버 스토리

최근 밸류업 시대를 맞아 한국 기업이 갖춰야 할 거버넌스 형태에 대한 논의가 활발히 이뤄지고 있다. 전문가들은 글로벌 기업의 선진적 거버넌스를 참고해 한국형 거버넌스의 기틀을 만드는 것이 중요하다고 입을 모은다.

〈한경ESG〉는 안상희 대신경제연구소 지속가능센터장과 변정규 미즈호은행 서울지점 자금실 그룹장, 서세정 로베코자산운용 선임 애널리스트와의 지상 좌담을 통해 한국 기업이 밸류업 시대에 걸맞은 차

세대 거버넌스를 확립하기 위해 어떤 방향으로 나아가야 할지 진단해
봤다.

한국 기업의 거버넌스 부분이 많이 취약하다는 평가가 나오는데, 어떤
문제점이 있다고 보시나요?

• 서세정 로베코자산운용 선임 애널리스트 겸 포트폴리오 매니저(서
  애널리스트)

  "한국 기업은 주주환원 정책과 소액주주 보호 측면에서 어떻게 개
  선해야 할지 점검할 필요가 있다고 생각합니다. 한국의 주요 기업은
  이미 세계적 대기업으로 성장했지만, 동종 업계 글로벌 기업에 비해
  배당이나 자사주 매입 같은 주주환원 활동이 상대적으로 미흡한 수
  준입니다. 이는 소액주주 보호 문제와도 직결되는 부분입니다."

• 안상희 대신경제연구소 지속가능센터장(안 센터장)

  "홍콩에 소재한 아시아기업지배구조협회(ACGA)의 자료에 따르
  면, 한국은 기업의 거버넌스 부문에서 아시아 12개국 중 8위를 기록
  할 만큼 뒤처진 것을 확인할 수 있습니다. 이처럼 아시아 국가 중에
  서도 한국이 유독 성적이 부진한 이유는 기업분할이나 주주환원 등
  다양한 지배구조 이벤트에서 이사회의 독립성과 효율성이 매우 부
  족하기 때문입니다. 최근에는 시행령을 포함한 지배구조 관련 다수
  의 법률 제정이 이루어지는 등 많이 개선되고 있는 점은 긍정적이라
  고 평가합니다. 하지만 '주주환원'과 '이사회운영의 독립성 및 효율
  성', '이해관계자 소통' 측면에서는 여전히 개선의 여지가 남아 있는

것 같습니다."

- 변정규 미즈호은행 서울지점 자금실 그룹장(변 전무)

"한국 실정에 맞는 정책 방향이 부재하다는 것이 가장 큰 문제입니다. 이상적인 비전과 목표만 제시한 채 구체적 시행안이 많지 않아 주가가 일시적으로 상승 후 다시 정체되는 상황이 반복되고 있습니다. 무엇보다 투자자의 의견을 반영하지 않는 현재 상황이 가장 답답하다고 생각됩니다. 그러다 보니 한국의 문제점을 냉철하게 분석한 후 고쳐 쓰지 않고 일본의 밸류업 프로그램을 그대로 따라 하는 것 같습니다. 장기 비전을 세우지 않은 채 너무 빨리 발표한 것도 아쉬운 부분입니다. 구체적으로 외국인이나 내국인 투자자를 위한 장기적 인센티브는 무엇인지조차 알기 어려운 상황입니다."

미래지향적 거버넌스를 갖추기 위한 조건은 무엇이라고 생각하시나요?

- 서 애널리스트: "유럽과 미국에서도 기업 스캔들이 지속적으로 발생했고, 이를 해결하는 과정에서 좋은 기업지배구조에 대한 기준을 꾸준히 업데이트하고 있어요. 특히 지난 2008년 금융 위기가 최대 스캔들이라고 할 수 있는데, 주주들의 건전한 관여를 통해 지배구조의 개선을 촉구한 영국의 워커 리포트(Walker Report)를 예로 들 수 있습니다. 전 세계 어떤 기업도 완벽한 지배구조를 가질 수 없고 특정 기업의 지배구조가 모든 기업에 적용될 수도 없는 것이 현실입니다만, 건전한 기업지배구조의 핵심 요소인 책임성과 이해관계의 일치가 해당 기업의 지배구조에서 발견되지 않으면 그 기업이 건전한 지

배구조를 갖췄다고 볼 수는 없죠."

- 변 전무: "거버넌스, 즉 지배구조는 기업의 장래와 직결되는 문제입니다. 글로벌 기업은 회사가 영속하려면 미래지향적 기업지배구조가 반드시 있어야 한다고 생각합니다. 기업지배구조는 한 기업에 대한 경영 감독과 관련되어 있기 때문입니다. 투명하면서 정직하고 안정적인 기업지배구조가 이뤄져야 투자자들이 장기적으로 믿음을 갖고 투자를 집행할 수 있습니다. 투명하지 않고 몇몇 개인의 의사결정이 편중된 기업은 기업지배구조가 불안정하고 장기적으로 투자자들의 믿음을 얻기 어려워 지속가능한 성장이 어렵습니다."

글로벌 기업의 거버넌스와 관련해 국내 기업이 참조할 만한 부분은 무엇이 있을까요?

- 서 애널리스트: "해외 기업처럼 이사진을 다양하게 구성하는 방법도 좋다고 생각합니다. 독일의 경우 경영진으로 구성된 이사회와 감독위원회로 이사회가 이분화되어 있습니다. 감독위원회 구성원은 회사의 근로자들이 50%를 지명하게 되어 있습니다. 미국의 빅테크 기업들은 주요 대주주인 창업자가 CEO로서 회사 전반에 큰 영향력을 행사합니다. 엔비디아의 젠슨 황이나 아마존의 제프 베이조스가 대표적 사례죠. 이처럼 상이한 조직 문화에서도 한 가지 공통점은 다양한 성별, 인종, 경험 등으로 구성된 이사로 이사회를 조직한다는 점인데요. 글로벌 기업들은 이러한 다양성을 통해 경영진을 견제하고 균형을 맞추면서 지속가능한 성장을 이룰 수 있는 발판을 마련합

니다.

좀 더 나은 지배구조를 갖추려는 목적은 결국 장기적으로 높은 실적을 달성하기 위함이죠. 지배구조가 건전한 기업들은 주요 위험을 더 효과적으로 해결할 수 있는 강점이 있다고 생각합니다. 특히 경영환경의 불확실성이 높아질수록, 각 분야의 전문가가 모인 이사회를 통한 체계적 의사결정은 잠재적 큰 실수를 방지하는 역할을 합니다."

안 센터장 "글로벌 기업과 국내 기업의 거버넌스를 비교할 때 어느 쪽이 더 좋다고 판단하기는 어려운 부분이 있어요. 글로벌 기업의 경우 '이사회운영의 효율 및 독립성'이라는 지배구조가 돋보인다는 특징이 있습니다. 북미 지역의 상장기업은 대부분 일반주주의 권리 등이 폭넓게 보장되는 지배구조를 갖추고 있죠.

국내의 경우 주주환원 정책 등 밸류업 개선을 위한 관련 정책의 수립 및 시행에 충실한 기업도 있지만 아직 많은 기업이 관련 정책 수립과 시행, 정보공개 등을 통한 충실한 소통 절차가 필요한 것으로 보입니다. 궁극적으로 관련 정책 수립 등 전반적 과정에 '이사회' 역할이 막중한 점을 고려하면 '이사회 운영의 고도화'가 필요합니다.

상장기업의 지배구조 측면에서 '글로벌 베이스 라인'이 필요한 것은 분명하지만, 해당 기업이 속한 국가의 과거 경제발전 유형 및 전통적 기업경영 등 경영환경이 국가별로는 분명히 차이가 있을 것입니다. 적절한 수준의 국제 기준과 로컬 지역의 기업 경영환경 등의 접목이 필요해 보입니다."

• 변 전무: "글로벌 기업들은 기업 정관에 이사회를 포함한 지배구조

가 명확하게 언급되어 있을 뿐 아니라 기업의 자본구조 역시 투명하게 공시합니다. 소액주주의 주주가치를 존중하고, 경영진과 전략적 파트너, 투자자 간 이해관계 조정 또한 공개적이고 투명하게 이뤄집니다. 경영진이 오너 일가의 친분이 아닌 능력과 효율성에 따라 지명되고, 성과와 능력에 따라 직원의 보수가 결정되는 구조입니다. 기업문화가 지속가능한 경영을 달성하기 위해 직원과 고객, 연관 비즈니스에 ESG를 추진하고 지향하는 방식을 적용합니다.

이러한 글로벌 기업의 거버넌스를 한국 실정에 맞게 적용해야 하는데요. 한국의 기업지배구조가 문제라는 인식이 많은 것은 투자자 입장에서 한국 기업에 투자할 유인이 생각보다 적기 때문이라고 생각됩니다. 증시에서 거래되는 주가가 기업의 본질적 가치에 비해 낮게 저평가된 것이 사실입니다. 일본과도 유사하지만, 거버넌스 차원에서 보면 많이 다릅니다. 오너와 경영이 분리된 일본과 한국은 크게 다르기 때문입니다. 하지만 오너의 경영 참여를 무조건 나쁘다고 할 수는 없습니다.

기업의 역사가 수백 년인 일본에 비해 우리나라는 기업의 설립과 업력이 매우 짧기 때문에 오너들이 자수성가해 기업을 일군 경우가 많습니다. 따라서 거버넌스에서 일방적으로 오너를 배제한 투자자만을 위한 정책 또한 바람직하지 않을 수 있습니다. 투자자와 기업을 일군 오너와 상생할 수 있는 밸류업 프로그램을 잘 만들어갈 필요가 있습니다."

글로벌 기업들은 기업가치를 높이기 위해 어떤 방식을 적용하고 있나요?

- 안 센터장: "글로벌 기업이 ESG 경영을 통한 기업가치를 제고하는 프로세스는 크게 3단계로 이뤄지는데요. 첫째는 ESG 경영 체계의 내재화를 통해 일회성이 아닌 ESG 경영의 지속가능한 체계를 구축하고 있다는 점이고요. 두 번째는 경영 체계 구축을 통해 필요한 ESG 경영 정보 취득에 필요한 프로세스를 구축하고, 취득한 정보의 이사회 보고 등을 통한 검증의 내부 통제 기능을 강화하고 있다는 점입니다. 세 번째는 ESG 경영 정보공개와 모니터링 과정을 거치면서 기업가치를 높이려 하고 있습니다."

- 변 전무: "일본 회사들은 보통 일본 회사법 'Companies Act'의 규제와 적용을 받고 있는데요. 주식을 발행한 회사가 회사법에 규정된 사항을 위반한 경우, 주주는 특정 조항을 이유로 회사를 상대로 소송을 제기할 권리가 있습니다. 2006년부터 시행된 일본 회사법은 주식회사에 대해 이사회를 둘 것인지, 법인감사를 둘 것인지 등을 자율적으로 결정할 수 있도록 지배구조 전반에 대해 회사에 어느 정도 유연성을 부여합니다.

특히 일본 회사의 기업지배구조가 강화된 이유는 2018년 이후 관련 법령에 대해 많은 변화를 거쳐 크게 개선되었기 때문입니다. 이때 상장사에 대해 최소 1인 이상 독립적 사외이사와 상임감사를 반드시 두도록 규정하는 등 회사의 기업지배구조 관련 규정을 크게 강화했습니다. 하지만 무엇보다 일본의 기업가치가 높아진 배경에는 서

방의 탈중국 자본의 일본 회귀와 거버넌스 등 법령 개정 및 밸류업 프로그램 영향, 20년 이상 지속된 디플레이션 종료 등이 있다고 봅니다."

- 서 애널리스트: "최근 마이크로소프트(MS)가 주요 공급업체에 2030년까지 재생에너지를 100% 사용하라고 요구할 것이라는 보도가 나왔습니다. MS의 주요 반도체 공급업체인 삼성전자와 SK하이닉스는 2050년까지 재생에너지 사용률을 100% 달성하겠다는 계획이 있는데, 이보다 20년 앞선 MS의 요구에 대해 우려의 목소리가 있었습니다.

  사실 이러한 변화는 이미 수년 전부터 예상해온 일이죠. RE100 협의체에서 발표한 자료에 따르면 유럽에 본사를 둔 다국적기업은 2027년까지, 북미에 본사를 둔 기업은 2028년까지 대체에너지 사용률 100% 달성을 목표로 하고 있습니다.

  반면 아시아 지역의 기업들은 이보다 훨씬 뒤인 2043년을 목표로 하고 있습니다. 대체에너지 사용률 증가는 환경과 관련한 글로벌 트렌드입니다. 로베코는 수년 전부터 자사가 투자하는 한국 기업에 유럽에서 강화되는 환경규제를 설명하고, 동참을 요청해왔습니다. ESG 경영은 지금까지는 선택 사항일 수 있었지만, 앞으로는 한국 기업들이 글로벌 시장에서 지속가능한 성장을 위해 반드시 지켜야 할 의무가 될 것입니다."

한국의 밸류업 향상을 위해 기업과 투자자의 역할은 무엇이라고 생각하나요?

- 변 전무: "밸류업 프로그램이라는, 정부가 추진하는 과제로 인해 연기금의 역할은 더욱 커질 것입니다. 연기금의 수탁자 책임을 담은 스튜더드십 코드와 관련해 국민연금을 비롯한 기관투자자들은 수탁자의 책임이 더 커질 전망입니다.

  우리나라 4대 연기금은 국민연금공단, 사학연금공단, 공무원연금공단, 우정사업본부가 있는데, 이들이 운용하는 기금만 2023년 말 기준 총 1,200조원이 넘는 어머어마한 규모입니다. 이러한 스튜어드십 코드에 따라 연기금들은 기존 단기적 수익률 달성보다는 장기적으로 투자하는 회사의 가치를 높일 수 있도록 다른 주주들의 이익을 보전하는 새로운 의무를 갖게 될 것입니다.

  또 기업의 경영과 관련한 효율성 세고를 위한 추진에 정부가 부담을 경감해주고, 기업의 오너들도 주가 상승에 따른 이익을 나눠 가질 수 있는 구조를 만들어야 합니다. 특히 오너를 위한 상속과 세금 관련 문제를 전향적으로 개선할 필요가 있습니다. 오너의 경영을 도와준 조건으로, 오너들은 밸류업 프로그램의 지속가능한 경영을 위해 투자자들을 보호하는 데 적극 협력하고 기업의 가치를 증진하는 투명성 제고에 적극 협력하는 것이 중요합니다."

- 안 센터장: "기업은 일부 특정 정량지표(PBR)의 개선을 위한 노력 외 공개된 기업 밸류업 가이드라인을 해당 기업의 경영환경에 맞게 적용할 수 있도록 '자기진단'이 선제적으로 필요하다고 봅니다. 이

런 자가진단 이후 필요한 과제 도출과 이런 과제를 시행할 수 있는 프로세스 구축 등을 통해 밸류업 프로그램의 지속가능성을 제고하기 위한 '기업 내재화' 절차도 필요하다고 생각하고요. 참고로, 투자자는 투자 기업에 대한 모니터링과 모니터링이 불필요한 경영 간섭이 아닌 견실하고 기업가치 개선에 도움이 될 수 있는 방향성을 유지하도록 가이드해야 합니다."

기업 밸류업의 목표를 달성하기 위해 어떤 방식으로 ESG 과제를 발굴하는 것이 중요한가요?

- 변 전무: "우선 B2B나 B2C 같은 지속가능한 경영과 공급 서플라이 체인 네크워크를 강화하는 것은 사회적 네크워크를 향상시킬 수 있어 궁극적으로 기업가치를 제고할 수 있습니다. 반대로 지속가능하지 않은 경영과 약한 서플라이 네트워크는 결국 인권을 경시하고 공급 네트워크가 약화되어 기업가치가 하락할 가능성이 큽니다.

또 생산 등에서 환경친화적 ESG 경영이 필요합니다. ESG는 기업의 화석연료 등 재래식 에너지 발생을 낮추고 재활용할 수 없는 포장재를 줄이는 등 환경친화적 상품 판매는 쓰레기 같은 사회적 비용을 감소시켜 결국 사회적 기업으로 인식되어 기업가치를 제고할 수 있습니다. 고객들이 기업을 향한 사회적 믿음을 통해 기업가치를 제고할 수 있습니다. 사회와 함께 발전하는 기업상을 정립함으로써 고객이 기업을 신뢰하고 함께 성장하는 이미지를 심어줄 수 있습니다."

이미경 기자 esit917@hankyung.com

II. 사례편

국내외 기업 거버넌스
케이스 스터디

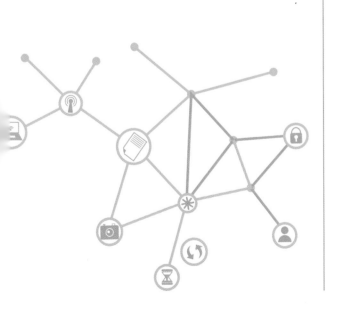

01 ESG 거버넌스 실현을 위한 사례 분석

ESG(환경·사회·지배구조) 경영은 기업 가치 제고와 지속가능한 성장을 동시에 추구하기 위한 핵심 전략으로 부상하고 있다. 과거 윤리 경영이나 법규 준수 차원에서 제한적으로 접근하던 ESG가 최근에는 기업의 전사적 의사결정 과정 전반에 통합되면서 더욱 복합적인 형태의 거버넌스 구조를 요구하고 있다.

본 장에서는 해외 사례로 파타고니아(Patagonia), 구글(Google), 테슬라(Tesla)를, 국내 사례로 풀무원과 현대모비스를 선정하여 이들의 ESG 거버넌스 실현 방식을 분석한다. 이를 통해 각 기업이 속한 산업적 특성과 경영 방식이 ESG 목표 달성에 미치는 영향을 살펴보며, 성공적인 서버넌스 구축을 위한 시사점을 도출하고자 한다.

기업 선정의 당위성

본 분석에서는 ESG 거버넌스 사례를 보다 입체적으로 다루기 위해 해외와 국내를 아우르는 다섯 개 기업을 선정했다.

해외 기업 사례인 파타고니아, 구글, 테슬라는 각각 아웃도어 의류, IT·디지털 서비스, 전기차 및 에너지 분야에서 ESG 가치를 선도적으로 실천하고 있다. 이들 기업은 조직 규모와 시장 영향력이 크기 때문에 내부 거버넌스 구조와 ESG 정책이 전 세계적으로 파급력을 지닌다. 또한 대규모 조직에서 ESG 거버넌스를 효율적으로 구축하고 운영하는 과정을 보여준다.

국내 기업 사례인 풀무원과 현대모비스는 ESG 프레임워크 내에서 탁월한 지배구조 관행을 보여주는 모범사례다. 풀무원은 윤리적 리더십, 투명성, 지속가능성에 대한 헌신으로 유명하며, 환경적 책임과 사회적 영향을 촉진하는 엄격한 정책을 통합하여 강력한 기업 지배구조를 지속적으로 입증해 왔다. 현대모비스는 자동차 산업의 글로벌 리더로서 책임성, 혁신, 장기적인 가치 창출에 초점을 맞춘 포괄적인 거버넌스 모델을 개발했다.

식품과 자동차 부품을 생산하는 이 기업들은 전 과정에서 환경·사회적 책임을 실현하려는 노력을 보이며, 이를 거버넌스 구조 내에서 체계적으로 추진하고 있다.

사례 분석의 의의

다양한 산업 및 지역적 배경을 지닌 기업들의 ESG 거버넌스 사례를 살펴보는 것은 다음과 같은 의의를 갖는다.

(1) 이론적 논의와 실제 경영 현장 간의 교차점을 찾을 수 있다.

(2) 거버넌스가 기업 문화 형성과 이해관계자들과의 상호작용을 조직화하는 핵심축임을 확인할 수 있다.

(3) 기업 규모, 산업 특성, 지역적 맥락에 따른 거버넌스 구조의 차이를 비교·분석할 수 있다.

(4) ESG 활동과 거버넌스 시스템의 결합 방식, 이해관계자와의 관계 설정 방식을 구체적으로 확인할 수 있다.

이러한 사례 분석을 통해 경영진 및 이사회 수준에서의 의사결정 메커니즘, 부서 간 협업 체계, 이해관계자와의 소통 방식 등을 종합적으로 검토함으로써, ESG 거버넌스를 실효성 있게 운영하기 위한 핵심 요소들을 확인하고, 향후 다른 기업들이 ESG 경영을 도입·강화하는 과정에서 실질적인 도움을 줄 수 있을 것으로 기대한다.

파타고니아(Patagonia)

(1) 회사 소개

파타고니아는 1973년, 미국의 환경 운동가이자 암벽 등반가인 이본 쉬나드(Yvon Chouinard)가 설립한 아웃도어 의류 및 장비 제조 기업이다. 기업명은 남아메리카 남단에 위치한 '파타고니아 지역'에서 유래했으며, 극한 환경에서도 활동할 수 있는 기능성 의류를 생산하는 데서 출발했다.

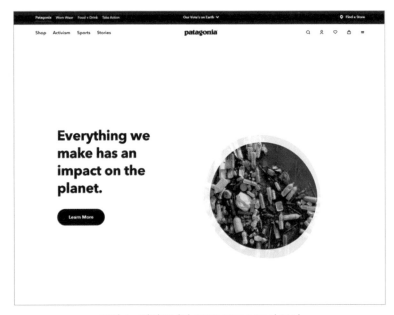

그림 1. 파타고니아 2023 ESG 보고서 분석

환경과 사회에 대한 창업 이념

- 창업 초기부터 환경 보호와 지속가능성을 기업 핵심가치로 삼아 왔으며, 의류 산업 특유의 환경 부담(물 사용, 화학 염료, 폐기물 등)을 최소화하고자 다양한 혁신을 시도해왔다.
- "지구를 구하자(Save Our Home Planet)"라는 슬로건을 통해, 단순한 상품 생산이 아니라 환경 운동과 사회적 책임을 전사적 경영 철학으로 내세운다.

제품과 비즈니스 모델

- 등산, 서핑, 스키 등 아웃도어 분야에서 뛰어난 내구성과 환경 친화적인 소재를 결합한 기능성 의류·장비 제품을 개발하고 있다.
- 고객이 사용 중인 파타고니아 제품을 수선·재사용하도록 장려하여, 의류 낭비를 줄이고 제품 라이프사이클을 연장하는 원 웨어(Worn Wear) 프로그램을 운영한다.
- 1990년대부터 오가닉 코튼과 재활용 폴리에스터를 적극적으로 도입해, 제품 제작 과정에서의 자원 낭비와 탄소 배출을 최소화한다.

(2) 파타고니아를 사례 기업으로 선정하게 된 이유

지속가능성 실천의 선도 모델

의류 업계에서 친환경 경영의 아이콘으로 자리매김한 파타고니아는, 생산 전 과정에 걸친 환경 영향을 줄이기 위해 소재 선택, 제조 공정, 유통·판매, 소비 후 재활용까지 전 방위적으로 노력을 기울이고 있다. 이는 업계 다른 기업들에게도 모범 사례가 되며, ESG 거버넌스가 경영 성과와 직결됨을 보여주는 대표적 사례다.

환경·사회 책임 중심의 거버넌스

단순히 환경 보호 캠페인을 벌이거나 기부를 하는 수준을 넘어, 이사회와 경영진이 환경 및 사회적 이슈를 기업 의사결정의 최우선순위로 삼고 있다. 이사회의 독립성과 전문성을 통해 공급망 윤리, 기후 변화 대응, 인권 보호 등을 전사적인 핵심 의제로 다루고 있다는 점이 특징적이다.

강력한 브랜드 영향력과 소비자 참여 유도

파타고니아는 제품에 대한 높은 소비자 신뢰뿐 아니라, '환경 운동 기업화'를 달성했다는 평가를 받는다. 이는 소비자들을 기업의 가치 창출 과정에 적극 참여시키고, 함께 사회·환경 문제를 해결하려는 취지에서다. 이러한 소비자 참여 모델은 다른 기업에서도 참고할 만한 성공적인 ESG 사례로 꼽힌다.

(3) 거버넌스 차원의 기업 분석

1) 이사회 구성 및 독립성

• 다양성 확보

파타고니아 이사회는 환경·사회 문제 전문가, 경영·재무 전문가, 브랜드·마케팅 전문가 등이 함께 참여함으로써 의사결정에서 다양한 관점을 반영하고 있다. 그리고 사내 출신 이사뿐 아니라 사외이사의 비중도 높여, 친환경 경영·윤리 경영 분야에서 외부 견제와 자문이 실질적으로 이루어지도록 설계되었다.

• 전문성 강화

이사회 구성원 중 일부는 직접 지속가능성 연구, 비영리 환경 단체 활동, 인권 캠페인에 참여했던 경력을 갖고 있어, 파타고니아의 환경 목표와 윤리 기준을 한층 높이는 데 기여하고 있다. 정기적 워크숍과 이사회 세션을 통해 최신 기후 변화 연구, 윤리적 공급망 사례 등을 공유하면서, 의사결정의 전문성을 지속적으로 업그레이드한다.

• 독립적 견제 장치

CEO(또는 경영진)의 과도한 권한 집중을 방지하기 위해, 외부 이사와 독립위원회(감사위원회, 윤리위원회 등)를 두어 핵심 의사결정 과정에서 독립적 검토가 이뤄진다. 이사회 의장은 경영진과 별개의 위치에서 활동할 수 있도록 구조를 마련했으며, 이사회 내 위원회는 환경·사회 이슈에 대한 자문과 동시에, 경영진 의사결정에 대한 구체적 대안을 세시한다.

• 보완 사항

ESG 전문 이사와 더불어, 디지털·데이터 분석 전문가를 추가 영입하여 글로벌 공급망 리스크와 환경 데이터 관리를 한층 정교화할 필요가 있다. 지속가능성 목표 이행을 위한 '성과 검증'에 대한 독립기구 설치 검토가 요구된다.

2) 감사 및 리스크 관리 체계

• 내부 감사와 외부 감사의 이중 구조

파타고니아는 재무, 운영 전반에 대한 내부 감사를 정기적으로 실시하여, 경영상의 리스크(자금 흐름, 비용 관리, 사업 성과 등)와 운영상의 리스크(공급망 윤리, 원료 사용, 환경 영향 등)를 포괄적으로 점검한다. 매년 외부 감사 기관(제3자)을 통해 재무 투명성과 준법 여부를 점검하고 있으며, 이 과정에서 발견된 문제점은 이사회 감사위원회가 직접 다룬다.

• 리스크 범주와 관리 프로세스

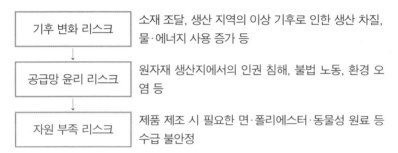

기후 변화 리스크	소재 조달, 생산 지역의 이상 기후로 인한 생산 차질, 물·에너지 사용 증가 등
공급망 윤리 리스크	원자재 생산지에서의 인권 침해, 불법 노동, 환경 오염 등
자원 부족 리스크	제품 제조 시 필요한 면·폴리에스터·동물성 원료 등 수급 불안정

해당 리스크들은 정량적(데이터 수집)·정성적(현장 실사, 인터뷰) 방식으로 파악되며, 주기적 리스크 평가 회의에서 우선순위를 결정한다.

• 보완 사항

실시간 데이터 기반 리스크 관리: 기후 변화나 국제 무역 상황에 대한 정보를 실시간 모니터링할 수 있는 디지털 플랫폼 도입이 더 강화되어야 한다.

표준화된 글로벌 관리 체계: 해외 생산 거점이 늘어나는 만큼, 각 지역의 리스크 관리 정책을 표준화하고, 중앙에서 모니터링할 수 있는 시스템을 도입할 필요가 있다.

3) 윤리적 경영 및 준법 경영

• 윤리경영의 기본 틀

파타고니아는 '정도경영 행동강령'을 제정하여 모든 임직원이 일상에서 마주치는 윤리적 딜레마에 대한 가이드라인을 마련했다. 그리고 제품 원자재 조달, 협력업체 선정, 마케팅 활동 등에서 윤리 기준을 지키도록 내부 프로세스를 설계하여 활용한다.

• 협력사와의 윤리 기준 확산

공정 거래와 인권 보호를 위해, 주요 협력사와 '윤리 행동규범'을 공유하고, 정기적인 현장 감사 및 온라인 문서 점검을 진행한다. 윤리적 경영을 위반하는 행위가 발견될 경우, 시정 기한을 부여하고 개선을 독려하되, 반복 시 거래를 중단하는 무관용 원칙을 적용한다.

• 준법 경영 체계

글로벌 공급망에서 발생하는 각종 법률 리스크(환경 규제, 노동·인권 규정, 통상 규정 등)를 전담 부서가 모니터링하고, 이를 이사회 윤리위원회와 공유한다. 정기 교육을 통해서 지속가능성·준법 관련 신입·기존 직원 역량을 강화하고, 회사 전체가 공통의 윤리 기준을 인지하도록 한다.

• 보완 사항

사이버 감사실(익명 신고 채널) 활용률이 더 높아지도록 홍보·교육을 강화하고, 제보 후 처리 과정을 투명하게 공개하여 제보자를 보호할 시스템을 보완할 필요가 있다. 또한 신흥시장에 대한 법률 리스크를 줄이기 위해 남미·아시아 등 신규 생산 지역의 법규와 관행 차이를 조기에 파악하고 대응할 수 있는 법률 전문가 네트워크를 확충해야 한다.

4) 주주 권리 보호 및 소통

• 주주 구조와 특성

파타고니아는 창업주 및 가족이 주요 지분을 보유해 소수 주주에 대한 일반적인 상장사 형태의 보호 이슈는 상대적으로 낮은 편이다. 그러나 최근 기업 형태를 '지구(환경) 보호 목적'을 달성하기 위한 특별 구조로 전환함으로써, 이해관계자(협력사, 소비자, 비영리 단체)와의 유대와 공유 가치 창출을 목표로 하고 있다.

• 주요 의사결정 시 이해관계자 참여

전통적인 의미에서의 주주총회 외에도, 연간 ESG 활동 보고 및 토론회를 개최하여, 비영리 단체, 소수 주주, 지역사회 대표 등의 의견을 청취한다. 또한 재무적 성과뿐 아니라 환경·사회적 성과를 동등하게 공개하고, 중요한 전략 변경 시 이해관계자의 피드백을 적극 반영한다.

• 보완사항

주주·이해관계자와의 상호작용을 확장하기 위해 디지털 플랫폼을 더 강화할 필요가 있다. 예컨대, 온라인 청문회나 실시간 소통 채널을 마련하면, 글로벌 소비자와 소수 지분 투자자도 경영 이슈에 참여하기가 용이해진다. 창업주 가족 및 경영진 이외의 외부 투자자가 제기하는 의사결정 참여 기회를 더욱 늘려, 공개적이고 투명한 거버넌스를 정착시켜야 한다.

5) 사회적 책임 및 지속가능성 경영

• 환경적 책임

2025년까지 탄소 중립을 달성하기 위해 전사적으로 재생 가능 에너지를 도입하였고, 생산부터 유통, 소비에 이르는 전 과정에서 탄소 배출량을 철저히 추적하고 관리하고 있다. 또한, 환경에 미치는 영향을 최소화하기 위해 오가닉 코튼, 재활용 폴리에스터, 동물 복지 기준(RDS) 인증을 받은 다운 등 친환경 소재와 원료를 적극적으로 사용하고 있다. 더불어, 'Worn Wear' 캠페인을 통해 소비자들이 의류 수선 서비스를 이용하여 제품의 수명을 연장하고 불필요한 구매를 줄이도록 장려함으로써, 지속가능한 소비 문화를 선도하고 있다.

• 사회적 책임

지역사회에서 청소년을 대상으로 한 환경 교육, 지역 클린업 행사, 친환경 생활 방식 세미나 등을 개최하여 의류 소비 문화에 대한 인식을 전환시키고 있다. 또한, 연 매출의 일정 비율을 환경 및 사회 단체에 기부하고, 1% for the Planet 이니셔티브를 비롯한 다양한 NGO와 파트너십을 맺어 지구 보호 활동을 적극 지원하고 있다. 그리고 공급망 내 인권 보호에도 힘쓰고 있는데, 생산 지역에서의 노동 조건과 인권 이슈를 지속적으로 모니터링하며, 아동 노동이나 강제 노동 등 국제 노동 기준을 위반하는 행위를 철저히 금지하고 있다.

• 보완사항

글로벌 규모 확대로 인해 다양한 지역의 이해관계자와 협력할 필요성이 커지고 있으며, 이에 따라 각 지역별 특성을 반영한 CSR(사회공헌) 전략을 수립하여 보다 맞춤형으로 환경 보호와 사회적 책임을 실천해야 한다. 또한, 사회적 기여 활동의 성과 측정을 더욱 체계화하여 단순한 캠페인이 아닌 실질적 영향력을 확인하고 이를 공개할 필요가 있다.

6) 보상 및 성과 관리

• 성과 평가 및 보상 제도

ESG 목표와 연계하여 임직원의 성과 평가에 '재무 성과'와 '환경·사회 기여도'를 함께 고려하며, 특히 탄소 감축, 재활용 소재 사용, 윤리적 공급망 등의 지속가능성 목표 달성 지표를 연간 KPI로 설정한다. 또한, 각 부서별로 정해진 ESG 지표를 달성할 경우 집단 인센티브나 개인 인센티브를 추가로 지급함으로써 구성원의 동기부여를 높인다.

• 조직문화 및 교육

파타고니아는 수평적이고 포용적인 조직문화를 중시하며, 임직원들이 스스로 환경 보호 실천 아이디어를 제안할 수 있도록 제도화(사내 아이디어 공모전, 제안 시스템 등)한다. 정기적인 ESG 교육을 통해 전사적으로 지속가능성 의식을 공유하고, 협력사나 지역사회에도 이러한 교육 프로그램을 확대 적용한다.

• 보완사항

부서 간 또는 지역 간 ESG 인센티브 격차가 발생하지 않도록 보상 체계를 더욱 표준화·공정화해야 한다. 내부 감사와 연계하여, ESG 성과에 대한 질적 평가(혁신성·지속성 등)를 강화함으로써 단순 수치뿐 아니라 장기적 가치를 평가·보상할 수 있는 체계를 마련해야 한다.

7) 결론 및 시사점

파타고니아의 사례는 아웃도어 의류 산업에서 지속가능성을 어떻게 구현할 수 있는지를 전 세계에 명확히 제시한다. 특히, 경영 전반에 환경·사회 책임을 내재화하고, 이사회 차원에서 이를 경영의 핵심 목표로 삼아 독립적이고 전문적으로 감독·실행하는 거버넌스 구조를 마련했다는 점이 인상 깊다.

• 거버넌스 측면

이사회와 경영진은 환경·사회 이슈를 최우선으로 다루며, 외부 전문가를 적극적으로 영입하여 독립적 견제와 전문성을 확보한다. 또한, 감사 및 리스크 관리 체계를 데이터 기반과 실사 중심으로 구축하여 공급망 윤리와 기후 변화 등 급변하는 리스크에 신속히 대응할 수 있다.

• ESG 통합 경영

윤리경영과 준법 경영을 제품 생산·공급망 전 단계에 걸쳐 세밀히 적용하며, 직원·소비자·지역사회 모두를 파트너로 인식한다. 또한, '재활용, 수선, 친환경 소재' 등 제품 중심의 혁신을 넘어, 조직문화·교육·보상 체계에서도 ESG 목표를 실질적으로 작동하게 한다.

• 향후 과제

글로벌 생산·유통망 확장에 따른 실시간 리스크 관리 및 데이터 통합 시스템의 고도화가 필요하며, 인권·노동·환경 보호를 전 세계 지역사회와 더욱 유기적으로 연계할 수 있는 현지화 CSR 전략도 요구된다. 또한, 부서별·지역별 ESG 인센티브 표준화와 제보자 보호 제도 강화 등을 통해 내부·외부 이해관계자의 신뢰를 더욱 높여야 한다.

결국 파타고니아의 사례는 '지속가능성'이 단순히 친환경 이미지를 넘어서, 기업 경영 전반 — 즉 전략 수립, 공급망 운영, 임직원 평가, 조직문화, 이해관계자 소통 — 에 수평적으로 녹아들어야 한다는 사실을 보여준다. 이는 풀무원이나 오뚜기 같은 국내 사례와도 맥을 같이하며, 장기적 비즈니스 모델 혁신과 사회·환경 가치 창출이 기업의 생존과 성장에 필수적임을 시사한다. 파타고니아는 앞으로도 지속가능성을 한층 심화된 데이터·현장 기반으로 관리하여, "환경을 위한 비즈니스"라는 고유한 정체성을 공고히 할 것으로 기대된다.

구글(Google)

(1) 회사 소개

구글은 1998년, 래리 페이지(Larry Page)와 세르게이 브린(Sergey Brin)이 미국 스탠퍼드 대학 재학 시절에 설립한 글로벌 기술 기업이다. 현재는 지주회사인 알파벳(Alphabet) 산하의 핵심 자회사로서, 검색 엔진, 클라우드 컴퓨팅, 인공지능(AI), 디지털 광고, 모바일 운영체제(Android) 및 다양한 소프트웨어·플랫폼 서비스를 전 세계에 제공하고 있다.

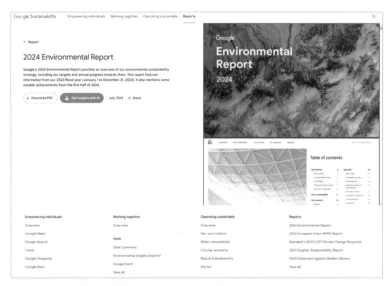

그림 2. 구글 2024 환경 리포트(Environmental Report)

사업 및 비즈니스 개요

- 검색 엔진: 전 세계 시장 점유율 1위의 구글 검색 서비스를 통해 디
지털 광고 시장을 주도하고 있으며, 이는 구글의 핵심 매출원이다.

- 클라우드 컴퓨팅: Google Cloud Platform(GCP)은 기업·개발자 대상
클라우드 인프라, 빅데이터 분석, 머신러닝 등 폭넓은 서비스를 제
공한다.

- 디지털 콘텐츠 및 모바일 플랫폼: YouTube, Google Play, Android
운영체제 등을 통한 앱·미디어·광고 생태계 형성으로 전 세계 IT 산
업에 막대한 영향력을 행사하고 있다.

ESG 목표와 비전

- 2030년 탄소 중립: 구글은 2030년까지 모든 운영 시설에서 탄소 중립을 달성하겠다는 목표를 세웠다.
- 100% 재생 가능 에너지 사용: 데이터 센터를 비롯한 글로벌 운영 전반에서 재생 가능 에너지를 활용하여 Scope 1, 2, 3 탄소 배출량 감축에 적극 나서고 있다.
- 디지털 포용과 사회적 책임: 저소득층 및 소외된 지역의 기술 접근성 제고, AI 윤리 등 다양한 프로그램을 통해 디지털 격차 해소 및 사회적 책임을 강조한다.

(2) 구글을 사례 기업으로 선정하게 된 이유

- IT·디지털 분야에서의 ESG 선도 모델

구글은 방대한 데이터 센터, 글로벌 플랫폼 서비스 등을 통해 탄소 배출, 데이터 프라이버시, 디지털 포용 등 광범위한 ESG 이슈를 직접적으로 다룰 수밖에 없는 기업이다. 이러한 특성상, ESG 경영이 단순 '법규 준수'를 넘어 기술 혁신 및 장기 사업 전략과 밀접하게 연계되어 있다는 점이 돋보인다.

- 고도의 거버넌스 체계와 글로벌 영향력

구글 이사회는 외부 독립 이사를 다수 포함하고, ESG 전문성을 갖춘 인사들을 영입함으로써 대규모 글로벌 기업의 지속가능성 전략을 추진·감독한다. 디지털 기반 서비스가 전 세계에 걸쳐 있기 때문에, 공급망 윤리, 사이버 보안, 데이터 보호 등 다차원적인 리스크 관리를 수행하는 것이 특징이다.

• 사회적 책임(사회공헌, 포용성) 확대 사례

구글은 STEM 교육, AI 윤리 규범, 소수자 고용 확대 등 기업 규모에 걸맞은 다양한 사회공헌 프로그램을 운영하고 있다. 이는 국내외 다른 IT 기업들이 ESG 전략을 수립할 때 참고할 만한 대표 사례이기도 하다.

(3) 거버넌스 차원의 기업 분석

1) 이사회 구성 및 독립성

• 이사회 다양성

구글은 성별, 인종, 전문 분야 등 다양한 배경을 가진 이사들로 이사회를 구성하고 있다. 이는 포용성과 공정성을 강조하는 구글 문화가 이사회 차원에서도 구현된 사례다. 여성 및 소수자 비율 확대를 통해, 의사결정 과정에서 여러 시각과 경험을 반영하려고 노력한다.

• 이사회 전문성

이사회에는 기술 혁신, 환경 보호, 사회적 책임, 법률 등 폭넓은 분야의 전문가가 참여하며, 장기 성장 전략과 ESG 목표를 함께 검토한다. 특히 기후 변화 대응, 데이터 보호, 사이버 보안 등 IT 업계 핵심 이슈에 대한 전문성이 강조되며, 해당 분야의 임원/외부 이사를 지속적으로 영입하고 있다.

• 이사회 독립성 유지 방안

이사회의 약 75%를 외부 독립 이사로 구성하여, 경영진을 견제하고 객관적 평가를 내릴 수 있도록 구조화했다. 감사 및 리스크 관리 위원회 등을 통해, 구글이 설정한 ESG 목표(탄소 중립, 재생 가능 에너지 도입 등)를 독립적으로 모니터링하고 경영진에 지침을 제공한다. 장기 재임 이사와 경영진의 긴밀한 관계로 인해 독립성이 저해될 우려가 제기되기도 하나, 정기적 이사회 평가·임기 제한 제도를 도입해 개선하려 노력하고 있다.

• 보완 사항

장기 재임 이사의 경우 재임 기간이 길수록 경영진과 이해관계가 깊어질 수 있어, 독립성을 유지하기 위한 주기적 평가와 임기 제한을 더욱 엄격히 적용할 필요가 있다. 또한, 구글의 광범위한 사업 영역과 ESG 과제를 감안할 때, 환경·사회적 영향 분석에 특화된 전문 인사를 추가로 영입하여 ESG 전문 이사를 확대하는 것이 검토되어야 한다.

2) 감사 및 리스크 관리 체계

• 내부 감사 시스템

정기적 내부 감사를 통해 지속가능성 전략과 윤리적 경영 준수 여부를 평가하고 있다. 환경적 성과(데이터 센터 에너지 효율, 탄소 배출량), 공급망 윤리, 사회적 책임 활동(교육, 지역사회 기여) 등이 주요 점검 대상이다.

• 리스크 관리 시스템

기후 변화, 데이터 보호, 사이버 보안, 공급망 관리를 핵심 리스크로 분류하여 체계적으로 모니터링한다. 기후 변화 대응을 위해 데이터 센터 운영에서 발생하는 에너지 사용량을 줄이고 재생 가능 에너지로 전환하며, 2030년 탄소 중립 목표를 설정한다. 사이버 보안 측면에서는 각종 데이터 보호 규정(GDPR, CCPA 등)을 준수하고, 전담 보안팀을 통해 해킹 및 데이터 유출 리스크를 최소화한다. 공급망 관리에 있어서는 분쟁 광물 사용 방지, 노동·인권 문제 사전 차단을 위해 정기적 감사와 기업 실사(Due Diligenc)를 시행한다.

• 공급망 감시 및 투명성 확보

제3자 감사 기관과 협력하여 협력업체들의 인권 보호와 환경적 영향을 정기적으로 평가한다. 또한, 분쟁 광물(탄탈, 텅스텐, 주석, 금 등)의 사용 여부를 추적하고 관리하며, 필요한 경우 협력사를 교체하거나 개선 작업을 요구한다.

• 보완 사항

지역별 리스크 관리의 일관성을 위해 일부 지역 사업장에서 상이한 리스크 관리 수준을 개선하고자 표준화된 매뉴얼과 교육을 확내할 필요가 있다. 또한, 리스크가 발견된 후 개선 과정과 결과가 외부 이해관계자에게 충분히 공개되지 않는다는 지적이 있어, 후속 조치의 투명성을 높이기 위해 보고 체계를 보다 명확히 할 필요가 있다.

3) 윤리적 경영 및 준법 경영

• 윤리적 공급망 관리

OECD 가이드라인 등 글로벌 기준을 준수하여 협력업체들이 인권·환경 기준을 지키도록 엄격히 관리한다. 또한 분쟁 광물 방지, 공정 거래, 환경 보호 등을 위해 주기적으로 실사를 시행하며, 위반 사항이 발견될 경우 시정 조치를 요구하거나 거래를 중단할 수 있다.

• 내부 고발 제도(Whistleblower Policy)

임직원이나 이해관계자가 익명으로 윤리적 문제나 불법 행위를 신고할 수 있는 채널을 마련하여 내부 통제와 투명성을 제고한다. 이러한 신고 내용은 전담팀에서 조사하고 조치하며, 신고자의 신분 보장을 위해 시스템 접근 기록(IP) 등을 남기지 않는다.

• 준법감시 체계

준법감시팀(Compliance Team)을 두어, 각국의 데이터 보호·환경 규제·노동법 등 복잡한 법적 요구 사항을 점검한다. 특히 개인정보 보호(GDPR 등), 환경 보호(탄소세, 에너지 규제) 분야에서 철저한 사전 대응과 사내 교육을 진행한다.

• 데이터 보호 및 보안 관리

고객 개인정보를 안전하게 보호하기 위해 다중 보안체계를 구축하고, 데이터 센터 운영에서 발생하는 각종 보안 리스크를 최소화한다. 또한, AI 및 클라우드 서비스 확대로 인한 잠재적 프라이버시 침해 위험도 내부 프로세스와 알고리즘 윤리 검증 프로토콜을 통해 줄이고자 노력한다.

• 보완 사항

공급망 관리의 투명성을 높이기 위해 공급업체 윤리 이슈 발생 시 후속 조치나 시정 과정에 대한 공개를 더욱 강화해야 한다. 또한, AI 기반 서비스의 급증으로 인한 개인정보 오남용 가능성에 대응하기 위해 데이터 보호 시스템을 개선하고, 투명한 데이터 수집·활용 방안을 지속적으로 발전시킬 필요가 있다.

4) 주주 권리 보호 및 소통

• 주주 소통 구조

매년 주주총회에서 재무성과와 ESG 목표를 발표하고, IR(Investor Relations) 웹사이트를 통해 주요 정보를 실시간으로 공개한다. 또한, 주요 전략 변화나 신제품 발표 시 컨퍼런스 콜, NDR(Non-Deal Roadshow) 등을 개최하여 소통을 강화하고 있다.

• 주주 보호 장치

소수 주주들도 회사 경영에 의견을 제시할 수 있도록 보호 장치를 두고 있으나, 실질적 의사결정 권한은 여전히 경영진 및 대주주(창업주) 영향력이 크다. 그리고 다양한 의결권 주식 구조(Class A, B 등)로 인해, 소수 주주가 회사 의사결정에 직접적·큰 영향력을 행사하기는 쉽지 않다는 평가가 있다.

• 보완사항

주주 의견 반영의 투명성을 높이기 위해 주주들이 제안한 의견이나 우려사항이 경영전략에 어떻게 반영되는지 구체적으로 공개할 필요가 있다. 또한, 주주참여를 확대하기 위해 ESG 이슈와 관련된 주주제안이나 의결권 행사를 촉진할 수 있는 전자투표시스템, 소규모 주주대상 간담회 등 새로운 접근 방식을 도입할 수 있다.

5) 사회적 책임 및 지속가능성 경영

• 환경 보호와 지속가능성

2030년까지 탄소 중립 달성을 위해 데이터 센터를 고효율화하고 재생 가능 에너지를 우선 구매하며, Scope 1, 2뿐 아니라 Scope 3(협력사, 물류, 소비단계) 배출 저감에도 관심을 확대하고 있다. 또한, 대규모 태양광·풍력 발전 계약을 체결하여 글로벌 운영에서 100% 재생 가능 에너지 사용을 지향한다.

• 인력 다양성 및 포용성 증진

여성, 소수자 고용 확대를 위한 다양한 프로그램을 운영하며, 사내 포용적 문화를 조성하기 위해 인식 개선 교육도 제공하고 있다. 그리고 자회사·협력사 인력 구성에서도 다양한 배경·문화가 반영되도록 노력한다.

• 디지털 격차 해소와 지역사회 기여

저소득층과 개발도상국 학생들이 프로그래밍, AI, 로봇 등에 접근할 수 있도록 무료 교육 프로그램과 장학제도를 운영하여 STEM 교육을 지원한다. 게다가 각 지사별로 봉사활동과 지역 파트너십 등을 활성화하고, 사회적 기업 및 비영리 단체와 협력하여 디지털 혁신의 혜택을 지역사회와 공유한다.

• 보완사항

탄소 감축 계획을 구체화하기 위해 중간목표 및 단계별 로드맵을 명확히 설정하고 공개하여, 목표 달성 여부를 투명하게 추적하고 평가해야 한다. 또한, 교육 프로그램, 인력 다양성, 지역사회 투자 등의 사회적 기여가 얼마나 실질적 변화를 가져오는지 측정하기 위해 정량적 성과 지표를 개발할 필요가 있다.

6) 보상 및 성과 관리

• 보상 체계 구조

임원 보상은 재무 성과와 함께 ESG 성과(탄소 감축, 재생 가능 에너지 도입, 포용성 증진 등)를 반영하며, 장기적 성과와 기업가치 상승을 고려한 주식·옵션 중심의 보상 체계를 갖추고 있다. 직원 보상의 경우, 성과급 및 주식 보상 프로그램을 통해 이루어지며, 개인 또는 팀의 ESG 목표 달성 기여도도 평가 지표에 포함된다.

• 성과 평가와 ESG 연계

재무적 지표 외에 친환경, 사회적 책임 등 비재무적 요소를 평가 항목에 포함하여 진 직원이 ESG 목표 딜성에 동참하도록 유도한다. 다만, 임원 보상에서 ESG 성과 비중을 더 높여야 한다는 내부·외부 의견도 있어, 이에 대한 점진적 개선이 예상된다.

• 보완사항

ESG 성과 비중을 강화하기 위해 임원 중심에서 나아가 모든 직급에 대한 ESG 연계 인센티브를 확대하여 참여 의식을 높일 필요가 있다. 그리고 보상 결정의 투명성을 제고하기 위해 평가 기준과 결과를 사내외 이해관계자에게 투명하게 공개함으로써 공정성과 신뢰도를 한층 높일 수 있다.

7) 결론 및 시사점

구글은 글로벌 IT 기업으로서 광범위한 사업 영역(검색, 클라우드, 모바일, AI 등)에서 발생하는 여러 ESG 이슈(에너지 소비, 데이터 보호, 공급망 윤리, 디지털 격차 등)를 종합적으로 다루고 있다. 이사회 차원의 독립성·전문성 확보와 감사·리스크 관리 체계의 고도화, 윤리·준법 경영, 주주 소통, 사회적 책임 등 다양한 측면에서 선진적인 모델을 구축한 점이 특징이다.

• 거버넌스 측면

외부 독립 이사 중심의 견제·감독, 감사위원회를 통한 ESG 성과 모니터링 등은 대규모 조직이 투명성과 책임 경영을 실현하는 데 효과적임을 보여준다. 다만, 장기 재임 이사와 경영진 간 관계, 다중 의결권 구조 등으로 인한 독립성 저하 우려가 존재하여, 임기 제한·정기 평가 등을 꾸준히 개선하고 있다.

• ESG 통합 경영

구글은 재무 성과와 더불어 탄소 중립(재생 에너지 사용), 데이터 보안, 포용성 확대 등 구체적인 ESG 목표를 설정하고, 실제 보상 체계에 연계함으로써 임직원 동기 부여를 극대화한다. 또한, 다양한 지역사회 공헌 활동과 교육 프로그램을 통해 디지털 격차 해소에 기여하고, 글로벌 기술 리더로서 사회적 책임을 강화하고 있다.

• 향후 과제

리스크 후속 조치의 투명성을 높이기 위해 공급망 윤리, 데이터 침해, 환경 리스크 등의 문제가 발생했을 때 후속 조치 및 개선 프로세스를 이해관계자에게 명확히 공개해야 한다. 또한, 2030년 탄소 중립 달성과 사회공헌 효과 등에 대해 중간목표 및 성과 측정을 구체화하여 단계별 구체적 지표를 설정하고 공개함으로써 진척 상황을 추적하고 평가할 필요가 있다. 더불어, ESG를 실질적으로 전 부서에 내재화하기 위해 보상·평가 시스템의 일관성을 확보하여 모든 직급과 지역에서 같은 인센티브 지표를 적용하고, 결과를 공정하게 피드백해야 한다.

종합적으로 볼 때, 구글은 대규모 IT 기업이 직면하는 ESG 과제를 체계적으로 해결해 나가는 대표 사례로 평가할 수 있다. 데이터 센터 에너지 효율, 재생 에너지 사용, 디지털 포용성, 윤리적 공급망 관리, 그리고 임직원 참여 유도를 위해 거버넌스 체계를 적극 활용하고 있다. 이는 국내외 기업들이 산업 특수성과 ESG 목표를 긴밀히 결합하려 할 때 참고할 만한 중요한 사례다.

앞으로 구글이 AI·클라우드 등 신사업 분야를 확장해 나가면서, 개인정보 보호, 알고리즘 윤리성, 디지털 불평등 해소 등 더욱 복잡하고 새로운 ESG 이슈가 대두될 것으로 예상된다. 이러한 상황에서도 거버넌스의 투명성과 독립성, 이해관계자 소통 강화, 장기 비전 수립이 견고히 이뤄진다면, 구글은 지속가능한 IT 생태계를 선도하는 'ESG 리더'로 자리매김할 수 있을 것이다.

테슬라(Tesla)

(1) 회사 소개

테슬라는 2003년 설립된 미국의 전기차·배터리·에너지 솔루션 기업으로, 청정 에너지 전환을 앞당기는 것을 핵심 목표로 삼고 있다. 창업 초기부터 화석연료 기반 자동차 산업을 대체할 전동화 기술 개발을 추진해 왔으며, 전기차를 넘어 배터리 저장 솔루션(에너지 저장 장치), 태양광 패널 등 재생 가능 에너지 생태계를 구축하고 있다.

기업 개요

• 주요 제품군: 전기차(Model S, 3, X, Y, Cybertruck 등), 에너지 저장 솔루션(Powerwall, Powerpack), 태양광 패널 및 태양광 지붕(Solar Roof).

• 글로벌 영향력: 북미, 유럽, 아시아 등에 생산·판매 거점을 확보하

그림 3. 테슬라 공식 홈페이지 & Impact Report 2023

고 있으며, 2023년 기준 세계 전기차 시장에서 가장 강력한 브랜드 파워를 보유하고 있다.

• 제품 라이프사이클 전반의 환경 고려: 자원 확보, 생산, 판매, 소비 후 폐기 단계까지 전체 수명 주기에 걸쳐 탄소 배출 절감과 폐기물 최소화를 추구한다.

ESG 목표와 거버넌스

• 2023년 주요 성과: 재생 에너지를 활용한 글로벌 운영에서 사실상 의 탄소 중립 달성, 주요 차량 모델에 대한 효율 개선, 차량 1대당 물 사용량 감축.

• 2040년 비전: 전 세계 모든 사업장에서 '순탄소 배출 제로(탄소 중립 이상)' 실현, 전기차·배터리 재활용 고도화 및 청정 에너지 네트워크 확충.

• 이사회 감독: ESG 거버넌스 핵심인 이사회가 이러한 시속가능성 사 명을 엄격하게 관리·감독하며, 경영진의 제품 혁신과 에너지 전환 노력을 지원한다.

(2) 테슬라를 사례 기업으로 선정하게 된 이유

전동화·에너지 산업 혁신 리더

테슬라는 화석연료 중심의 자동차 산업을 전기차로 전환시키며, 배 출가스 감축과 청정 에너지 인프라 구축에 앞장선 대표적인 혁신 기 업이다. 전기차뿐 아니라 배터리 기술, 태양광 설치, 에너지 저장 등 종합 에너지 솔루션을 선보임으로써 기후 위기에 대응하는 새로운 사업 모델을 제시한다.

글로벌 규모와 강력한 브랜드 파워

북미와 유럽, 아시아 등에 제조·판매 거점을 운영하며, 단일 기업으로서 세계 전기차 시장에 미치는 영향력이 크다. 높은 인지도와 시장 지배력을 바탕으로 ESG 거버넌스 체계가 다른 제조·에너지 기업들에 미치는 파급효과도 상당하다.

공급망 윤리 및 기술 혁신의 결합 사례

전기차 배터리에 필요한 광물(리튬, 코발트 등)을 윤리적으로 조달하고, 생산·폐기에 이르는 전 과정에서 인권 보호 및 환경 보전을 추구한다. 혁신적 기술 도입(자율주행, 배터리 효율 개선 등)과 함께, 사회적·환경적 가치를 함께 창출하려는 노력이 돋보인다.

(3) 거버넌스 차원의 기업 분석

1) 이사회 구성 및 독립성

• 기술·에너지 분야 전문가 중심

테슬라의 이사회는 자동차, 배터리, 에너지 등 각 분야에서 풍부한 경험을 가진 인사들로 구성되어 있어 지속가능성과 제품 혁신 이슈를 심층적으로 다룰 수 있다. 신기술 개발, 시장 확대, 환경·사회 책임을 균형있게 판단하기 위해 다양한 백그라운드의 이사진이 참여한다.

• 독립성 확보 노력

CEO(일론 머스크)의 영향력이 크다는 지적이 있으며, 이에 대한 견제를 위해 외부 이사(Independent Director)와 별도 위원회가 주요 결정에 참여한다. 이사회 내 감사위원회, 보상위원회, 지속가능성 위원회 등을 두어 각 위원회가 독립적으로 운영되도록 구조화하고 있다.

• 보완 사항

창업자이자 CEO의 비전과 신속한 의사결정은 회사의 강점이지만, 이사회가 CEO의 결정을 충분히 견제하지 못할 수 있다는 우려가 존재한다. 또한, 에너지와 배터리 전문가 외에도 사회적 책임, 지역사회 파트너십, 글로벌 규제 대응 등에 특화된 이사를 추가로 영입하여 ESG 전문성을 확대할 필요가 있다.

2) 감사 및 리스크 관리

• 감사 체계

내부 감사와 외부 감사를 통해 재무·운영 리스크를 점검하며, ESG 이슈(기후 회복력, 공급망 윤리, 배출 감축)를 핵심 영역으로 꼽고 있다. 2023년에는 기업 운영 전반에 걸쳐 재생 에너지를 활용해 탄소 중립을 달성했다고 선언했으며, 이 과정에서 재무제표와 환경 성과가 일관성을 유지했는지 감사위원회가 감독한다.

• 리스크 관리 체계

기후 회복력을 위해 전기차 생산에 필요한 원자재 수급 불안, 기후변화로 인한 물류·생산 차질, 에너지 가격 변동 등을 종합적으로 평가한다. 공급망 윤리 측면에서는 코발트, 리튬 등 배터리 핵심 소재가 지역 갈등·아동노동 등 인권 문제와 연계되지 않도록 강화된 실사 (Due Diligence) 프로세스를 운영한다. 또한, 배출 감축을 위해 차량 생산·운영·충전 단계에서 발생하는 온실가스와 폐기물을 최소화하기 위한 수치 목표와 모니터링 시스템을 구축한다.

- 보완 사항

광범위한 글로벌 생산체계에 걸쳐 실시간으로 리스크를 감지하고 대응할 수 있는 디지털 플랫폼을 더욱 고도화해야 한다. 또한, 리스크 식별 후 개선 과정을 이해관계자들에게 투명하게 공개하는 절차를 강화할 필요가 있다. 이러한 실시간 모니터링과 투명한 후속 조치는 2025년 공급망 관리에서 핵심적인 요소가 될 것이며, 기업들은 AI와 IoT 기술을 활용하여 공급망 가시성을 높이고 리스크에 신속하게 대응할 수 있는 체계를 구축해야 한다.

3) 윤리적 경영 및 준법 경영

- 원자재 윤리적 조달

배터리 소재의 채굴 과정에서 불법 노동과 인권 침해가 발생하지 않도록 협력사 선정 시 인권 및 환경 기준을 엄격히 적용하고 주기적으로 현장 감사를 실시한다. 또한 분쟁지역 광물 사용에 대한 데이터베이스를 운영하여 사업장별 공급망 리스크를 체계적으로 분석하고 관리한다.

- 노동 권리 및 안전

전기차와 에너지 제품 생산 과정에서 근로자의 안전과 건강을 최우선 원칙으로 삼고, 공장별로 안전 규정과 사고 예방 프로그램을 운영한다. 뿐만 아니라, 글로벌 진출 국가별 노동법과 산업안전 규제를 준수하며, '무사고' 목표와 같은 추가적인 내부 기준을 설정하여 그 달성률을 정기적으로 보고한다.

• 준법 프로그램

지역별 법규(환경·노동·세금 등)를 숙지하고 대비할 수 있도록 준법지원팀(Compliance Team)을 운영하며, 경영진과 이사회에 정기 보고하고 있다. AI, 자율주행 분야에서는 기술 확대에 따른 윤리적·법적 문제(도로 안전, 데이터 보호 등)에 대비해, 내부 규정과 실험·테스트 프로토콜을 개발하고 있다.

• 보완 사항

급변하는 기술과 규제 환경에 맞춰 임직원을 대상으로 하는 윤리 및 법률 교육을 더욱 체계화할 필요가 있다. 또한, 내부 고발제도를 통해 다양한 이슈가 조기에 발견될 수 있도록 익명성과 보호장치를 한층 더 보완하여 제보자 보호 시스템을 강화할 필요가 있다.

4) 주주 권리 보호 및 소통

• 주주 소통 구조

테슬라는 주주총회, 실적발표(어닝콜), 투자자 대상 이벤트 등을 통해 재무 성과, 신제품 개발, ESG 전략을 공유한다. 여기서 CEO의 SNS 활동(Twitter 등)도 큰 역할을 하지만, 이는 주주 소통이 개인 브랜드에 과도하게 의존할 수 있다는 지적이 있다.

• 주주 환원 정책

전기차·에너지 분야 확장을 위한 R&D 투자, 신공장 건설이 우선시되어 배당금 정책은 미비하며, 주주가치는 주로 주가 상승을 통해 반영된다. 또한, 장기 성과 중심의 경영 전략에 동의하는 기관 투자자들이 지분을 많이 보유하고 있으며, 스타트업 문화와 대기업 지배구조가 혼재한 형태로 운영된다.

• 보완 사항

장기 비전 중심의 소통을 강화하여 신제품과 혁신에만 집중하기보다는 주주들과 함께 탄소 제로, 배터리 재활용 확대 등의 장기 ESG 목표를 공유하고 그 진행 과정을 추적할 필요가 있다. 또한, CEO의 개인 활동에 의존하기보다는 이사회가 주도적으로 주주와 대화하고 정보를 제공할 수 있는 구조를 만들어 투명성을 높일 수 있다.

5) 사회적 책임 및 지속가능성 경영

• 청정 에너지 전환 및 환경 이니셔티브

전 세계 슈퍼차저(Supercharger) 네트워크에서 재생 가능한 에너지 사용 비율을 높여 전기차 운행 시 발생하는 간접 탄소 배출을 줄이려 노력하고 있으며, 2023년에는 거의 100% 재생 에너지 사용을 달성했다고 발표했다. 또한, 전기차와 에너지 저장 장치에서 사용되는 배터리를 추적하고 수거하여 재활용 공정을 통해 자원을 재사용함으로써 폐기물과 환경 오염을 최소화하고 있다.

• 사회적 책임 활동

직원과 지역사회를 대상으로 한 기술 교육, 장학금 지원, STEM 분야 학교 및 대학과의 연계 프로그램 등을 통해 미래 인재 양성에 기여하고 있다. 또한, 여성과 소수자의 참여를 확대하고 공정한 보상 체계를 마련하며, 임직원의 경력 개발을 체계적으로 지원함으로써 다양성과 포용성을 증진시키고 있다.

- 보완 사항

신규 공장 설립 시 지역 주민 및 단체와의 사전 협의, 환경 영향 평가 공개 등 상호 소통을 더욱 체계화하여 지역사회와의 협력을 강화할 필요가 있다. 또한, STEM 교육과 지역사회 투자 등의 사회공헌 활동이 실제로 어떤 변화를 만들어냈는지 정량적 KPI를 수립하고 모니터링하여 사회공헌 성과를 정량화할 필요가 있다.

6) 보상 및 성과 관리

- 성과 지표 연계

에너지 효율성, 배출 감소, 재활용 비율, 혁신도 등의 지속가능성 목표 달성 여부를 보상 체계에 반영하고 있다. 또한, 임원 보상은 스톡옵션과 주식 등 장기 인센티브 중심으로 구성되어 기업가치 상승과 친환경 혁신 성과가 연계되도록 설계되었다.

- 조직문화와 동기부여

전기차와 배터리 기술 개발에 대한 직원들의 열정이 높으며, 회사 내부에서 친환경과 혁신 문화가 강조되고 있다. 또한, 팀별로 설정된 ESG 목표 달성 시 별도 인센티브를 제공하여 연구개발, 제조, 판매 등 전 부서가 기후 대응에 기여할 수 있도록 독려하고 있다.

• 보완 사항

임직원들이 회사의 급격한 확장과 사업 변동성 속에서도 안정적으로 근무할 수 있도록 장기 근속과 복지 제도를 통해 안전망을 확충해야 한다. 또한, 성과 평가 및 보상 결정 과정에서 충분한 내부 커뮤니케이션을 제공하고 ESG 성과에 대한 측정과 점검 방식을 명확히 하여 평가의 투명성을 높여야 한다.

7) 결론 및 시사점

테슬라는 청정 에너지 전환과 전동화 혁신을 통해 기후 위기에 적극 대응하는 대표적 기업으로, 자동차 산업뿐만 아니라 글로벌 에너지 시장에 큰 변화를 가져오고 있다. 전기차, 배터리 저장 솔루션, 태양광 등 다양한 제품·서비스 라인업을 확보하여 화석연료 의존도를 낮추는 데 기여하고 있으며, ESG 거버넌스 체계를 통해 이를 체계적으로 추진한다는 점이 특장점이다.

• 거버넌스 측면

이사회에는 기술·에너지 분야 전문가가 참여해 제품 혁신과 지속가능성을 동시에 추구하지만, CEO에 대한 의존도가 높아 독립성 확보가 중요 과제로 남아 있다. 감사 및 리스크 관리 시스템은 기후 회복력, 공급망 윤리, 배출 감축 등 주요 ESG 리스크를 통합적으로 다루며, 탄소 중립 목표(2023년 전사적 달성, 2040년 순탄소 제로)를 엄격히 감독한다.

• ESG 통합 경영

윤리적 공급망(코발트·리튬 등 핵심 광물)과 준법 프로그램을 운영해, 배터리·전기차 전 과정에서 인권 및 환경 책임을 준수하려 한다. 사회적 책임 측면에서는 글로벌 충전 인프라(Supercharger)를 재생 에너지화하고, STEM 교육 투자·직원 다양성 확대 등 다양한 활동을 펼치고 있다.

• 향후 과제

이사회의 독립성을 강화하기 위해 CEO와 경영진의 단독 의사결정에 대한 견제를 위해 외부 이사와 ESG 전문가의 권한을 더욱 확대해야 한다. 또한, 에너지·광물 자원 부족, 기후변화, 국제 분쟁 등의 리스크를 실시간으로 파악하고 관리할 수 있는 데이터 기반 시스템을 구축하여 공급망 전 과정에 대한 모니터링을 고도화해야 한다. 더불어, 혁신 속도에만 치중하기보다는 임직원의 복지, 교육, 장기 근속 프로그램을 보강하여 안정적인 내부 운영 기반을 마련함으로써 장기 성과와 조직 안정성의 조화를 이루어야 한다.

테슬라는 2024년 ESG 보고서를 통해 지속가능성을 추구하는 리더십을 재확인하고, 윤리적 거버넌스·환경 보호 실천을 한층 강화해 보다 청정하고 회복력 있는 미래를 지향한다는 비전을 공표했다. 이는 전동화·청정 에너지로의 전환이 단순한 마케팅 수단을 넘어, 기업의 근본적인 사업 모델과 사회적 가치 창출을 결합할 수 있음을 보여준다.

결국 테슬라 사례는 '기술 혁신'과 '지속가능성'이 어떻게 시너지를 낼 수 있는지 잘 보여주며, 풀무원·오뚜기 등과 마찬가지로 핵심 사업 역량(전기차·배터리)을 ESG 가치(기후 변화 대응, 공급망 윤리, 지역사회 기여 등)와 밀접히 연결해야 함을 시사한다. 향후에도 거버넌스 체계의 투명성과 독립성을 강화하고, 장기적 비전과 기업 문화를 융합한다면, 테슬라는 더욱 완성도 높은 ESG 경영 모델로 자리잡을 것으로 기대된다.

풀무원

(1) 회사 소개

풀무원의 이야기는 한 기업이 어떻게 건강과 지속가능성을 중심으로 성장할 수 있는지를 보여주는 훌륭한 예시다. 1981년 원경선 회장이 설립한 이 회사는 단순한 식품 기업을 넘어 LOHAS(Lifestyles of Health and Sustainability) 철학을 기업 전략의 핵심으로 삼아 ESG 경영의 선두주자로 자리매김했다.

그림 4. 풀무원의 친환경 케어

건강한 식품, 건강한 지구

풀무원의 성공 비결은 단순했다. 사람들이 매일 먹는 음식에 집중한 것이다. 두부, 콩나물부터 시작해 생면, 만두, 김치 등 다양한 식물성 식품을 개발하며 한국인의 식탁을 건강하게 만들었다. 이는 단순히 맛있는 음식을 만드는 것을 넘어, 건강한 식생활을 통해 개인과 지구의 건강을 동시에 추구하는 철학이었다.

지속가능성을 위한 혁신

풀무원의 ESG 경영은 제품 개발에만 그치지 않았다. 회사의 모든 사업 부문에서 지속가능성을 고려했다. 예를 들어, 음식과 생활 서비스 부문에서는 단순히 음식을 제공하는 것이 아니라, 건강한 식습관을 촉진하는 방식으로 서비스를 설계했다. 소비자 직접 판매 사업은 신선한 제품을 더 효율적으로 배달함으로써 식품 낭비를 줄이는 데 기여

그림 5. 지구환경을 생각하는 풀무원

했다.

글로벌 확장, 로컬 가치

풀무원은 한국을 넘어 미국, 중국, 일본으로 사업을 확장하며 글로벌 기업으로 성장했다. 하지만 이 과정에서도 각 지역의 특성을 고려한 제품을 개발하고, 현지 농가와 협력하는 등 지역 사회와의 상생을 추구했다. 이는 글로벌 기업으로서의 성장과 지역 사회에 대한 책임을 동시에 달성하는 ESG 경영의 좋은 사례다.

중소기업이 배울 점

풀무원의 사례는 대기업뿐 아니라 중소기업에게도 많은 시사점을 준다. 첫째, 명확한 철학과 가치관이 중요하다. 풀무원은 LOHAS라는 철학을 중심으로 모든 사업 결정을 내렸다. 둘째, 점진적이고 지속적인 혁신이 필요하다. 풀무원은 두부와 콩나물이라는 단순한 제품으로 시작해 점차 제품군을 확대했다. 셋째, 지역 사회와의 상생이 중요하다. 풀무원은 글로벌 확장 과정에서도 현지화 전략을 통해 각 지역 사회와 긍정적인 관계를 유지했다.

풀무원의 성공은 ESG 경영이 단순한 트렌드가 아닌 기업의 지속가능한 성장을 위한 필수 요소임을 보여준다. 중소기업들도 자신의 규모와 상황에 맞는 ESG 전략을 수립하고 실천한다면, 장기적으로 큰 성과를 얻을 수 있을 것이다.

(2) 풀무원을 사례 기업으로 선정하게 된 이유

지배구조의 핵심인 투명성과 윤리

풀무원은 투명성, 공정성, 책임을 경영의 DNA로 삼았다. 이는 단순한 구호가 아니라 실제 행동으로 나타났다. 회사는 ESG 원칙을 의사결정 과정에 깊이 통합했고, 이를 통해 윤리적 기업 지배구조의 모범이 되었다.

구체적으로, 풀무원은 잘 짜인 거버넌스 시스템을 구축했다. 이사회는 단순히 거수기 역할을 하는 것이 아니라, 실질적인 경영 감독과 전략 수립에 참여한다. 또한, 회사는 매년 상세한 ESG 보고서를 발간하여 투자자와 이해관계자들에게 회사의 ESG 관련 위험과 기회를 투명하게 공개한다. 이러한 노력의 결과, 풀무원은 S&P CSA 식품 부문 글로벌 Top 5에 진입했고, 한국기업지배구조원 평가에서 지속적으로 A+ 등급을 받았다. 이는 중소기업들에게 좋은 거버넌스가 단순히 대기업만의 전유물이 아님을 보여주는 좋은 예시다.

• 환경 지속가능성: 미래를 위한 투자

풀무원의 환경 경영은 '친환경 케어(Eco-Caring)' 전략으로 요약된다. 이는 단순히 환경 규제를 준수하는 수준을 넘어, 적극적으로 환경 문제 해결에 기여하는 것을 목표로 한다.

회사는 식물성 식품 개발에 주력하고, 친환경 포장재를 도입하며, 지속가능한 자원 관리에 힘쓴다. 예를 들어, 풀무원은 2035년까지 플라스틱 사용량을 20% 줄이겠다는 목표를 세웠다. 또한, 수자원 관리에도 힘써 용수 효율을 크게 높였고, 환경 오염물질 배출 기준을 법적

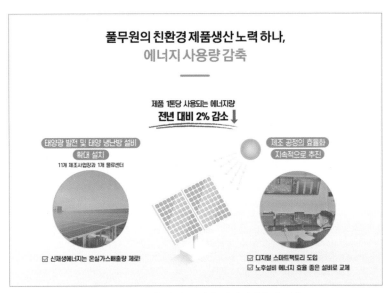

그림 6. 지구의 미래를 위한 에너지사용량 감축

요구 수준의 50% 미만으로 관리하는 것을 목표로 관리하고 있다.

이러한 노력은 LOHAS(Lifestyles of Health and Sustainability) 철학에 기반을 둔다. 풀무원은 이 철학을 통해 비즈니스 전략이 인간과 지구의 건강을 동시에 고려하도록 만들었다.

• 사회적 책임: 이해관계자와의 상생

풀무원의 사회적 책임은 '이웃사랑'과 '생명존중'이라는 창립 정신에서 출발한다. 회사는 이를 현대적 의미의 ESG로 발전시켜 왔다.

특히 주목할 만한 것은 풀무원의 인권경영이다. 회사는 '사람존중경영 선언문'을 발표하고, 이를 실천하기 위한 구체적인 정책들을 수립했다. 예를 들어, 풀무원은 협력업체에도 풀무원 사람존중경영 실천을 위한 '협력기업 행동규범'을 적용하여 공급망 전체에서 인권이 존중되

Pulmuone

풀무원 사람존중경영 선언문

우리의 다짐

풀무원은 바른먹거리로 사람과 지구의 건강한 내일을 만드는 기업입니다.
우리는 모든 경영활동에서 사람의 존엄과 가치를 중시하고 사회적 책임을 다하기 위해

- 세계인권선언(The Universal Declaration of Human Rights),
- UN 기업과 인권 이행지침(UN Guiding Principles on Business and Human Rights)
- 경제협력개발기구 가이드라인(OECD Guidelines for Multinational enterprises),
- 유엔글로벌콤팩트 10대 원칙(UNGC, UN Global Compact) 10대 원칙),
- 유엔아동권리협약(UN Convention on the Rights of the Child),
- 국제노동기구(International Labour Organization) 8대 핵심협약 등에 입각한

국제 인권 및 노동 기준을 공식적으로 지지하며 사업을 영위하는 모든 국가 및 지역의 노동법을 준수합니다.
사람존중경영 선언은 풀무원의 전체 사업활동에 있어서 사람존중 책임 실천 및 모든 이해관계자 인권보호의 기반이 되며,
풀무원은 사람존중경영 추진을 위해 다음 사항을 준수합니다.

우리의 책임

풀무원 사람존중 정책의 적용 대상은 풀무원 구성원이며, 모든 이해관계자 및 비즈니스 파트너사와 거래 시에도
풀무원 기업사회책임 원칙에 기반한 사람존중경영 정책을 따릅니다.
풀무원은 비즈니스 파트너사가 인권 관련 국제기준과 풀무원 사람존중경영 정책을 존중하도록 제안하고, 더 나아가
본 강령을 고객 등 풀무원 사업활동에 직접적인 영향을 받는 모든 이해관계자에게 공유하여 인식개선 및 확산에 기여합니다.

그림 7. 풀무원의 사람존중경영 선언문

도록 노력하고 있다.

또한, 풀무원은 소비자 건강을 위한 제품 혁신에도 힘쓴다. 2006년 국내 식품업계 최초로 9대 영양소 성분을 모두 표기하는 완전표시제를 도입한 것이 좋은 예다.

• 중소기업이 배울 점

풀무원의 사례는 중소기업에게 많은 시사점을 준다. 첫째, ESG는 대기업만의 전유물이 아니다. 둘째, ESG 경영은 단기적 비용이 아니라 장기적 투자다. 셋째, 진정성 있는 ESG 경영은 기업의 평판과 가치

를 높이는 데 큰 도움이 된다.

물론 모든 중소기업이 당장 풀무원 수준의 ESG 경영을 실천하기는 어려울 것이다. 하지만 각자의 상황에 맞게 점진적으로 ESG 원칙을 도입하고 실천해 나간다면, 그것이 곧 지속가능한 성장의 밑거름이 될 것이다.

풀무원의 ESG 경영 사례는 기업의 사회적 책임과 경제적 성과가 결코 상충되지 않음을 보여준다. 오히려 ESG 경영은 기업의 장기적 성장과 생존을 위한 필수 요소가 되어가고 있다. 중소기업들도 이러한 흐름에 주목하고, 각자의 방식으로 ESG 경영을 실천해 나가야 할 때다.

(3) 거버넌스 차원의 기업 분석

1) 이사회 구성 및 독립성

• 다양성 확보

풀무원 이사회의 가장 눈에 띄는 특징은 다양성이다. 총 11명의 이사 중 8명이 사외이사로, 이는 전체의 72.7%를 차지한다. 이는 법적 요구사항인 50%를 훌쩍 뛰어넘는 수치다. 또한 여성 이사의 비율이 27.3%로, 국내 평균을 상회한다. 하지만 글로벌 기준에서 보면 아직 개선의 여지가 있다. 세계적으로는 30-40%의 여성 이사 비율을 권장하기 때문이다. 다른 기업들도 이 점을 참고해 더 다양한 이사회 구성을 고민해볼 필요가 있다.

• 독립성 보장

풀무원은 엄격한 기준을 통해 사외이사의 독립성을 보장한다. 최근 고용 관계, 금전적 이해관계, 대주주와의 중요한 관계가 있는 개인은 사외이사가 될 수 없다. 이는 공정한 의사결정을 위한 중요한 장치다. 그러나 한국의 문화적 특성상, 합의를 중시하는 경향이 있어 때로는 비판적인 의견 제시가 어려울 수 있다. 기업들은 이런 문화적 장벽을 인식하고, 열린 토론 문화를 만들어가는 노력이 필요하다.

• 보완 사항

혁신, 디지털 전환, 글로벌 시장 확장 같은 새로운 영역의 전문가가 부족하다. 이는 급변하는 비즈니스 환경에서 약점이 될 수 있다. 중소기업들은 이 점을 주목해야 한다. 전통적인 경영 분야뿐만 아니라, ESG, 디지털 기술, 글로벌 비즈니스 등 새로운 영역의 전문가를 이사회에 영입하는 것이 중요하다. 이를 통해 기업은 미래의 도전에 더 잘 대비할 수 있다.

매년 이사회 성과 평가를 실시하고 있지만 이 평가가 주로 절차적 효율성에 초점을 맞추고 있어, ESG 전략 같은 질적 측면의 평가가 부족하다. 또한 이사들을 위한 교육 프로그램이 있지만, 기후 위험, 디지털 혁신 같은 고급 주제를 다루지 못하고 있다. 기업들은 이런 점을 참고해, 단순한 형식적 평가를 넘어 실질적인 성과를 측정할 수 있는 평가 시스템을 구축해야 한다. 또한 이사들의 역량을 지속적으로 강화할 수 있는 심도 있는 교육 프로그램을 마련하는 것이 중요하다.

2) 감사 및 리스크 관리 체계

• 감사위원회 독립성과 적극성

풀무원의 감사위원회는 전원 사외이사로 구성되어 독립성을 확보했다. 2023년에 8회나 개최되었고, 95%의 높은 참석률을 보였다는 점은 위원들의 적극적인 참여를 보여준다. 이는 기업들에게 시사하는 바가 크다. 규모가 크건 작건 독립적이고 적극적인 감사 기능을 갖추는 것이 중요하다는 점이다.

• 광범위하고 체계적인 내부 감사

풀무원은 31개 자회사 전체를 대상으로 내부 감사를 실시했다. 이는 그룹 전체의 리스크를 종합적으로 관리하려는 노력이다. 다른 기업들도 자회사나 사업부서별로 체계적인 내부 감사를 실시할 필요가 있다. 특히 운영 효율성, 규제 준수, ESG 리스크 등 핵심 영역에 집중하는 것이 효과적이나.

• 투명성이 강화된 내부 고발 시스템

사이버 감사실을 통해 200건 이상의 신고를 처리했다는 점은 주목할 만하다. 이는 조직 내 문제를 조기에 발견하고 해결할 수 있는 중요한 채널이다. 기업에서는 규모에 맞는 내부 고발 시스템을 구축하여 투명성을 높이고 리스크를 사전에 관리할 수 있다.

• 체계적인 위험 평가

매년 300개 이상의 시나리오를 평가하는 풀무원의 위험 평가 방식은 매우 체계적이다. 기업들은 이를 참고하여 자사의 상황에 맞는 위험 시나리오를 개발하고 정기적으로 평가할 필요가 있다. 특히 식품 안전, 사이버 보안, 환경 규정 준수 등 핵심 영역에 집중하는 것이 효과적이다.

• 엄격한 공급업체 관리

풀무원은 모든 주요 공급업체를 대상으로 감사를 실시하고, 문제가 있는 경우 3개월 내 시정 조치를 요구했다. 이는 공급망 전체의 리스크를 관리하는 효과적인 방법이다. 이를 참조하여 기업들은 핵심 공급업체에 대해 정기적인 감사와 개선 요구를 해서 리스크를 관리할 필요가 있다.

• 전사적 컴플라이언스 교육

98%의 높은 참여율을 보인 컴플라이언스 교육은 조직 문화를 바꾸는 핵심 도구다. 이러한 점을 참조하여 다른 기업들도 정기적인 교육을 통해 윤리 의식을 높이고 리스크 관리 능력을 향상시킬 수 있다. 특히 부패방지, 정보보호, 공정거래 등 핵심 주제에 집중하는 것이 효과적이다.

• 보완 사항

실시간 모니터링, AI 기반 분석, 블록체인 기술 등을 도입하여 시스템을 강화하면 더욱 효과적인 리스크 관리가 가능할 것이다. 또한, 평판 리스크나 ESG의 장기적 영향 등 비재무적 리스크에 대한 관심도 높일 필요가 있다. 교육 내용도 AI 윤리, 글로벌 ESG 동향 등으로 확대하여 미래 리스크에 대비할 수 있다.

3) 윤리적 경영 및 준법 경영

• 윤리경영의 기본 틀 만들기

풀무원은 '바른마음경영 실천지침'(Code of Practice)이라는 명확한 지침을 만들었다. 이는 직원들이 일상에서 마주치는 윤리적 딜레마에 대한 가이드라인 역할을 한다. 일반 기업들도 자사의 상황에 맞는 간단한 행동강령을 만들 수 있다. 이 강령에는 이해충돌, 뇌물 수수, 기밀 정보 취급 등에 대한 기본적인 지침이 포함되어야 한다.

• 윤리경영 전담 조직 운영

사내에 준법지원실 같은 전문 조직을 두고 있으며 사람존중경영원칙을 제정하여 조직원 뿐만 아니라 모든 협력기업까지 그 적용범위를 확대하여 공급망 전반으로 확대하고 있다. 기업의 규모가 작아 별도의 부서를 만들기 어렵다면, 최소한 윤리경영 담당자를 지정하는 것이 좋다. 이 담당자는 윤리 관련 이슈를 모니터링하고, 직원들의 고충을 처리하는 역할을 할 수 있다.

• 내부 고발 시스템 구축

사이버 감사실은 익명으로 윤리 위반을 신고할 수 있는 플랫폼이다. 플랫폼이 없는 기업이라면 이메일이나 온라인 폼 등을 활용해 간단한 내부 고발 시스템을 만들 수 있다. 중요한 것은 신고자의 익명성을 보장하고, 신고에 대해 신속하게 대응하는 것이다.

• 윤리교육 프로그램 운영

직원의 100%에 가까운 참여율로 준법교육을 실시했다. 다른 기업들도 정기적인 윤리교육을 실시할 필요가 있다. 온라인 강의나 외부 전문가 초청 강연 등 다양한 방법을 활용할 수 있다. 교육 내용은 부패 방지, 공정거래, 직장 내 괴롭힘 방지 등 기본적인 주제부터 시작하면 좋다.

• 윤리경영을 기업문화로 만들기

윤리경영을 기업문화로 정착시키기 위해 윤리 준수 여부를 직원들의 성과평가에 반영한다. 이는 윤리경영이 단순한 구호가 아니라 실제 업무의 일부임을 보여준다. 기업들은 윤리적 행동을 장려하고 비윤리적 행동을 제재하는 문화를 만들어야 한다. 예를 들어, 윤리적 행동을 한 직원을 공개적으로 칭찬하는 것도 좋은 방법이다.

• 보완 사항

풀무원의 윤리경영 시스템도 완벽하지는 않다. ESG 관련 새로운 윤리적 이슈들을 충분히 다루지 못하고 있고, 실시간 모니터링 시스템이 부족하다는 지적이 있다. 기업들은 자사의 윤리경영 시스템을 정기적으로 점검하고 개선해 나가는 노력이 필요하다.

윤리경영은 더 이상 대기업만의 과제가 아니다. 오히려 중소기업이 윤리경영을 실천할 때 얻을 수 있는 이점이 더 크다고 할 수 있다. 신뢰받는 기업이라는 평판은 장기적으로 기업의 성장에 큰 도움이 된다. 풀무원의 사례를 참고하되, 각 기업의 상황에 맞는 윤리경영 시스템을 구축하고 꾸준히 실천해 나가는 것이 중요하다.

4) 주주 권리 보호 및 소통

• 투명한 지배구조

주주의 권리를 보호하기 위해 투명한 지배구조를 구축했으며 모든 주주에게 동등한 의결권을 부여하고, 주요 의사결정에 주주들이 참여할 수 있도록 했다. 2023년 정기주주총회에서 모든 안건이 만장일치로 승인된 것은 이러한 노력의 결과다. 다른 기업들도 이를 참조하여 주주총회를 형식적인 절차로 여기지 말고, 실질적인 의사결정의 장으로 만들어야 한다. 주주들에게 충분한 정보를 제공하고, 그들의 의견을 경청하는 자세가 필요하다.

• 소통의 다양한 채널 구축

주주와의 소통을 위해 IR 포털과 공식 홈페이지 등 다양한 채널을 활용한다. 실시간 업데이트를 제공하고, 정기적인 IR 브리핑을 진행한다. 또한 지속가능성 보고서를 발행하여 ESG 성과를 공유하고 있다. 중소기업의 경우, 대규모 IR 행사를 하기는 어렵겠지만, 정기적인 뉴스레터나 이메일 업데이트를 통해 주주들과 소통할 수 있다. 회사의 주요 결정사항이나 성과를 투명하게 공개하는 것이 중요하다.

• 디지털 플랫폼의 활용

디지털 플랫폼을 통해 주주들이 재무제표, 지속가능성 보고서 등에 쉽게 접근할 수 있도록 했다. 이는 정보의 비대칭성을 줄이고 투명성을 높이는 좋은 방법이다. 기업들은 간단한 웹사이트나 모바일 앱을 통해 주요 정보를 공개할 수 있다. 기술의 발전으로 이러한 플랫폼 구축 비용이 많이 낮아졌으므로, 규모가 작은 기업도 충분히 시도해볼 만하다.

• 주주 참여 지표의 도입

주주와의 소통 노력을 객관적으로 평가하기 위해, 주주 참여 지표를 도입하는 것도 좋은 방법이다. 예를 들어, 주주총회 참석률, 온라인 플랫폼 이용률, 주주 제안 건수 등을 지표로 삼을 수 있다. 이러한 지표를 통해 회사의 노력을 정량화하고, 지속적으로 개선해 나갈 수 있다. 기업들이 이런 지표를 관리하면, 주주와의 관계 개선에 큰 도움이 될 수 있다. 주주 권리 보호와 소통은 기업의 규모와 관계없이 모든 기업이 신경 써야 할 중요한 부분이다.

• 보완 사항

주주 권리 보호 차원에서 아쉬운 점은 소액주주의 의견을 수렴할 구체적인 메커니즘이 부족하다는 것이다. 이런 점에서 중소기업은 오히려 실천하기에 유리한 점이 있다. 예를 들어, 주주총회 전에 온라인으로 의견을 수렴하거나, 소액주주 대상의 간담회를 정기적으로 개최할 수 있다. 이를 통해 다양한 의견을 듣고, 회사의 의사결정에 반영할 수 있다.

5) 사회적 책임 및 지속가능성 경영

• 사람존중 경영

사회적 책임을 위한 노력은 '사람존중' 경영방침에서 출발한다. 이는 단순한 구호가 아니라 구체적인 정책과 제도로 이어진다. 예를 들어, 직원의 62%가 사용하는 육아휴직 연장, 30% 이상이 도입한 유연근무제 등은 일과 삶의 균형을 실제로 개선하는 정책이다.

기업들은 규모에 맞게 유연근무제를 도입하거나, 육아휴직을 적극 권장하는 문화를 만드는 것부터 시작할 수 있다. 중요한 것은 '사람존중'이라는 가치를 실제 정책으로 구현하는 것이다.

• 구체적 목표 설정을 통한 지속가능경영

풀무원은 2035년까지 플라스틱 사용량 20% 감축이라는 구체적인 장기 목표를 세웠다. 2023년에는 연간 목표인 180톤을 초과한 182.7 톤의 플라스틱 사용량 감축을 달성했다.

다른 기업들도 이런 방식으로 접근할 수 있다. 예를 들어, '3년 내 종이 사용량 30% 감축' 같은 구체적이고 측정 가능한 목표를 세우는 것이다. 중요한 것은 목표를 세우고, 그 진행 상황을 지속적으로 추적하는 것이다. 많은 기업들이 목표는 세우지만 그 이후의 실행에 대한 지속적 관심과 피드백이 부족하다.

• 전문성 활용한 지역사회 참여

풀무원 재단은 2023년에 영양, 건강한 식습관, 환경 지속가능성 등을 주제로 120회 이상의 교육을 진행했다. 이는 풀무원의 핵심 비즈니스와 밀접하게 연관된 주제다.

기업들은 자신의 전문 분야를 활용해 지역사회에 기여할 수 있다. IT 기업이라면 지역 학생들에게 코딩 교육을 제공할 수 있고, 제조업체라면 직업 훈련 프로그램을 운영할 수 있다. 중요한 것은 기업의 강점을 활용해 지역사회에 실질적인 도움을 주는 것이다. 이때 기업에서 제공할 수 있는 서비스가 아니라 지역사회에서 필요로 하는 것을 제공하는 것이 중요하다.

• 건강 중심의 직원 복지

직원들의 신체 건강 증진을 위한 프로그램을 운영하고 있다. 2,100명의 직원이 참여한 이 프로그램은 대사증후군 참가자의 37%에게 측정 가능한 개선을 가져왔다. 그러나 정신 건강과 경력 개발 부분에서는 아직 개선의 여지가 있다. 이는 중소기업들이 주목해야 할 점이다. 직원들의 신체 건강뿐만 아니라 정신 건강, 그리고 장기적인 경력 개발까지 고려하는 종합적인 복지 프로그램을 개발하는 것이 중요하다.

• 보완 사항

먼저 사회적 책임 활동의 장기적 영향을 평가할 수 있는 체계가 필요하다. 예를 들어, 환경 보호 활동이 실제로 어떤 변화를 가져왔는지 측정하는 것이다. 두 번째는 신체 건강뿐만 아니라 정신 건강, 경력 개발까지 포함하는 종합적인 복지 프로그램을 개발해야 한다. 마지막으로 지역 중심의 활동을 넘어, 글로벌 지속가능성 과제 해결을 위한 국제 파트너십을 구축할 필요가 있다.

풀무원의 사례는 사회적 책임과 지속가능경영이 대기업만의 전유물이 아님을 보여준다. 중소기업도 자신의 규모와 상황에 맞게 이러한 원칙을 적용할 수 있다. 중요한 것은 구체적인 목표를 세우고, 지속적으로 실천하며, 그 결과를 측정하고 개선해 나가는 것이다. 이러한 노력은 장기적으로 기업의 가치를 높이고, 지속가능한 성장을 가능케 하는 핵심 요소가 될 것이다.

6) 보상 및 성과관리

• 성과와 보상의 연계

CEO부터 일반 직원까지 모든 구성원의 보상을 성과와 연계했다. 예를 들어, CEO의 보상(총 보수 9억 700만 원) 중 37.2%가 성과급이다. 이는 경영진의 이해관계를 회사의 성과와 일치시키는 효과적인 방법이다.

다른 기업들도 이런 접근을 할 수 있다. 모든 직원의 보상을 고정급과 변동급으로 나누고, 변동급을 개인과 팀의 성과에 연동시키는 것이다. 구체적인 내용은 기업의 특성에 따라 다르겠지만 이렇게 하면 직원들이 회사의 목표 달성에 더 큰 관심을 갖게 된다.

• 체계적인 성과 평가

'CfS(Career for Success)' 모델을 통해 체계적인 성과 평가를 실시한다. 이 모델은 개인의 목표와 조직의 목표를 일치시키고, 측정 가능한 결과에 초점을 맞춘다.

다른 기업들도 이런 체계적인 성과 평가 시스템을 도입할 필요가 있다. 목표 설정, 중간 점검, 최종 평가로 이어지는 프로세스를 만들고, 평가 기준을 명확히 하는 것이 중요하다. 이를 통해 직원들은 자신의 성과가 어떻게 평가되는지 명확히 알 수 있고, 이는 동기부여로 이어진다.

• 인재 개발과 유지

직원들의 복지와 능력 개발에 많은 투자를 하고 있다. 유연근무제, 장기근속자 보상 등 다양한 프로그램을 운영한다.

다른 기업들도 규모에 맞는 복지 프로그램을 개발할 수 있다. 예를 들어, 유연근무제 도입, 정기적인 교육 프로그램 제공, 소규모 웰니스 프로그램 운영 등이 가능하다. 이런 노력은 직원들의 만족도를 높이고, 결과적으로 회사의 성과 향상으로 이어진다.

• 보완 사항

성별 임금 격차는 풀무원에서도 여전히 존재하는 문제로, 기업들은 처음부터 이 문제에 주의를 기울여 공정한 보상 체계를 구축해야 한다. 풀무원의 장기 인센티브 프로그램은 주로 고위 경영진에 집중되어 있어, 기업들은 모든 직급의 직원들에게 적용될 수 있는 인센티브 프로그램을 개발할 필요가 있다. 또한, 풀무원의 성과 평가는 주로 정량적 지표에 집중되어 있어, 기업들은 혁신, 팀워크, 리더십 등 질적인 요소도 평가에 포함시켜야 한다. 마지막으로, 풀무원도 직원 유지에 어려움을 겪고 있어, 처음부터 직원들의 장기적인 성장 경로를 제시하고 지속적인 동기부여 방안을 마련해야 한다.

현대모비스

(1) 회사 소개

현대모비스의 ESG 경영 분석을 통해 한국 제조기업 특히 유럽으로 수출하는 중소·중견기업들은 여러 가지 활동을 참고할 만하다. 대기업의 규모로 하는 활동을 그대로 따라 할 순 없겠지만, 그 핵심 원칙과 접근 방식은 어떤 규모의 기업이라도 적용할 수 있다.

그림 8. 현대모비스의 섀시 모듈 홈페이지

미래를 내다보는 안목

현대모비스는 전기차와 수소연료전지차 같은 진환성 자동차 기술에 과감히 투자했다. 그 결과 2023년에는 이 부문이 전체 매출의 25% 이상을 차지할 정도로 성장했다. 중소기업도 현재 하고 있는 사업을 분류해보고 자신의 분야에서 미래 트렌드를 파악해보면 어떤 제품이나 서비스를 발전시켜 나가는 것이 유리할지 알 수 있다.

혁신은 안전에서 시작된다

IT 기술의 발전과 함께 자율주행 기술 개발에 앞장서고 있다. 이는 단순히 편리함을 넘어 안전한 운전 환경을 만드는 데 초점을 맞추고 있다. 중소기업도 자사 제품이나 서비스가 어떻게 고객의 안전과 편의를 높일 수 있을지 고민해볼 필요가 있다.

모듈화를 통한 효율성의 극대화

기존에 자동차 부품단위로 관리하던 것을 모듈 단위로 생산 관리하면서 효율성을 높였다. 이는 제조 과정을 단순화하고 품질을 일정하게 유지하는 데 도움이 된다. 중소기업 입장에서 모듈화는 어려운 일이지만 생산단위를 모듈화 개념으로 접근해본다면 새로운 사업 기회를 만들 수 있을 것이다.

고객과의 지속적인 관계 형성

애프터마켓 서비스에도 큰 힘을 쏟고 있다. 이는 단순히 제품을 판매하는 것에서 끝나지 않고, 지속적으로 고객과 관계를 유지하는 것의 중요성을 보여준다. 고객은 한번 구매하고 끝나는 것이 아니라 여러 가지 관점에서 지속적으로 관계를 맺게 되고 향후 재구매 고객 및 중요한 홍보 역할을 해 줄 수 있다.

미래를 위한 투자

현대모비스는 친환경 소재와 제조 공정을 도입하는 등 지속가능성에 큰 관심을 기울이고 있다. 이는 단기적으로는 비용이 들 수 있지만, 장기적으로는 기업의 경쟁력을 높이는 요소가 된다. 중소기업도 자신의 규모에 맞는 지속가능한 경영 방식을 찾아 적용해 나가는 것이 중요하다.

현대모비스의 사례는 미래를 내다보는 안목, 안전과 혁신의 결합, 효율성 추구, 고객과의 지속적인 관계 유지, 그리고 지속가능성에 대한 투자가 얼마나 중요한지를 보여준다. 중소기업들도 이러한 원칙을 자신의 상황에 맞게 적용한다면, 빠르게 변화하는 비즈니스 환경에서 경쟁력을 유지하고 성장해 나갈 수 있을 것이다.

(2) 현대모비스를 사례 기업으로 선정하게 된 이유

신뢰 기반의 독립적이고 투명한 이사회

이사회의 가장 눈에 띄는 특징은 독립성과 투명성이다. 총 9명의 이사 중 5명이 사외이사로, 이는 전체의 55.6%를 차지한다. 이는 법적 요구사항을 훌쩍 뛰어넘는 수치다. 사외이사 비중을 높게 한다는 것은 경영차원에서 부담이 될 수 있다. 그럼에도 불구하고 이사회의 독립성을 강화하기 위한 이런 조치는 다른 기업의 모범이 되고 있다. 중소기업에서 적용한다면 외부 전문가를 자문위원으로 영입하거나, 중요한 의사결정에 독립적인 제3자의 의견을 구하는 것이다. 중요한 것은 다양한 시각을 통해 의사결정의 균형을 맞추는 것이다.

ESG와 전략의 연계

현대모비스는 ESG 목표를 기업 전략과 긴밀히 연계하고 있다. 2023년에는 27건의 결의안과 10건의 보고사항을 처리하며, ESG 경영 전략, 안전보건활동 실적 등을 중점적으로 다뤘다.

기업에서는 연간 사업 계획을 수립할 때 환경 영향 감소, 직원 복지

향상, 지역사회 기여 등의 ESG 요소를 명시적으로 포함시키는 것이 좋다. ESG를 별도의 활동이 아닌 기업 운영의 핵심 요소로 인식하는 것이 중요하다.

사회적 책임의 확대

협력사와 지역사회를 위한 다양한 프로그램을 운영하고 있다. 26개 협력사에 ESG 컨설팅을 제공하고, 약 140억 원을 사회공헌 활동에 투자했다. 이러한 활동은 모기업 단독으로 사업을 할 수 없고 협력사의 도움이 반드시 필요하기 때문이다.

다른 기업들도 자신의 규모에 맞는 사회적 책임 활동을 할 수 있다. 지역 학교와 협력하여 교육 프로그램을 제공하거나, 지역 환경 정화 활동에 참여하는 것도 좋은 방법이다. 중요한 것은 기업이 속한 커뮤니티와 긍정적인 관계를 구축하는 것이다.

현대모비스의 사례는 ESG 경영이 단순한 트렌드가 아닌 기업의 지속가능한 성장을 위한 필수 요소임을 보여준다. 중소기업들도 자신의 규모와 상황에 맞게 이러한 원칙을 적용한다면, 장기적으로 큰 경쟁력을 얻을 수 있을 것이다. 핵심은 투명성, 전략적 접근, 그리고 사회와의 상생이다. 이 세 가지 원칙을 바탕으로 ESG 경영을 실천한다면, 규모에 상관없이 모든 기업이 지속가능한 미래를 만들어갈 수 있을 것이다.

(3) 거버넌스 차원의 기업 분석

1) 이사회 구성 및 독립성

• 이사회 구성

이사회는 총 9명으로 구성되어 있다. 이 중 사내이사는 4명, 사외이사는 5명이다. 사외이사 비율은 55.6%로 과반수를 차지하고 있다. 이는 상법상 이사회 구성 요건인 과반수를 충족하는 수준이다. 이사회 구성의 다양성 측면에서 여성 이사 1명(강진아)을 포함하고 있으며, 여성 이사 비율은 11%이다. 또한 미국 국적의 이사 2명(James Kim, Keith Witek)을 포함하고 있어 외국인 이사 비율은 22%이다. 이사회 구성원의 연령은 52~63세로 분포되어 있다.

• 독립성

이사회의 독립성 강화를 위해 여러 조치를 취하고 있다. 사외이사후보추천위원회를 통해 독립성이 검증된 사외이사를 선임하고 있으며 감사위원회는 전원 사외이사로 구성되어 있다. 지속가능경영위원회, 사외이사후보추천위원회, 보수위원회는 과반 이상을 사외이사로 구성하고 있다. 모든 위원회의 위원장은 사외이사로 선임하고 있다. 그러나 이사회 의장은 CEO가 겸임하고 있어 독립성 측면에서 개선의 여지가 있다.

• 전문성

이사회는 자동차산업, 학계, 경영, 기술, 재무, 금융 등 다양한 분야의 전문가로 구성되어 있다. 특히 감사위원회에는 재무 전문가(장영우 감사위원장)를 포함하고 있다. 2024년 3월에는 AI/SW 분야 전문가인

Keith Witek이 신규 선임되어 미래 기술 분야의 전문성을 강화했다.

• 적극적인 이사회 활동

이사회는 2023년에 총 12회 회의를 개최했고, 평균 참석률은 100% 였다. 이는 이사들이 적극적으로 경영 감독에 참여하고 있음을 보여주고 있다. 정기적인 이사회나 자문회의를 통해 주요 의사결정을 검토하고 논의하는 것은 매우 중요하고 이때 형식적인 회의가 아닌, 실질적인 토론과 검토가 이루어질 수 있도록 해야 한다.

• 보완 사항

이사회 구성을 보면 여성 이사의 비율(11%)이 낮고, ESG 전문가가 부족하다. 이사회 구성원의 연령대가 50~60대에 집중되어 있어, 연령 다양성을 높이는 것이 좋을 것이다. 그리고 이사회 의장과 CEO 분리를 통해 이사회의 독립성을 더욱 강화할 필요가 있다.

2) 감사 및 리스크 관리 체계

• 감사체계

경영 전반에 대한 감독 기구로서 감사위원회를 운영하고 있다. 감사위원회는 전원 사외이사로 구성되어 있으며, 재무 전문가(장영우 감사위원장)를 포함하고 있다. 2023년에는 총 6회의 감사위원회가 개최되었으며, 결산 실적, 주요 경영 계획, 정기 주주총회 보고 및 부의 안건 등을 심의하였다. 구성 이사진의 참석률은 100%이다. 감사위원회의 원활한 감사업무를 위해 언제든지 영업에 관한 보고를 요구하거나 회사의 재산상태를 조사할 수 있고, 필요시 관계 임직원 및 외부감사인을 회의에 참석하도록 요구할 수 있다.

- 리스크 관리 체계

전사적 차원의 리스크 관리 체계를 구축하고 있다. CEO 주관, 각 BU/부문장으로 구성된 C-레벨 협의체인 'ESG추진점검회의'에서 연 1회 이상 환경개선 활동 전반의 모니터링 및 환경경영 리스크 점검을 실시한다. 또한, 중장기 환경경영 전략, 환경경영을 위한 거점 구축 계획 등은 이사회 또는 산하 위원회인 지속가능경영위원회에 보고 또는 심의된다. 2023년에는 탄소중립 세부 달성 방안 등의 안건이 지속가능경영위원회에 보고되었으며, 국내외 전동화 신거점 구축 계획 안건이 이사회 심의, 의결되었다.

- 내부 통제 시스템

사이버 감사실을 통해 내부 점검과 외부 제보를 관리한다. 또한 전사적인 컴플라이언스 교육을 통해 윤리 의식을 높인다. 내부회계관리제도를 운영하고 있으며, 2023년 감사위원회의 평가 결과 '내부회계관리제도 설계 및 운영 개념 체계'에 근거하여 중요성의 관점에서 효과적으로 설계 및 운영되고 있다는 평가를 받았다.

- 보완 사항

감사위원회의 활동 내용과 성과 및 각 부문별 리스크 관리 활동과 성과에 대한 더 구체적인 정보 공개가 필요해 보인다. 또한 내부통제 시스템의 운영 성과와 개선 계획에 대한 구체적인 정보 공개가 필요하다.

3) 윤리적 경영 및 준법 경영

• 윤리경영

윤리경영을 기업의 지속가능경영을 위한 필수 경영철학으로 인식하고 있다. 행동강령(Code of Conduct)을 통해 모든 임직원에게 윤리적 판단 기준을 제시했으며 이 강령은 2019년 처음 만들어진 후 2024년에 다시 개정되었다. 또한 준법지원인을 임명하고 실무조직을 구성하여 준법지원활동 계획 및 실적, 임직원 윤리규범 이행결과를 검토하고 이사회에 보고하고 있다.

• 반부패 정책

현대모비스는 금전적 이익의 제공과 수령을 엄격히 금지한다. 위반 시 무관용 원칙을 적용해 중징계를 내린다. 2023년에는 54건의 관련 신고가 있었고, 22건이 징계를 받았다. 다른 기업도 이런 엄격한 기준을 세울 수 있다. 예를 들어, 선물이나 접대에 대한 명확한 기준을 정하고, 이를 어겼을 때의 처벌도 분명히 해두는 것이다.

• 준법 교육 및 통제

안전, 환경, 개인정보 보호 등 주요 영역에 대해 준법 통제를 실시한다. 2023년에는 9,581명의 직원이 정보보호와 반부패 교육을 받았다. 임직원 대상으로 각 담당분야에서 공정거래법규에 저촉되는 행위에 관한 구체적인 사례 교육을 실시하고 있다. 특히 구매·판매부서 등 공정거래 관련 법규위반 가능성이 높은 부서 또는 임직원들의 직책에 따라 적합한 교육을 실시하고 있다.

- 내부 신고 시스템

현대모비스는 '컴플라이언스 헬프라인'이라는 내부 신고 채널을 운영한다. 이 시스템은 신고자의 IP 정보를 남기지 않아 익명성을 보장한다. 2023년에는 137건의 윤리 위반 사례가 이 채널을 통해 처리되었다. 중소기업도 이메일이나 익명 게시판 같은 간단한 시스템으로 시작할 수 있다. 중요한 것은 신고자를 보호하고, 신고 내용을 진지하게 다루는 문화를 만드는 것이다.

- 공정거래

현대모비스는 2023년에 712명의 직원에게 하도급법과 내부 거래 규정에 대한 교육을 실시했다. 또한 협력사와 공정거래 협약을 맺어 공급망의 공정성을 높이고 있다. 중소기업도 협력사와의 관계에서 공정성을 지키는 것이 중요하다. 예를 들어, 대금 지급 기일을 정확히 지키거나, 기술 정보를 부당하게 요구하지 않는 등의 기본적인 원칙부터 지키는 것이 좋다.

- 보완 사항

글로벌 기준 적용 확대, 윤리 위반에 대한 조치의 투명한 공개, 내부 신고 시스템의 접근성 개선, ESG 관련 준법 영역 확대 등이 필요하다. 기업들은 이런 점을 참고해, 자사의 윤리경영과 준법경영 시스템을 지속적으로 개선해 나갈 수 있다.

윤리경영과 준법경영은 더 이상 대기업만의 과제가 아니다. 오히려 중소기업이 이를 잘 실천할 때 얻을 수 있는 이점이 더 크다. 신뢰받는 기업이라는 평판은 장기적으로 기업의 성장에 큰 도움이 된다. 현대모비스의 사례를 참고하되, 각 기업의 상황에 맞는 시스템을 구축하고 꾸준히 실천해 나가는 것이 중요하다.

4) 주주 권리 보호 및 소통

• 주주 권리 보호의 기본

　현대모비스는 주주의 권리를 보호하기 위해 투명한 지배구조를 구축했다. 모든 주주에게 동등한 의결권을 부여하고, 주요 의사결정에 주주들이 참여할 수 있도록 했다. 특히 주목할 만한 점은 다음과 같다.

- 주주총회 소집 공고를 4주 전에 실시하여 주주들에게 충분한 준비 시간을 제공한다.
- 주총분산 자율준수 프로그램을 통해 주주총회 집중일을 피해 개최한다.
- 2023년 주주총회에서는 12건의 주요 안건이 모두 승인되었으며, 안건에 대한 사전 설명 자료를 공개하여 투명성을 강화했다.

• 소통의 다양한 채널 구축

　현대모비스는 주주와의 소통을 위해 다양한 채널을 활용한다. 연간 30회의 NDR(Non-Deal Roadshow)와 기업설명회(IR)를 통해 글로벌 주요 주주들과 소통한다. 2023년에는 ESG 경영, 전동화 전략, 자율주행 기술 개발을 주요 주제로 논의했다. 사외이사가 주관하는 거버넌스 NDR을 통해 주주와 이사회 간의 직접적인 소통을 강화했다. KIND(한국거래소 공시), DART(전자공시 시스템), 공식 홈페이지를 통해 경영 성과 및 주요 의사결정 내용을 신속하고 투명하게 공개한다. 일반 기업들이 대규모 IR 행사를 하기는 어렵겠지만, 정기적인 뉴스레터나 이메일 업데이트를 통해 주주들과 소통할 수 있다. 회사의 주요 결정사항이나 성과를 투명하게 공개하는 것이 중요하다.

• 디지털 플랫폼의 활용

디지털 플랫폼을 적극 활용하여 주주와의 소통을 강화하고 있다. 전자투표제와 온라인 실시간 중계 서비스를 통해 소액 주주를 포함한 모든 주주가 의결권을 행사할 수 있도록 지원한다. 2023년 기준, 전자투표 참여율은 18%로, 전년도 대비 5% 상승했다. 분기별 재무 성과 발표 자료와 지속가능성보고서를 온라인으로 제공한다. 2023년에는 약 6,200명의 국내외 투자자가 IR 자료를 온라인으로 열람했다. 중소기업도 간단한 웹사이트나 모바일 앱을 통해 주요 정보를 공개할 수 있다. 기술의 발전으로 이러한 플랫폼 구축 비용이 많이 낮아졌으므로, 규모가 작은 기업도 충분히 시도해볼 만하나.

• 주주환원 정책

현대모비스는 체계적인 주주환원 정책을 운영한다. 연간 잉여현금흐름의 20~40%를 배당금으로 지급한다. 2023년 기준 주당 배당금은 4,200원으로, 배당성향은 32%를 기록했다. 2019년부터 2021년까지 총 1조 원 규모의 자사주 매입과 200만 주 소각을 완료했다. 매년 자사주 소각을 통해 주식 가치를 유지하고 있다. 중소기업도 규모에 맞는 주주환원 정책을 수립할 수 있다. 초기에는 작은 규모로 시작하더라도, 일관된 정책을 유지하는 것이 중요하다. 주주들과 회사의 성과를 함께 나누는 문화를 만드는 것이 핵심이다.

• 보완 사항

소액주주의 의결권 행사 확대를 위해 전자투표 참여율이 18%로 증가했지만 여전히 낮은 수준이므로, 모바일 애플리케이션 기반의 전자투표 플랫폼을 구축하여 사용 편의성을 높여야 한다. 소수 주주 권리 보호를 위해 주주 추천 사외이사 제도의 활용성을 높이고, 소수 주주가 참여할 수 있는 후보 추천 시스템을 도입해야 한다. IR 활동 피드백 체계 도입을 위해 NDR 및 기업설명회를 통해 수집한 주요 주주의 의견을 경영진과 이사회가 논의하고, 이에 대한 대응 결과를 공개해야 한다. 또한, ESG 경영과 연계된 소통 강화를 위해 ESG 경영 목표와 달성 성과를 주기적으로 보고하며, 이를 바탕으로 주주들과 협력하여 장기적인 지속가능성을 도모해야 한다.

5) 사회적 책임 및 지속가능성 경영

• 지역사회와 함께 성장하기

현대모비스는 다양한 사회공헌 활동을 통해 지역사회와 상생하고 있다. 특히 주목할 만한 것은 다음과 같다.

- 투명우산 나눔 활동: 약 13만 개의 우산을 배포하여 아동 안전사고 예방에 기여했다. 이는 단순한 물품 기부를 넘어 실질적인 사회 문제 해결에 기여하는 좋은 예시라 할 수 있다.
- 주니어 공학교실: 2023년 한 해 동안 2만 1,748명의 초등학생이 참여했으며, 사회적 관심에 대한 만족도가 97.9점으로 매우 높았다. 이는 기업의 전문성을 활용한 교육 기부의 좋은 사례다.

- 장애아동 지원: 57가구에 이동보조기구를 제공하고, 가족여행 프로그램을 운영했다. 이는 사회적 약자에 대한 실질적인 지원을 보여준다.

다른 기업들도 사회적 책임을 위해 지역 학교와 협력하여 안전 교육을 제공하거나, 회사의 전문성을 활용한 교육 프로그램을 운영할 수 있다. 중요한 것은 지역사회의 필요를 파악하고, 회사의 강점을 활용하여 실질적인 도움을 주는 것이다.

• 지속가능한 경영

현대모비스는 ESG 목표 달성을 위해 체계적인 접근을 하고 있다.

- ESG 진단 및 실사: 20여 개 사업장을 대상으로 정기적인 진단을 실시한다. 2023년에는 16개 생산 사업장에 대해 글로벌 RBA 기준을 적용한 ESG 실사를 수행했다.

- 탄소중립 노력: 2023년까지 11,000톤의 탄소 배출량을 감축했다. 이는 구체적인 목표 설정과 실천의 중요성을 보여준다.

- 스마트 공장 시스템: 에너지 효율화를 위해 도입했다. 이는 환경 보호와 비용 절감을 동시에 달성하는 좋은 예시라고 할 수 있다.

- 재생 가능 에너지 사용 확대: 구체적인 수치는 언급되지 않았지만, 지속적으로 확대하고 있다고 한다.

기업들은 규모에 맞는 ESG 관리 체계를 구축할 수 있다. 예를 들어, 에너지 사용량을 모니터링하고 줄이는 목표를 세우거나, 폐기물 재활용률을 높이는 노력을 할 수 있다. 중요한 것은 구체적인 목표를 세우고, 진행 상황을 지속적으로 추적하는 것이다.

• 혁신적인 CSR

현대모비스의 ESG 아이디어톤은 주목할 만하다. 이 프로그램은 청년들의 창의적인 아이디어를 발굴하고, 실제 프로젝트로 연결시킨다. 2023년에는 59명의 청년이 참여해 10개의 우수 아이디어가 선정되었다. 이 중 일부는 실제 지역사회에서 파일럿 프로젝트로 실행되어 실질적인 효과를 거두고 있다.

또한, 생물다양성 보전 활동의 일환으로 진천 미호강 생물다양성 보전 및 복원 활동을 진행하고 있다. 이는 환경 보호와 지역사회 발전을 동시에 추구하는 좋은 사례다. 다른 기업들도 이런 방식의 접근을 할 수 있다. 예를 들어, 직원들이나 지역 주민들을 대상으로 사회문제 해결을 위한 아이디어 공모전을 열 수 있다. 이는 새로운 아이디어를 얻는 동시에 지역사회와의 유대를 강화하는 좋은 방법이다.

• 보완 사항

현대모비스의 개선이 필요한 부분을 보면 다음과 같다.

- 사회공헌 활동의 효과성 측정: 더 구체적인 KPI를 설정하고 평가 체계를 강화해야 한다. 예를 들어, 투명우산 나눔 활동의 안전사고 감소 효과를 분석할 수 있다.

- 글로벌 확장: 해외 사업장에서의 CSR 활동을 확대해야 한다. 현재는 국내 중심으로 활동이 이루어지고 있다.

- ESG 실사 결과의 투명한 공개: 정기적으로 결과를 공개하고 개선 조치를 보고해야 한다. 이는 이해관계자들의 신뢰를 높이는 데 도움이 될 것이다.

- 임직원 참여 확대: 자발적 봉사활동 프로그램을 더욱 활성화해야 한다. 현재 1인당 평균 1.09시간인 봉사활동 시간을 늘릴 필요가 있다.

- 재생 에너지 사용 확대: 더 적극적인 목표 설정과 실행 계획이 필요하다. 예를 들어, 2025년까지 재생 가능 에너지 사용 비율을 30% 이상으로 증가시키는 목표를 설정할 수 있다.

6) 보상 및 성과관리

• 공정한 성과 평가

99.7%의 직원이 참여하는 포괄적인 성과 평가 시스템을 운영한다. 2023년 기준, 정기 성과 평가에는 46,183명의 직원이 대상자로 포함되었으며, 이는 거의 모든 직원에게 평가받고 성장할 기회를 제공한다는 점에서 주목할 만하다. 성과 평가는 업적 평가와 역량 평가로 구분되며, 각각 개인 및 팀 성과를 반영한다. 평가 항목에는 도전과 협력, 전문성, 리더십, 컴플라이언스 준수 여부 등 다양한 요소가 포함된다. 특히, 다면평가를 도입하여 평가의 공정성과 객관성을 강화하고 있으며, 2023년 다면평가 시행률은 99.4%를 기록했다.

다른 기업들도 이런 방식을 적용해볼 수 있다. 예를 들어, 모든 직원을 대상으로 연 1회 이상의 정기 평가를 실시하고, 평가 항목에 업무 성과뿐 아니라 팀워크, 혁신성 등 다양한 요소를 포함시킬 수 있다. 중요한 것은 평가의 기준을 명확히 하고, 그 과정을 투명하게 운영하는 것이다.

• 차별 없는 보상

성과와 직무 가치에 기반한 차별 없는 보상 체계를 운영한다. 기본급, 평가급, 시간외 수당, 상여금 등으로 구성된 임금 체계는 공정성을 유지하며, 남녀 직원 간 임금 격차를 최소화하려 노력한다. 2023년 기준, CEO를 제외한 직원의 평균 보수는 1억 2,300만 원으로, 이는 전년 대비 13.9% 증가한 수치다. 또한, 우수한 성과를 거둔 직원에게 '자랑스러운 모비스인상'을 수여하고 추가 보상금을 지급하는 등 성과 기반의 포상 제도를 운영한다.

이러한 사례를 벤치마킹해서 다른 기업들은 직무의 난이도와 책임, 그리고 개인의 성과를 객관적으로 평가하여 보상에 반영하는 시스템을 구축할 수 있다. 성별이나 나이 등 업무와 무관한 요소로 인한 차별을 없애는 것이 핵심이다.

• 직원 역량 강화

회사에서 직원의 성장을 지원하기 위해 체계적인 역량 강화 프로그램과 경력 개발 기회를 제공한다. 2023년에는 60명의 사내 강사가 221회의 교육 과정을 진행하였으며, 총 17,000시간의 교육이 제공되었다. 이 교육은 직무별 맞춤형 커리큘럼으로 구성되어 있으며, 미래 모빌리티 기술과 같은 핵심 기술 분야에 집중하고 있다. 또한, 커리어 마켓 제도를 통해 직원들이 새로운 직무에 도전할 수 있는 기회를 확대하고 있다. 2023년에는 약 200명의 직원이 직무 전환을 통해 경력을 확장하였다.

일반 기업의 경우, 이 정도 규모의 교육은 어려울 수 있다. 하지만 온라인 교육 플랫폼을 활용하거나, 업무 시간의 일부를 학습에 할애하는 등의 방식으로 직원 교육을 강화할 수 있다. 중요한 것은 회사의 미래 전략과 연계된 교육을 제공하는 것이다.

• 보완 사항

성과 평가 결과에 대한 피드백 과정을 더욱 강화해야 한다. 직원들이 평가 결과를 바탕으로 명확한 발전 방향을 설정할 수 있도록 상세한 피드백과 맞춤형 코칭을 제공해야 한다. 여성 관리자 비율을 확대하여 성별 다양성을 강화할 필요가 있다. 현재 여성 직원의 평균 근속 연수와 관리직 비율이 남성에 비해 낮은 상황이며, 이를 해결하기 위해 여성 인재를 육성하는 맞춤형 리더십 프로그램을 도입해야 한다. 우리사주제도의 참여율을 높이기 위해 제도의 혜택과 장점을 직원들에게 적극적으로 홍보하고, 참여 과정에서의 불편을 해소할 수 있는 디지털 플랫폼을 구축해야 한나. 리스킬링(Re-Skilling) 프로그램의 효과를 지속적으로 평가하여 기술 변화와 조직 목표에 부합하는 교육 과정을 업데이트해야 한다. 성과와 보상 간의 연계성을 강화하기 위해 모든 평가 단계에서 투명성을 높이고, 주기적으로 직원들에게 평가 체계와 기준에 대해 명확히 소통해야 한다.

04 사례 분석을 통해 도출한 결론

　지금까지 살펴본 파타고니아, 구글, 테슬라는 각각 아웃도어 의류, IT·디지털 서비스, 그리고 전기차·에너지 분야에서 ESG 거버넌스를 적극적으로 구축·운영함으로써, 산업 특수성과 경영 전략을 효과적으로 결합하고 있음을 확인할 수 있었다. 이들은 기업 규모와 업종 특성에 따라 서로 다른 ESG 핵심 과제를 설정했지만, 이사회와 경영진 차원에서 ESG를 핵심 경영 전략으로 삼고, 조직 전반에 이를 내재화하기 위한 거버넌스 체계를 마련했다는 공통점을 갖는다.

　한편, 국내 풀무원과 현대모비스는 독립성을 갖춘 사외이사 중심의 이사회를 운영하며, 주요 의사결정 과정에서 공정성과 책임성을 강화하고 있다. 그리고 ESG 경영을 실현하기 위해 환경·사회적 책임을 고려한 의사결정을 내리고 있으며, 탄소 감축, 친환경 제품 개발, 공급망 ESG 실사 등을 통해 지속가능성을 확보하고 있다. 회사별로 차이는 있지만 성과 중심의 평가 시스템을 운영하며, 직원 역량 개발과 공정한 보상을 통해 조직 내 동기부여를 강화하고 있다. 지역사회 공헌, 협력사 ESG 지원, 주주와의 소통 확대 등을 통해 기업의 사회적 가치를 증대시키는 노력을 하고 있다는 공통점이 있다.

　위 다섯 기업의 사례에서 공통적으로 확인할 수 있는 점은, 이사회와 경영진 차원에서 ESG 거버넌스를 명확하게 설정하고, 이를 각 부서·사업장까지 확산할 수 있는 체계와 문화를 형성했다는 것이다. 즉,

단순히 환경·사회 이슈에 대한 '마케팅'에 그치지 않고, 경영 의사결정의 핵심 요소로 ESG를 통합하는 거버넌스 구조가 구축되어 있다는 데서 의미를 찾을 수 있다. 이를 통해 기업들은 장기적인 지속가능성을 확보함과 동시에, 이해관계자들에게 투명하고 책임 있는 기업으로 인정받고 있다.

국내외 사례 종합 (다섯 기업이 제시하는 공통 시사점)

(1) 거버넌스 투명성 및 독립성

파타고니아, 구글, 테슬라, 풀무원, 현대모비스는 모두 이사회와 경영진 간 견제와 균형을 위한 제도적 장치를 마련하고 있다.

외부 전문가 영입, 독립 이사 비율 확대, 내부 감사·감사위원회 운영 등을 통해 의사결정 투명성을 높이고 있다.

CEO 혹은 창업주 중심 의사결정 구조가 강한 기업(예: 테슬라)에서도, 독립 이사 비중을 늘리고 사외 전문성을 강화하는 방향으로 변화가 시도된다.

(2) 핵심 사업 역량과 ESG 이슈의 결합

파타고니아는 의류 산업에서 재활용 소재와 친환경 프로세스를 전면 도입해 지속가능성을 최우선 가치로 삼고 있다.

구글은 방대한 IT 인프라와 AI 기술을 활용하여 데이터 센터 에너지 효율화, 개인정보 보호, 디지털 포용성 등 폭넓은 ESG 활동을 전개한다.

테슬라는 전기차·에너지 저장 솔루션을 기반으로 화석연료 의존도를 낮추고 청정 에너지 전환을 가속화한다.

풀무원은 친환경 식품 개발과 건강한 라이프스타일 제공을 핵심 사업 역량으로 탄소 저감 및 친환경 생산, 건강한 식단과 지역사회 상생, 투명한 지배구조와 윤리 경영을 기반으로 ESG 경영을 실천하고 있다.

현대모비스는 미래 모빌리티 기술(전동화, 자율주행, 친환경 부품) 개발을 중심으로 탄소 감축 및 친환경 제조, 협력사 ESG 지원 및 지역사회 공헌, 투명한 이사회 운영과 윤리 경영을 강화하며 지속가능한 성장과 ESG 경영을 실현하고 있다.

이처럼 각 기업은 자신의 핵심 역량을 ESG 우선순위와 연결함으로써, 실질적인 경영 혁신과 시장 경쟁력을 함께 달성하고 있다.

(3) 조직문화와 이해관계자 소통

직원 교육, 윤리 규범 및 행동강령, 보상 체계에 ESG 성과를 반영함으로써 구성원들의 적극적 참여를 유도하는 조직문화를 가지고 있다. 이해관계자 간의 소통 차원에서는 보고서 발간, 공청회·IR·SNS 등을 통해 주주, 소비자, 지역사회, 협력사와 투명한 정보를 공유하고, 피드백을 수렴한다.

(4) 장기적 비전과 지속가능성

파타고니아의 환경 운동적 접근, 구글의 2030년 탄소 제거 목표, 테슬라의 전동화 및 배터리 재활용 전략, 그리고 풀무원의 친환경 제품 확대와 소비 문화 혁신을 비롯하여 현대모비스의 미래 모빌리티 혁신 기업 전략은 장기적인 지속가능성을 지향한다.

단기 이익에 급급하기보다, 미래 세대까지 고려하는 비즈니스 모델을 구축함으로써 기업·사회·환경 모두가 윈윈(win-win)할 수 있는 구조를 마련한다.

미래지향적 대안 및 제언

(1) ESG 거버넌스 글로벌 표준화 및 확장

국제적 가이드라인(예: GRI, SASB, TCFD)을 활용해 기업 규모·업종에 맞는 지표를 개발·공표함으로써 투명성과 신뢰도를 제고해야 한다.

국내외 다양한 이해관계자(정부, NGO, 투자자)와 협업하여 ESG 거버넌스의 글로벌 표준을 확립하는 것이 중요하다.

(2) 디지털 기술과 ESG의 융합

구글이 데이터 센터 혁신과 AI 기술을 접목한 것처럼, 타 기업들도 빅데이터, AI, IoT 등을 ESG 리스크 관리에 적극 활용할 필요가 있다.

실시간 탄소 추적, 공급망 투명성 확보, 임직원 참여도 증진을 위한 디지털 플랫폼 도입 등 ESG DX(디지털 전환) 전략을 수립해야 한다.

(3) 지역사회 및 중소 협력사와의 상생 생태계 구축

풀무원이 지역 농가와 함께 가치사슬을 만들어내고 있듯이, 글로벌 기업들도 현지 파트너십과 교육·투자 프로그램을 확대하여 상생 생태계를 조성할 수 있다.

중소 협력사들의 ESG 역량 강화를 지원함으로써, 서플라이체인 전체가 친환경·윤리 기준을 충족하도록 유도해야 한다.

(4) 보상체계와 임팩트 측정의 고도화

임원 및 전체 직원 보상체계에 정량적·정성적 ESG 지표를 더욱 명확히 반영할 필요가 있다.

ESG 성과가 실제 재무성과와 기업 평판에 어떤 영향을 미치는지, 중장기적인 추적·분석 시스템을 구축해야 한다. 이를 통해 ESG 경영의 가시적 혜택을 확인하고, 기업 내부의 동기를 더욱 강화할 수 있다.

(5) 미래 세대 교육 및 혁신 육성

기업 내외부에서 청년 세대와 협력하여 창의적 해결책(소셜 이노베이션)을 발굴하는 오픈 이노베이션(예: 해커톤, 아이디어톤)을 활성화한다.

테슬라가 STEM 교육에 투자하는 것처럼, 각 산업 분야에서도 새로운 세대를 위한 교육 프로그램을 마련해 미래 인재를 양성하고, 사회 전체의 지속가능성을 높일 수 있다.

맺음말

파타고니아, 구글, 테슬라를 비롯한 해외 사례와 풀무원, 현대모비스의 국내 사례 모두, 투명한 거버넌스, 적극적 이해관계자 참여, 장기적 비전 수립이야말로 ESG 경영의 핵심 축임을 분명히 보여준다. 이제 ESG는 단순한 기업 이미지 개선 수단을 넘어, 사업 모델 혁신과 미래 세대 가치 창출을 위한 필수 경영 요소로 자리 잡고 있다.

앞서 살펴본 국내외 ESG 사례는 각 기업이 직면한 환경, 거버넌스 구조, 이해관계자 요구에 따라 다양한 방식으로 ESG 경영을 시도하고 있다는 점을 보여주었다. 하지만 공통적으로 발견되는 핵심 과제는 '방향성은 알지만 실행은 어렵다'는 점이다.

이제 ESG는 단순한 공시나 선언의 차원을 넘어, 조직 내에서 실질적으로 작동하는 전략으로 전환되어야 한다. 즉, 기업 고유의 밸류체인을 중심으로 ESG를 내재화하고, 이를 통해 기업의 지속가능성과 시장 가치를 함께 높여가는 밸류업 전략(Value-up Strategy)이 요구되는 시점이다.

이를 위해서는 다음 세 가지 전략적 조건이 필요하다. 첫째, 이사회의 독립성과 ESG 전문성 강화, 둘째, 성과보상 체계에 ESG 연계, 셋째, 이해관계자 중심의 투명한 정보 공개와 소통 구조 마련이다.

지금까지의 분석과 사례에서 도출된 이 전략적 시사점을 바탕으로, 다음 장에서는 기업이 실제 조직 내에서 ESG 거버넌스를 어떻게 설계하고, 어떤 절차와 단계로 실천할 수 있을지에 대한 구체적인 실행 로드맵을 제시하고자 한다.

참고 문헌 및 사이트

- 파타고니아: 『Environmental & Social Footprint』. 파타고니아 웹사이트

  https://www.patagonia.com/environmental-social-impact/
- 구글: 『2024 Environmental Report』. 구글 지속가능성 웹사이트

  https://www.gstatic.com/gumdrop/sustainability/google-2024-environmental-report.pdf
- 테슬라: Impact Report 2023

  https://www.tesla.com/ns_videos/2023-tesla-impact-report-highlights.pdf
- 풀무원: 『2022 풀무원 통합보고서』. 풀무원 뉴스룸

  https://news.pulmuone.co.kr/pulmuone/data/pulmuone_report_2022_20230630.pdf
- 현대모비스: 『현대모비스 지속가능성보고서 2024』. 현대모비스 지속가능경영 웹사이트

  https://www.mobis.com/kr/sustain/sustain.do

Ⅲ. 실전편

기업 거버넌스 구축
개선 실전 로드맵

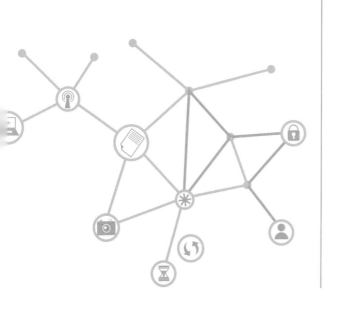

01 ESG 거버넌스 구축을 위한 첫걸음

ESG의 G(거버넌스)에 대한 이론 및 사례에서 다룬 내용을 바탕으로, 실무에서 기업지배구조 보고서 및 지속가능경영 보고서 작성부터 실행까지 단계별로 가이드를 제공하고자 한다. 이 가이드는 ESG 관련 업무에 관심 있는 누구나 실전에서 적용할 수 있도록, 실무자의 입장에서 접근 방법을 구체적으로 담아보려 한다.

ESG의 실질적인 핵심은 거버넌스이며, 이를 효과적으로 구현하기 위해서는 명확한 지침과 도구가 필요하다. 이 과정에서 기업은 ESG 목표를 달성하기 위한 계획을 세우고, 성과를 측정하고 관리하는 방법을 통해 실질적인 성과를 얻을 수 있다. 이 가이드라인은 기업이 ESG 거버넌스를 통해 지속가능성을 높이고, 관련 성과를 체계적으로 관리하는 데 도움이 될 것이다.

이론적인 측면에서 ESG 거버넌스의 핵심 개념과 중요성을 파악하고, 사례편에서 구체적인 사례를 눈에 익혔다면, 이를 실질적으로 적용하기 위한 첫걸음은 ESG 거버넌스에 영향을 미치는 다양한 이해관계자와 요소들을 식별하고 이를 체계적으로 매핑(mapping)하는 것이다. 이러한 매핑 과정을 통해 기업은 ESG 거버넌스가 영향을 미치는 생태계를 명확히 이해할 수 있으며, 이를 바탕으로 전략적인 의사결정을 내릴 수 있다.

이를 통해 ESG 거버넌스를 성공적으로 구축하기 위한 실무적인 접근 방법을 제공하고, 실질적인 ESG 성과를 달성하는 데 있어 중요한 가이드라인을 제시할 수 있다.

ESG 생태계 이해

ESG 생태계를 이해하는 것은 ESG 거버넌스를 효과적으로 구축하는 첫 번째 단계이다. ESG 생태계는 다양한 이해관계자들이 상호작용하는 구조로, 크게 세 가지 계층으로 나눌 수 있다.

• ESG 평가 대상 기업: ESG 생태계의 가장 아래 계층은 ESG 평가의 주 대상인 기업들이다. 이들 기업은 자신들의 공급망까지 관리하며 협력업체들까지 포함하는 광범위한 ESG 전략을 실행한다. 예를 들어, 기업들은 RBA(Responsible Business Alliance)와 같은 글로벌 이니셔티브를 통해 윤리적인 경영과 지속가능성을 지향하며, 이를 통해 대외적 이미지를 제고하고 ESG 기준을 준수하려고 노력한다. 이들 기업은 자사의 지속가능성을 평가받기 위해 구체적인 전략을 수립하고 실행하는데, 그 성과는 주로 평가 기관과 투자 기관에 의해 측정되고 평가된다. 그 결과에 따라 기업의 ESG 성과가 공개되며, 이는 기업의 평판과 자본 유치에 중대한 영향을 미친다.

• 중간 계층: 중간 계층은 지표 개발과 ESG 평가 기관이 속해 있다. 대표적으로 GRI(Global Reporting Initiative), SASB(Sustainability Accounting Standards Board), Moody's, MSCI 등이 있다. 이들 기관은 기업들의 ESG 성과를 객관적으로 평가하기 위해 ESG 지표와 기준을 개발하고, 그에 따라 평가를 수행한다. 이 기관들은 기업의 지속

가능성에 대한 보고서를 분석하고 평가하며, 이 평가 결과는 투자 기관에 전달된다. 중간 계층의 기관들은 기업의 ESG 성과가 시장에서 어떻게 인식되는지 결정하는 데 중요한 역할을 한다. 이들의 평가는 투자자들에게 기업의 장기적인 지속가능성에 대한 중요한 정보를 제공하며, 기업의 ESG 평가 점수는 시장에서 큰 영향을 미친다.

- 상위 계층: ESG 생태계의 상위 계층에는 주로 투자 기관들이 위치한다. 이들은 ESG 점수를 투자 결정의 중요한 요소로 활용하며, 기업의 장기적 지속가능성을 중점적으로 평가한다. 대표적인 기관으로는 BlackRock, Vanguard, UBS Group, State Street Global Advisors, Fidelity Investments, Allianz Group, JP Morgan, Goldman Sachs 등이 있다. 이들 기관은 ESG 점수가 높은 기업에 투자할 가능성이 크며, 이는 기업이 자본을 유지하는 데 유리한 조건을 형성한다. 투자 기관들은 각기 다른 ESG 평가 요소를 중시하는데, 예를 들어 BlackRock은 기후 변화에 대한 대응을 중요하게 생각하며, 탄소 배출량과 에너지 사용을 주요 지표로 삼는다. 따라서 기업들은 이러한 투자 기관들의 평가 기준을 미리 파악하고 이에 맞춘 ESG 전략을 수립하는 것이 중요하다.

ESG 생태계를 이해하는 것은 단순히 평가 기관과 투자 기관의 이름을 아는 것 이상을 의미한다. 각 기관의 역할과 기업과의 상호작용 방식을 깊이 이해함으로써, 기업은 보다 효과적인 ESG 전략을 수립할

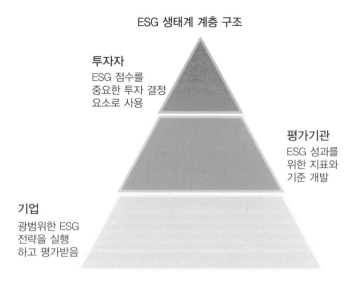

ESG 생태계 계층 구조

투자자
ESG 점수를
중요한 투자 결정
요소로 사용

평가기관
ESG 성과를
위한 지표와
기준 개발

기업
광범위한 ESG
전략을 실행
하고 평가받음

수 있다. 또한 이 책의 중심인 G(거버넌스) 역시 평가 대상 부문으로 있기 때문에 ESG 생태계 이해를 통한 G 부문 전략 수립 및 이행이 필요하다.

1) 핵심 내용

ESG 거버넌스는 지속가능성을 실현하기 위한 첫걸음이다. ESG 생태계를 구성하는 이해관계자와 요소를 명확히 이해하고, 전략적 의사결정을 내려야 한다.

2) 액션 스텝

- 주요 이해관계자를 식별한다.

- 각 이해관계자의 요구와 기대를 조사한다.

- ESG 목표를 SMART 방식으로 설정한다.

- 실행 계획을 수립하고 부서별 책임을 정의한다.

3) 체크리스트

[　] 주요 이해관계자 식별 완료

[　] 이해관계자 요구사항 조사 완료

[　] SMART 방식으로 목표 설정 완료

[　] 실행 계획 작성 및 실행 주체 지정

4) 실전 팁

정기적인 이해관계자 회의를 통해 요구사항을 업데이트한다. 동종 업게의 ESG 우수 사례를 참고하여 실질적인 적용 빙인을 도출한다.

* 참조 자료 제공처

GRI(Global Reporting Initiative): https://www.globalreporting.org

SASB(Sustainability Accounting Standards Board): https://www.sasb.org

02 ESG 거버넌스 구조 설계

ESG 거버넌스 구조는 기업이 지속가능성 목표를 효과적으로 달성하기 위한 기본적인 틀이다. 이를 통해 기업은 이사회와 경영진의 역할을 명확히 규정하고, 이를 바탕으로 ESG 성과를 체계적으로 관리할 수 있는 거버넌스 시스템을 구축해야 한다. 각 부서와 기능들이 협업할 수 있는 구조를 마련하여, 부서 간의 협업이 원활하게 이루어지도록 해야 한다.

거버넌스 구조 설계의 첫 번째 단계는 기업의 비전과 전략에 맞춘 거버넌스 목표를 설정하는 것이다. 이 목표는 장기적인 성과를 반영해야 하며, 지속가능성 목표를 달성하기 위해 필요한 정책과 절차를 명확하게 정의해야 한다. 또한, 투명하고 공정하게 운영될 수 있는 시스템을 구축하는 것이 매우 중요하다. 이를 위해 각 부서와 개인의 역할과 책임을 명확하게 구분하고, 그들이 수행해야 할 의무를 확실하게 규정해야 한다.

해당 구조 설계는 각 기업의 특성에 따라 달라지기 때문에 명확한 기준은 없다.

하지만 각 평가 기관 혹은 기준에서 요구하는 정도가 있기 때문에 해당 정보들을 취합하여 구조 설계를 해보는 것이 좋을 것으로 보인다.

그리고 기업의 지배구조를 명확하게 파악하기 위해 기업지배구조

ESG 거버넌스 구조 설계

보고서 작성을 해볼 것을 추천한다.

1) 핵심 내용

ESG 거버넌스 구조는 이사회, 내부 감사, 협업 체계로 구성되며, 명확한 역할과 책임을 통해 ESG 목표를 효과적으로 달성하도록 설계해야 한다.

2) 액션 스텝

- 이사회 내 ESG 전담 위원회를 설립한다.
- 내부 감사 체계를 설계하고 데이터 신뢰성을 점검한다.
- 부서 간 협업 체계를 설계하고 실행력을 확보한다.

3) 체크리스트

[ ] ESG 전담 위원회 설립 완료

[ ] 내부 감사 체계 설계 완료

[ ] 부서 간 협업 체계 구축 완료

4) 실전 팁

- ESG 전담 위원회는 연 2회 이상 정기적으로 성과를 점검한다.
- 내부 감사팀은 외부 검증 기관과 협력하여 데이터를 검증한다.
- 부서 간 협업은 KPI를 명확히 설정하고, 각 부서의 성과를 통합 관리한다.

* 참조 자료 제공처

OECD Principles of Corporate Governance: https://www.oecd.org/corporate

UNPRI(Principles for Responsible Investment): https://www.unpri.org

03 기업 지배구조 보고서 작성

ESG 이론에 대한 이해가 되었고 ESG 생태계에 대한 개념 정리가 되었으며 거버넌스의 구조 설계가 된 상태에서 이제 G(거버넌스)를 보여줄 수 있는 PUBLIC DATA를 작성해야 되는데 우리나라에서 G 부문을 가장 쉽고 간단하게 표현해 주고 있는 것이 기업지배구조 보고서이다.

기업지배구조 보고서를 작성하는 것은 기업의 투명성과 책임을 강화하기 위한 필수적인 과정이다. 이는 기업이 이해관계자들에게 기업의 경영 체계와 운영방식이 공정하고 투명하게 이루어지고 있음을 증명하는 수단이 된다. 대다수의 평가 기관에서 PUBLIC DATA를 요구하고 있기 때문에 해당 보고서 작성하여 상장사는 DART에 공시, 비상장사는 홈페이지에 게시하여 이해관계자들이 접근이 가능할 수 있도록 해야 한다.

기업 지배구조 보고서 작성 과정

그럼 해당 보고서를 작성하는 단계에 대해 알아보자.

초기 준비 단계

기업지배구조 보고서 작성의 첫 번째 단계는 기업의 현재 지배구조를 철저히 분석하고, 관련 법규와 규정을 면밀히 검토하는 것이다. 이는 보고서 작성의 기초를 형성하는 매우 중요한 절차로, 이를 통해 기업의 지배구조가 법적 요구사항과 규정을 충족하는지 확인할 수 있다. 이 과정은 보고서의 전반적인 신뢰성과 정확성을 보장하기 위한 토대가 된다.

이 단계에서 가장 먼저 해야 할 일은 회사의 내부 규정과 지배구조 관련 규범을 종합적으로 검토하는 것이다. 이 작업은 회사의 정관, 지배구조 관련 회의록, 정책 문서 등 여러 문서를 기반으로 이루어진다. 이러한 문서들은 기업의 조직 구조와 운영 방식을 이해하고 분석하는 데 필수적이며, 보고서 작성의 기반을 제공한다. 이 자료들을 분석하면 현재 이사회와 감사위원회가 법적 요건을 준수하고 있는지, 각 기구가 효과적으로 작동하고 있는지를 파악할 수 있다.

다음으로, 기업의 주요 지배구조 기구인 이사회, 감사위원회, 사외이사 등의 구성 상태를 면밀히 검토해야 한다. 이는 이사회가 법적으로 요구되는 기준을 충족하고 있으며, 구성원들이 독립적으로 그리고 투명하게 활동하고 있는지를 검토하는 과정이다. 특히, 이사회의 구성 비율(예: 사외이사와 사내이사의 비율)과 위원회 활동 내역은 법적 요건에 매우 중요하다. 이러한 검토는 이사회가 외부 영향 없이 독립적인

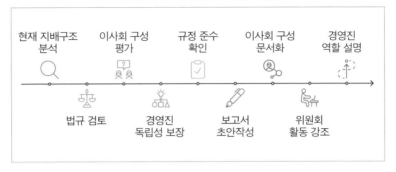

기업지배구조 보고서 작성 과정

판단을 할 수 있는지를 확인하는 데 중요한 역할을 한다.

또한, 임원들의 독립성과 이들이 수행하는 역할을 점검하는 것도 필수적이다. 이를 통해 경영진이 자신의 책임을 다하고 있고, 기업의 전략적 결정과 운영이 적절히 이루어지고 있음을 보장할 수 있다. 이 과정은 임원들이 이해 상충 상황에 놓이지 않으며, 기업의 정책과 절차가 공정하게 이행되고 있음을 확인하는 데 필요하다. 임원들이 독립적인 입장을 유지하고 있는지, 그리고 그들의 의사결정 과정에서 외부 이해관계자의 영향력이 배제되었는지를 확인함으로써, 기업의 투명성과 신뢰성을 높일 수 있다.

마지막으로, 이 단계에서는 회사의 정책이 현행 법규와 규정을 얼마나 충실히 준수하고 있는지를 확인하는 것이 핵심이다. 이를 위해 회사 내부의 법무팀이 먼저 검토를 진행하며, 필요에 따라 외부 전문가나 법률 자문 기관의 검토를 추가로 받는 것이 일반적이다. 외부 검토를 통해 보고서의 법적 신뢰성을 강화하고, 규정의 미비점이나 개선점을 사전에 파악할 수 있다. 이 모든 과정은 기업이 보고서 작성의 다음

단계로 넘어가기 전, 모든 법적 및 규정적 요구사항을 충족하고 있음을 확실히 하는 데 기여한다.

초기 준비 단계는 지배구조 보고서의 품질을 좌우하는 핵심적인 단계이다. 이 단계에서 철저한 자료 수집과 분석을 통해 기업의 지배구조에 대한 명확한 이해를 구축하고, 보고서의 기초를 다질 수 있다.

보고서 초안 작성

초기 준비 단계에서 수집된 데이터와 분석 결과를 바탕으로, 보고서 초안을 작성하는 과정은 기업지배구조 보고서 작성의 핵심적인 부분이다. 이 초안에는 기업의 지배구조를 구성하는 여러 요소가 상세히 포함되어야 하며, 이를 통해 보고서의 구조가 탄탄하게 구축된다. 다음은 보고서 초안 작성 시 포함해야 할 주요 항목들에 대한 설명이다.

(1) 이사회 구성

보고서 초안에는 기업의 이사회 구성과 역할에 대한 상세한 설명이 포함되어야 한다. 여기에는 각 이사의 경력과 독립성, 그리고 이사회가 기업 내에서 수행하는 역할에 대한 정보가 중요하다. 예를 들어, 이사회의 독립성은 기업의 투명한 경영과 공정한 의사결정을 위해 필수적이며, 이사회 내 사외이사와 사내이사의 비율은 규정된 법적 기준을 충족해야 한다. 각 이사의 전문성과 경력은 이사회의 기능과 의사결정의 효율성을 높이는 중요한 요소이므로, 이에 대한 자세한 서술이 필요하다.

(2) 위원회 활동 내역

감사위원회, 윤리위원회 등 기업 내 각종 위원회의 활동 내역과 성과는 기업의 지배구조를 투명하게 보여주는 중요한 요소다. 초안에는 이러한 위원회가 연간 수행한 활동, 각 위원회가 맡은 역할과 책임, 그리고 그 성과가 명확히 설명되어야 한다. 예를 들어, 감사위원회는 회사의 재무 보고의 정확성과 내부 통제 시스템의 효과성을 검토하고, 윤리위원회는 기업의 윤리 경영 실천과 준법 감시 활동을 점검한다. 각 위원회가 수행한 주요 활동과 이를 통해 달성한 결과를 기술함으로써 기업의 투명성과 경영 신뢰성을 높일 수 있다.

(3) 경영진의 역할과 책임

기업의 최고경영진 및 주요 경영진이 수행하는 역할과 그 책임을 설명하는 부분도 보고서 초안에 포함되어야 한다. 이 항목에서는 성영진이 기업의 전략을 수립하고 실행하는 과정에서 어떤 책임을 지고 있는지 명확히 기술해야 한다. 특히, 경영진의 경영 철학과 리더십이 기업의 성과와 지배구조에 미치는 영향을 분석하여 기술하면 보고서의 신뢰성을 높일 수 있다. 경영진의 책임에는 기업 전략의 계획, 자원 배분, 위험 관리, 그리고 지속가능한 성장을 위한 정책 실행 등이 포함된다.

내부 검토 및 피드백

작성된 기업지배구조 보고서 초안은 회사 내 다양한 부서의 면밀한 검토를 거쳐야 하며, 특히 법무팀과 관련 부서들의 세심한 평가가 필수적이다. 이 단계는 보고서가 법적 요건을 충족하는지, 내용이 정확하게 서술되었는지를 확인하는 중요한 절차다. 이를 통해 보고서가 외부에 공개되기 전에 모든 오류와 부족한 부분을 보완할 수 있다.

(1) 법적 요건 충족 여부 검토

법무팀은 초안에 포함된 정보가 현행 법규 및 규정을 충족하는지 검토해야 한다. 이는 보고서가 법적 요구사항에 맞지 않을 경우 발생할 수 있는 문제를 사전에 방지하기 위해 필수적이다. 법무팀은 관련 규정, 공시 요건 및 기업지배구조 관련 법적 기준에 따라 보고서의 각 항목을 확인한다. 특히, 이사회 구성의 독립성, 위원회의 활동 내역, 경영진의 책임과 역할에 대한 기술이 법률적으로 적합한지를 평가한다.

(2) 정보의 정확성 및 일관성 점검

작성된 초안의 정보가 정확하고 일관성 있는지 확인하는 것은 내부 검토의 중요한 부분이다. 이를 위해 보고서에 기재된 데이터가 회사의 실질적인 운영 상태와 일치하는지, 그리고 자료 출처가 명확한지를 점검한다. 각 부서 간의 협력을 통해 불일치하는 정보나 논리적 오류를 보완하며, 이로 인해 발생할 수 있는 오해나 불신을 방지한다.

(3) 이해관계자 기대 충족 평가

내부 검토 과정에서는 보고서가 이해관계자들의 기대에 부합하는

지 평가하는 절차도 필요하다. 기업의 지배구조는 투자자, 주주, 고객, 직원 등 다양한 이해관계자들에게 중요한 기준이 되므로, 보고서가 이들의 관심과 요구를 적절히 반영하고 있는지 확인해야 한다. 이를 위해 경영진과의 협력이나 내부 피드백 세션을 통해 추가적인 의견을 수렴하고, 필요한 부분을 보완한다.

(4) 이사회의 승인 절차

보고서의 최종적인 내부 검토 단계에서, 이사회가 보고서 내용을 공식적으로 검토하고 승인하는 절차가 반드시 포함된다. 이 절차는 보고서가 기업의 공식 문서로서 효력을 발휘하기 위해 필요하다. 이사회는 보고서의 전략적 중요성을 인지하고, 법적 및 운영적 요건을 모두 충족하는지 확인하며, 승인 후 보고서가 외부에 공시될 수 있도록 최종 결정을 내린다.

(5) 발견된 오류 및 개선점 반영

내부 검토 과정에서 발견된 오류나 개선점은 보고서의 내용을 수정하거나 보완하는 데 즉각 반영되어야 한다. 예를 들어, 데이터의 불일치나 불명확한 표현이 발견되면 관련 부서와의 협의를 통해 정확하게 수정해야 한다. 또한, 보고서의 문체나 서술 방식이 이해하기 쉽고 명료한지 평가하여 필요한 경우 수정한다.

이러한 검토 과정을 통해 보고서는 더 높은 완성도와 신뢰성을 얻게 된다. 내부 검토는 단순히 법적 요건을 만족시키는 것에 그치지 않고, 기업의 가치와 투명성을 충분히 드러낼 수 있도록 내용의 질을 향상시키는 역할을 한다.

최종 보고서 작성 및 인증

내부 검토 후 피드백을 철저히 반영한 후에는 최종 보고서를 작성하는 단계가 시작된다. 이 단계에서는 보고서의 모든 정보가 일관되고 정확하게 기재되었는지를 다시 한번 철저히 점검하는 과정이 필요하다. 이 최종 점검은 보고서의 신뢰성과 완성도를 보장하기 위해 중요한 절차로, 보고서가 외부에 공개되기 전 마지막으로 이루어지는 내부 점검이다.

(1) 최종 정보 점검

최종 보고서를 작성할 때는 이전 단계에서 수정된 부분을 포함해 전체 정보의 일관성을 유지하고 있는지 확인해야 한다. 이는 보고서의 서술이 논리적 흐름을 가지고 있는지, 각 항목 간의 정보가 서로 상충되지 않는지를 평가하는 것이다. 데이터 출처와 각종 자료의 신뢰성을 검증하고, 보고서 내 정보가 최신 상태인지 확인하는 것도 중요하다.

(2) 외부 감사 기관의 검토

보고서 작성이 완료되면 외부 감사 기관의 검토를 받는 것이 필수적이다. 외부 감사 기관은 보고서가 법적 규정과 공시 요건을 충족하는지 평가하며, 이를 통해 보고서의 객관성과 신뢰성을 높인다. 이 과정은 기업의 보고서가 이해관계자들에게 투명하고 공정하게 보일 수 있도록 보장한다. 외부 감사는 주로 다음의 사항을 검토한다.

- 보고서가 지배구조 관련 법적 기준을 충족하는지 여부.
- 보고서의 내용이 사실에 기반하고 있으며 불일치가 없는지 여부.
- 공시된 정보가 회사의 실제 운영 상태와 부합하는지 여부.

(3) 법적 인증과 추가 요구사항

외부 감사의 인증을 받는 것 외에도, 일부 기업은 금융감독원이나 다른 감독 기관의 공식 인증을 받아야 할 수도 있다. 금융감독원 인증은 기업의 지배구조 보고서가 공시 요건을 완전히 충족하고 있는지를 확인하며, 법적으로 보고서의 효력을 갖게 한다. 이 인증 절차는 기업이 법적 책임을 다하고 있음을 대외적으로 증명하는 단계로, 기업의 신뢰성과 투명성을 제고하는 중요한 수단이다.

(4) 인증 후 최종 확인 및 제출 준비

외부 감사와 인증 절차가 완료된 후에는 보고서를 최종적으로 확인하고 제출할 준비를 한다. 이때는 보고서의 시각적 완성도, 서식의 정확성 및 제출 요건을 준수하는지 등을 점검한다. 필요한 경우, 보고서의 요약본을 작성하여 주주나 이해관계자들에게 효율적으로 내용을 전달할 수 있도록 준비한다.

(5) 보고서 제출 및 공시 준비

보고서의 최종 작성과 인증이 완료되면 이를 공시할 준비를 해야 한다. 기업은 보고서를 전자공시시스템(DART) 등을 통해 공시하고, 이해관계자들이 접근할 수 있도록 기업 웹사이트나 기타 관련 플랫폼을 통해 게시한다. 공시는 기업이 보고서를 공식적으로 발표하고 이해관계자들이 기업의 지배구조에 대한 정보를 확인할 수 있게 하기 위한 마지막 단계다.

이러한 최종 보고서 작성 및 인증 단계는 보고서의 법적 효력과 공시된 정보의 신뢰성을 보장한다. 이를 통해 기업은 투명한 경영을 실천하고, 주주와 이해관계자들의 신뢰를 강화할 수 있다.

공시 및 배포

보고서 작성의 마지막 단계는 보고서를 공시하고 이해관계자들에게 배포하는 것이다. 이 단계는 기업이 투명성과 책임을 실천하고 있다는 것을 대외적으로 증명하는 중요한 절차다. 기업은 작성된 보고서를 전자공시시스템(DART) 등을 통해 공시하여 주주와 이해관계자들이 쉽게 접근할 수 있도록 해야 한다. 이를 통해 기업의 경영 방식과 지배구조에 대한 신뢰를 구축할 수 있다.

(1) 전자공시시스템을 통한 공시

기업은 보고서를 DART와 같은 공시 시스템을 통해 제출해야 한다. 이러한 공시 시스템은 기업의 주요 정보가 투명하게 공개되도록 돕는 플랫폼이다. 공시는 법적으로 요구되는 절차이며, 기업은 이를 통해 자사 경영에 대한 정보를 이해관계자와 규제 당국에 제공한다. 보고서가 시스템에 등록되면 모든 이해관계자가 동일한 정보를 공정하게 열람할 수 있어 투명성이 보장된다.

(2) 기업 웹사이트 및 기타 채널을 통한 배포

공시와 함께, 기업은 자사의 공식 웹사이트나 주주 소통 플랫폼을 통해 보고서를 게시하여 이해관계자들이 더욱 쉽게 접근할 수 있도록 한다. 이러한 배포는 보고서의 가시성을 높이고, 기업이 책임 있는 경영을 실천하고 있다는 메시지를 명확하게 전달하는 역할을 한다. 또한, 주주나 투자자들에게 메일이나 뉴스레터를 통해 보고서의 주요 내용이나 요약본을 제공함으로써 정보의 접근성을 강화할 수 있다.

(3) 정보 접근성 강화

기업은 보고서 공시 후, 이해관계자들이 필요할 때 보고서를 열람하고 기업의 경영 방식에 대해 평가할 수 있도록 충분한 정보 접근성을 제공해야 한다. 이를 위해 보고서의 요약본이나 주요 내용을 시각적으로 보기 쉽게 편집하거나, 질의응답 형식의 자료를 추가로 제공할 수도 있다. 이렇게 함으로써 보고서의 내용이 보다 쉽게 이해되고, 기업의 투명한 경영에 대한 신뢰를 높일 수 있다.

(4) 후속 조치와 의견 수렴

공시 후에는 보고서에 대한 이해관계자들의 피드백을 수렴하는 후속 조치가 이루어질 수 있다. 기업은 주주 총회나 간담회를 통해 보고서에 대한 의견을 듣고 향후 개선점을 모색할 수 있다. 이러한 피드백 과정은 기업의 지배구조 개선 및 지속적인 투명성 제고에 기여하며, 주주 및 이해관계자들과의 소통을 강화하는 데에도 도움이 된다.

이러한 공시 및 배포 단계는 기업의 경영 활동이 투명하게 이루어지고 있음을 보여주며, 이를 통해 기업은 신뢰할 수 있는 이미지를 구축할 수 있다. 보고서 작성과 공시의 모든 절차를 철저히 준수함으로써 기업은 주주와 이해관계자들로부터의 신뢰를 얻고, 장기적인 경영 안정성을 도모할 수 있다.

• 비상장사의 경우 해당 보고서를 공시할 의무는 없으나 향후 ESG평가 시 이해관계자의 접근 가능에 대한 부문이 들어가기 때문에 홈페이지에 게시하여 모든 이해관계자들이 접근 가능 하도록 하는 것이 필요하다.

1) 핵심 내용

기업지배구조 보고서는 기업의 투명성과 신뢰성을 외부에 전달하는 중요한 문서다. 국제 표준에 기반해 작성하며, 외부 검증을 통해 신뢰성을 강화한다.

2) 액션 스텝

- 지배구조 데이터를 체계적으로 수집하고 정리한다.

- 국제 표준(GRI, SASB)을 반영하여 보고서를 작성한다.
- 외부 검증을 완료하고 보고서를 공시한다.

3) 체크리스트

[ ] 데이터 수집 및 정리 완료

[ ] 국제 표준 반영 여부 확인

[ ] 외부 검증 완료 및 공시 완료

4) 실전 팁

- 보고서에 기업의 성과뿐만 아니라 개선 사항도 투명하게 공개한
  다.
- 외부 검증은 공신력 있는 기관을 선택하고, 검증 결과를 보고서에
  포함한다.

* 참조 자료 제공처

한국거래소(KRX) 공시 시스템: http://kind.krx.co.kr

IFRS Foundation (ISSB): https://www.ifrs.org

MSCI

MSCI ESG는 기업의 지배구조를 여러 측면에서 심층적으로 평가한다.

이사회 구조의 투명성, 윤리적 기준 준수, 위험 관리 체계를 종합적으로 점검한다. 이러한 항목들은 다음과 같다.

(1) 이사회 구성과 운영: MSCI는 이사회의 독립성과 전문성을 주요 평가 항목으로 삼는다. 이사회 내 독립적인 사외이사의 비율이 높을수록 경영진의 의사결정에 공정성을 확보할 가능성이 높다고 평가한다. 특히 이사회 내에서 핵심적인 역할을 담당하는 이사회 의장이 독립적인 인물인지 여부를 중요하게 본다. 이사회의 성별, 인종, 경험 등 다양성도 평가한다.

(2) 투명성 및 윤리 경영: MSCI는 기업이 윤리적 리더십을 준수하는지, 행동 강령이 마련되어 있는지, 윤리 경영 기준이 조직 내에서 일관되게 적용되는지를 살핀다. 이는 기업의 대외적인 신뢰도와 관련이 깊다. 행동 강령의 공시 여부와 투명한 기업 정책 시행을 중점적으로 평가한다.

(3) 주주 권리 보호: 기업의 소액주주와 다수 주주의 권리 보호 여부는 기업 지배구조의 주요 항목이다. 주주들이 경영진의 결정을 견제할

수 있는 권리가 보장되어 있는지, 주주총회에 참여하고 의견을 반영할 기회가 충분히 제공되는지를 평가한다. 특히 주주 권리를 보호하는 데 필요한 정보가 정기적으로 제공되고 있는지 여부도 중요하다.

(4) 보상 체계의 공정성: MSCI는 경영진의 보상 체계가 회사의 장기적 목표에 부합하는지 여부를 평가한다. 경영진 보상이 단기적 이익에 치우치지 않고 회사의 지속가능한 성장과 연계되어 있는지를 본다. 보상의 투명성과 객관성 또한 고려된다.

(5) 위험 관리 및 내부 통제: 기업이 경제적, 환경적, 사회적 위험을 체계적으로 관리할 수 있는 시스템을 갖추고 있는지를 중점적으로 평가한다. 리스크 관리와 내부 통제는 ESG 위험 요소를 줄이기 위해 필수적이다. 주기적으로 점검하고 수정하는 시스템의 존재 여부가 평가된다.

S&P Global (다우존스 지속가능성 지수)

S&P Global은 기업의 지속가능성을 평가할 때 지배구조 영역에서 다양한 요소를 종합적으로 검토한다.

이사회 효율성, 리스크 관리, 주주 보호 등이 중점 항목이다.

(1) 이사회 구조와 효율성: 이사회는 기업 지배구조의 핵심 요소이다. 이사회의 독립성과 역할 분담을 평가한다. 이사회와 주요 위원회(감사, 보상 등)의 독립성은 중요하다. 이사회가 실제로 효율적으로 운영되고 있는지, 구성원의 전문성이 적절히 반영되어 있는지 검토한다.

(2) 윤리 규정 및 부패 방지: 윤리 경영을 위해 행동 강령이 마련되어

있는지를 본다. 이를 모든 구성원이 일관되게 준수하는지 여부가 중요하다. 비윤리적 행위가 발생했을 때 명확한 제재와 대응 절차가 있는지를 중점적으로 살핀다. 부패 방지 정책과 관련 프로그램이 시행되고 있는지도 확인한다.

(3) 리스크 관리 및 컴플라이언스: S&P Global은 기업이 재무 및 비재무적 위험을 체계적으로 관리하고 있는지를 평가한다. 법규 준수와 관련된 내부 통제 체계의 효율성도 중요하게 평가한다. 이를 통해 예상치 못한 위기 상황에 대비하는 능력을 확인한다.

(4) 보상 체계 및 성과 평가: 경영진 보상이 회사의 장기적 목표와 일치하도록 설계되어 있는지 검토한다. 보상 결정 과정이 독립적이며 투명하게 이루어지는지를 본다. 경영진의 성과 평가가 객관적이며 지속가능한 성장에 기여하는지를 평가한다.

(5) 주주 보호 정책: S&P Global은 주주가 충분히 의사결정에 참여할 수 있도록 돕는 시스템을 중요한 평가 요소로 보고 있다. 주주 권리를 보호하기 위해 정보를 충분히 제공하는지, 주주총회에서 주주의 의견을 반영하는지 여부도 평가한다.

Sustainalytics

Sustainalytics는 지배구조 평가에서 경영진의 윤리적 책임과 주주의 권리를 보호하는지를 중점적으로 살핀다.

특히 이사회 품질과 보상 체계의 객관성을 중요하게 평가한다.

(1) 이사회 품질 및 성과: 이사회 내 사외이사 비율과 독립성이 기업의

지배구조에서 핵심적인 역할을 수행하는지 평가한다. 이사회가 주기적으로 평가받고, 구성원의 참여도가 높은지 살핀다. 위원회가 독립적으로 운영되고 있는지도 평가한다.

(2) 윤리 경영 및 부패 방지: Sustainalytics는 경영진과 이사회가 윤리적 책임을 다하는지를 본다. 행동 강령이 명확히 제시되어 있으며 부패 방지 프로그램이 시행되고 있는지를 중점적으로 평가한다. 이러한 윤리적 기준이 강하게 시행될수록 외부 이해관계자들의 신뢰를 얻을 가능성이 높다고 본다.

(3) 주주 참여와 정보 제공: 주주가 회사의 의사결정 과정에 참여할 수 있는 시스템이 구축되어 있는지를 살핀다. 주주총회에서 발언권이 보장되는지 여부도 평가한다. 또한 주주에게 투명하고 정확한 정보를 제공하는지를 검토한다.

(4) 보상 및 성과 평가: Sustainalytics는 임원 보상이 회사의 징기적 성과와 일관되게 설정되어 있는지를 평가한다. 단기적 이익보다는 지속가능한 성장을 목표로 하는지 본다. 보상 결정 과정의 투명성과 이해충돌 방지를 위한 시스템의 존재 여부도 고려한다.

(5) 위험 관리 시스템: 기업의 위험 관리 시스템이 경제적, 환경적, 사회적 리스크를 고려하여 체계적으로 마련되어 있는지를 살핀다. 재무적 리스크 외에도 ESG 리스크를 다루는 내부 통제 시스템의 효율성과 주기적인 점검 여부를 평가한다.

FTSE Russell (FTSE4Good 지수)

FTSE Russell의 지배구조 평가는 이사회 독립성과 리스크 관리, 주주 권리 보호에 중점을 둔다.

특히 기업 윤리와 투명성을 강조한다.

(1) 이사회 구성 및 독립성: FTSE Russell은 사외이사의 비율과 이사회 내 역할 분담이 얼마나 독립적으로 이루어지는지를 평가한다. 이사회 회의의 참석 빈도와 효율성도 점검한다. 이를 통해 실질적으로 이사회가 활동하고 있는지 여부를 평가한다.

(2) 윤리 경영 및 부패 방지: 윤리적 기준을 통해 기업이 부패나 비윤리적 행위를 방지하는지를 본다. 행동 강령이 마련되어 있고 효과적으로 시행되는지를 평가한다. 비윤리적 행위 발생 시 이에 대한 대응 및 제재 절차가 명확한지 여부도 확인한다.

(3) 주주 권리와 정보 공개: FTSE Russell은 주주의 투표권 보호를 위한 제도가 마련되어 있는지를 본다. 특히 소액주주들이 의사결정에 참여할 수 있는지를 평가한다. 주주에게 투명하게 정보를 제공하며, 이를 통해 경영진이 투명하게 운영되고 있는지 검토한다.

(4) 보상 및 이해충돌 방지: 보상 체계가 회사의 장기적 목표와 일치하며 투명하게 이루어지는지를 평가한다. 이해충돌 관리 시스템이 마련되어 있어 경영진이 공정하게 보상을 받는지 확인한다.

(5) 위험 관리 및 내부 통제: FTSE Russell은 리스크 관리 체계가 체계적이며 정기적으로 점검되고 있는지를 본다. 내부 통제와 관련된 규제를 철저히 준수하는지 여부도 중점적으로 평가한다.

ISS (Institutional Shareholder Services)

ISS는 기관 투자자들에게 표준화된 주주 권리 보호와 경영 투명성을 확보하기 위해 지배구조를 평가한다.

(1) 이사회 구성 및 효율성: ISS는 이사회의 독립성과 역할에 중점을 둔다. 이사회가 공정한 의사결정을 내릴 수 있도록 독립적 사외이사가 충분히 포함되어 있는지를 평가한다. 이사회 의장이 독립적 인물인지 여부도 본다. 감사 및 보상위원회와 같은 주요 위원회의 독립성 유지 여부를 평가한다.

(2) 다양성: 이사회의 성별, 인종, 경력의 다양성을 평가한다. 다양한 관점이 의사결정에 반영될 수 있는지 살핀다.

(3) 전문성: 이사회 구성원이 갖춘 경영 경험과 산업에 대한 전문성을 살핀다. 이를 통해 이사회의 의사결정 능력을 평가한다.

(4) 참여도: 이사회 회의의 참석률을 짐검하며, 이사회가 실질적으로 운영되고 있는지를 확인한다.

(5) 경영 투명성과 윤리적 책임: ISS는 경영진이 주주와 이해관계자들에게 투명하게 정보를 공개하며 책임을 다하는지를 평가한다. 행동 강령과 윤리적 기준이 마련되어 있는지, 이를 기업 내 모든 이해관계자들에게 일관되게 적용하고 있는지를 본다.

(6) 주주 권리 보호: ISS는 기업이 주주의 권리를 보호하기 위해 어떤 시스템을 갖추고 있는지를 평가한다. 주주총회에서 발언권 보장 여부, 주주의 의사결정 과정 참여 가능성을 본다.

(7) 보상 체계 및 성과 평가: ISS는 경영진 보상 체계가 회사의 장기적

인 성과에 연계되어 있는지를 평가한다. 단기적 성과보다는 장기적 가치 창출에 기반한 보상 구조를 선호한다.

(8) 위험 관리 시스템: ISS는 기업이 장기적 위험을 관리하기 위한 체계적인 프로세스를 갖추고 있는지를 본다. 경제적, 환경적, 사회적 리스크 요인을 포함한 전방위적인 위험을 식별하고 관리하는 체계를 평가한다.

한국ESG기준원(KCGS)

한국ESG기준원(KCGS)은 한국 기업들의 지배구조와 관련된 평가지표를 통해 지배구조의 투명성과 공정성을 평가한다.

(1) 이사회 구성 및 경영진 독립성: KCGS는 이사회와 경영진의 독립성을 확보하는 것을 중요한 요소로 평가한다. 사외이사의 비율과 독립성, 이사회가 주기적으로 평가되고 있는지를 살핀다.

(2) 주주 권리 보호 및 경영 투명성: KCGS는 주주의 권리가 보호받는지를 중점적으로 평가한다. 소액주주와 다수 주주의 권리가 균형 있게 보장되는지를 본다.

(3) 윤리 경영 및 부패 방지: KCGS는 경영진과 이사회가 윤리적 기준을 준수하는지를 평가한다. 비윤리적 행위를 사전에 방지하고, 발생 시 적절한 대응을 할 수 있는 시스템이 구축되어 있는지를 본다.

(4) 보상 체계 및 성과 평가: KCGS는 경영진 보상 체계가 회사의 성과와 연계되어 있는지를 평가한다. 공정하고 투명하게 이루어지는지 여부도 본다.

(5) 위험 관리와 내부 통제: KCGS는 기업이 경제적, 사회적, 환경적 위험을 종합적으로 관리할 수 있는 체계적인 시스템을 갖추고 있는지를 평가한다. 내부 통제와 관련된 규제를 철저히 준수하는지 를 본다.

KCGS 평가 상세

(1) 이사회 리더십

이사회는 경영진에 대한 감독기능을 수행하며, 중요한 경영의사결정을 담당하는 주주권익보호를 위한 핵심 기구이다.

따라서 이사회가 제 역할을 수행하는 것이 매우 중요하며 이를 위해서는 이사회의 독립성/전문성/책임성이 요구된다.

* 점수 구분: R - 해당 항목 이행 수준이 미흡함 / A - 해당 항목 이행 수준이 보통임 / G - 해당 항목 이행 수준이 우수함

(2) 주주권 보호

주주는 회사의 소유자로서 그 권익이 침해 당하지 않도록 보호받아야 하며, 이는 기업지배구조의 주요한 목적 중 하나이다.

따라서 주주권리를 보호하는 제도의 도입 및 운영은 건전한 기업지배구조를 갖추는 데 필수적인 요소이다.

* 점수 구분: R - 해당 항목 이행 수준이 미흡함 / A - 해당 항목 이행 수준이 보통임 / G - 해당 항목 이행 수준이 우수함

구분	점수 해설
주주총회 안건 통지	주주에게 충분한 정보를 담은 소집공고를 다양한 채널로 전달하는지 확인 조직이 주주총회 소집을 공고하는 방법을 점검
의결권 행사 활성화 제도	서면투표제, 전자투표제, 전체 주주에 대한 의결권 대리 행사 권유 유무
증간 또는 분기 배당	실시 여부

- 이사회 리더십과 주주권 보호 항목에서는 이사회 구성의 다양성도 중요하다. 이사회 구성원이 다양한 배경과 경험을 가지면, 기업의 전략적 의사결정 과정에서 다양한 관점이 반영될 수 있다. 이를 통해 보다 균형 잡힌 의사결정이 가능해지고, 기업의 장기적인 성장에 기여할 수 있다.

(3) 감사

감사기구는 회계 정보의 신뢰도를 제고하고 내부 통제장치의 적절한 운영을 담보하는 역할을 수행한다.

기업지배구조에서 매우 중요한 요소이며 감사기구의 독립성/전문성 확보가 반드시 필요하다.

* 점수 구분: R – 해당 항목 이행 수준이 미흡함 / A – 해당 항목 이행 수준이 보통임 / G – 해당 항목 이행 수준이 우수함

구분	점수 해설
감사기구 형태 **상근 감사** 상근 감사 직원 또는 위원회 **별도 감사 기관** 독립 감사 기관의 존재	상근감사 또는 별도 감사기구 유무
외부 감사인 **계약 사전 검토** 계약이 승인되기 전에 비 감사용역이 평가되고 승인된다. **사후 승인** 계약이 체결된 후 비감사 용역이 승인된다. 	비감사용역 보수, 감사 (위원회의) 비감사용역 계약 사전 검토 및 승인 여부
내부통제 및 리스크관리 준법통제 기준 준수 점검현황 공시 이사회 검토	사업보고서 내 준법통제 기준 준수 여부 점검현황 공시 여부
	ESG 중대성에 대한 이사회 검토 여부

(4) 이해관계자 소통

투자자의 신뢰를 얻고 기업가치를 적절히 평가 받기 위해서는 투자 의사결정에 영향을 끼칠 수 있는 중요한 경영정보의 시의적절하고 정확한 공시가 필요하다. 또한 홈페이지 등을 통한 지배구조 정보공개는 투자자의 신뢰를 높이는 가장 효과적인 방법 중 하나이다.

* 점수 구분: R – 해당 항목 이행 수준이 미흡함 / A – 해당 항목 이행 수준이 보통임 / G – 해당 항목 이행 수준이 우수함

구분	점수 해설
의결권 행사 현황	최근 정기주주총회의 참석 의결권 수 홈페이지 공개 유무
	최근 정기주주총회의 안건별 찬반 비율 홈페이지 공개 유무
	최근 정기주주총회의 최대주주 및 특수관계인 제외 참석률 홈페이지 공개 유무
정보공개	감사보고서 또는 사업보고서 영문 공개 유무
	지배구조 평가등급 공개 유무
	이사회 구성 공개 유무

작성된 양식에 GRI 기준은 매핑하면 심플하면서 보기 편한 지속가능경영보고서가 될 것이다. 그리고 현재에는 3자 검증이 법제화 되어 있지는 않으나 해외 평가 기관에서는 3자 검증이 되어 있는지에 대한 평가도 이루어지고 있기 때문에 작성 시 반드시 3자 검증을 받길 바란다. 3자 검증은 LAW FIRM, 컨설팅 업체, 한국인증원 등을 통해 받을 수 있다.

평가 기관	이사회 구성	윤리 경영 및 투명성	주주 권리 보호	보상 체계	위험 관리
MSCI	이사회 독립성, 전문성, 다양성 평가. 이사회 의장 독립성 중점	행동 강령 공시 여부, 윤리 경영 기준 준수	주주총회 참여 및 정보 제공	경영진 보상이 장기 목표와 연계, 투명성과 객관성 중요	경제·환경·사회적 리스크 관리 시스템 평가
S&P Global	이사회 효율성, 독립성, 역할 분담 평가	행동 강령 준수, 부패 방지 정책 및 대응 절차	주주 의사결정 참여 기회 및 정보 제공	성과 평가의 객관성 및 보상 체계의 투명성	재무 및 비재무적 리스크 관리 체계, 법규 준수
Sustainalytics	사외이사 비율, 이사회 독립성, 주기적 평가	윤리적 책임 및 부패 방지 프로그램 시행	주주총회 참여, 투명한 정보 제공	보상 체계가 지속가능 성장과 연계, 이해충돌 방지	ESG 리스크 포함한 리스크 관리 및 주기적 점검
FTSE Russell	사외이사 비율, 독립적 역할 분담, 이사회 회의 참석 및 효율성 평가	행동 깅령 시행 여부 및 부패 방지 대응	소액주주 권리 보호, 투명한 정보 공개	보상 체계가 장기 목표와 연계, 투명성과 공정성 강조	리스그 관리 체계 정기 점검 및 내부 통제
ISS	이사회 독립성, 역할 분담, 전문성 및 다양성, 참여도 평가	행동 강령 마련, 부정행위 대응 및 정보 공개 투명성	주주총회 발언권 보장 및 투표권 보호	장기 성과 기반 보상 구조, 이해충돌 방지	ESG 및 재무 리스크 관리, 규제 준수
KCGS	사외이사 비율, 독립성, 역할 분담, 주기적 이사회 성과 평가	행동 강령 준수, 윤리적 기준 및 부패 방지 시스템	주주총회 참여 및 의견 반영 시스템, 투명한 정보 공개	장기 목표 연계 보상, 공정한 성과 평가 및 투명성	법규 준수, 리스크 관리 체계 및 내부 통제 시스템 운영

1) 핵심 내용

평가 기관은 각기 다른 ESG 기준을 적용한다. 주요 평가 항목을 미리 파악하고 전략에 반영해야 한다.

2) 액션 스텝

- 주요 평가 기관(MSCI, Sustainalytics, KCGS 등)의 기준을 분석한다.
- 평가 항목별 기업 현황을 점검하고 개선 계획을 수립한다.

3) 체크리스트

[   ] MSCI 평가 기준 분석 완료

[   ] Sustainalytics 주요 평가 항목 점검 완료

[   ] KCGS 평가 기준 대비 기업 현황 점검 완료

4) 실전 팁

MSCI, Sustainalytics 보고서를 활용해 평가 항목을 체계적으로 분석한다.

평가 점수를 높이기 위해 각 항목별 데이터를 보완하고 투명하게 공개한다.

* 참조 자료 제공처

MSCI ESG Ratings: https://www.msci.com/esg-ratings

KCGS 한국ESG기준원: https://www.cgs.or.kr

05 거버넌스 실무자를 위한 실전 팁

KCGS(한국ESG기준원)의 평가 항목은 절대적인 기준은 아니지만, SASB(Sustainability Accounting Standards Board) 기준을 많이 반영하고 있다. 향후 중요 평가 기준이 될 ISSB(국제지속가능성기준위원회)는 이미 SASB와 M&A(인수합병)를 진행했으며, TCFD(Task Force on Climate-related Financial Disclosures)와도 전략적 제휴 관계를 맺고 있다. 추후 TCFD와의 M&A가 예정되어 있기 때문에, KCGS 평가 항목을 충족시키는 수준으로 작성된 보고서는 ECOVADIS와 같은 해외 ESG 평가에서도 좋은 등급을 받을 가능성이 높다.

예를 들어, 2023년 기준 KCGS에서 A등급을 받은 HMM은 ECOVADIS에서도 GOLD MEDAL을 받았다. 이는 다른 기업들도 비슷한 추이를 보여주고 있으며, KCGS 평가 항목을 준수한 보고서가 국제적인 평가에서도 우수한 평가를 받을 수 있다는 사실을 입증한다. 이를 통해 기업의 브랜드 이미지는 한층 더 향상될 수 있으며, ESG 경영의 국제적 신뢰성을 높이는 데 기여할 수 있다.

이러한 상황에서 실무자의 입장에서 강조하고 싶은 점은, 기업이 단순히 평가 항목을 충족시키는 것을 넘어 ESG를 기반으로 한 지속가능 경영 전략의 중요성에 주목해야 한다는 것이다. ESG는 이제 단순한 평가 기준을 넘어서 기업의 장기적인 경영 전략과 연결되어 있으며, 이는 장기적인 성장과 가치 창출에 실질적인 도움을 준다. ESG를 기반으로 한 경영 전략은 기업이 변화하는 시장 환경에 유연하게 대응하고, 지속가능성을 위한 기반을 공고히 하는 데 필수적이다.

따라서 지속가능경영보고서를 작성할 때, 단순히 평가 항목을 충족시키는 데 그치지 않고, 기업의 비전과 경영 전략에 부합하면서 동시에 이해관계자들의 요구를 충족시키는 보고서를 작성하는 것이 매우 중요하다. 이를 통해 기업은 국제적인 평가에서 좋은 등급을 받을 뿐만 아니라, 지속가능한 경쟁력을 확보할 수 있다.

그리고 기업의 지속가능한 경쟁력을 확보하기 위해서는 지속가능성 관련 교육과 훈련도 매우 중요하다. 직원들이 ESG 원칙과 실천 방법을 충분히 이해하고, 이를 자신의 업무에 적용할 수 있도록 정기적인 교육 프로그램을 제공해야 한다. ESG에 대한 이해가 높아질수록, 조직은 ESG 목표를 보다 체계적이고 효과적으로 달성할 수 있다.

또한, 각 부서 간의 협력 체계를 강화하는 것도 필수적이다. ESG 성과를 단일 부서가 아닌 조직 전체가 공유하고, 성과를 바탕으로 서로 협력함으로써 조직 전체가 함께 성장할 수 있는 문화를 만들어야 한다. 지속가능성 목표를 달성하기 위해서는 전사적인 참여와 협력이 필요하며, 이를 통해 기업은 지속적인 성과와 경쟁력을 유지할 수 있다.

결론적으로, ESG는 기업의 장기적 경영 전략의 핵심 요소로 자리 잡고 있으며, 이를 기반으로 한 지속가능경영 전략은 경쟁력 강화와 가치 창출에 크게 기여할 수 있다. 교육과 협력 체계를 통해 내부 역량을 강화하고, 기업의 비전과 맞춘 ESG 전략을 지속적으로 발전시킨다면, 기업은 국제적 평가에서도 높은 성과를 이루고, 지속가능한 미래를 위한 기반을 마련할 수 있을것이다.

[국내 ESG 평가지표]

구분	K-ESG 가이드라인	KCGS 평가기준
기관	산업통상자원부	한국ESG기준원
주요내용	국내외 주요기관의 평가체계 분석하여 핵심 공통 문항 중심으로 가이드라인 마련 (2012/12)	2003년 지배구조평가 시작. 2011년부터 ESG 통합평가 수행 (2023년 1,049개 상장사 대상 평가실시)
분류체계	4개 영역(정보, 사회, 환경, 지배구조)과 27개 범주, 61개 기본 진단항목 +14개 추가 진단항목으로 총 75개 평가항목	4개 영역(환경, 사회, 일반상장사/금융사 지배구조) 24개 대분류, 71개 중분류, 약 300개 평가 항목
지배구조(G) 평가 구분	이사회 구성/활동, 주주권리, 윤리경영, 감사기구 법규제 위반, 경영진 등 7개 범주	이사회리더십, 주주권 보호, 감사, 이해관계자소통 등 4개 분류
특징	기업의 ESG 경영과 평가 대응 방향 제시 국내산업 전반의 ESG 수준 재고 위한 범용적 가이드라인	투자자를 위하여 국내 상장 기업에 대한 ESG 평가 등급 공개 (자체 모니터링 및 기업 피드백을 통해 등급 부여)

1) 핵심 내용

ESG는 장기적인 경쟁력을 확보하는 필수 요소이다. 특히 친환경 제품 개발과 공급망 관리가 주요한 성공 요소이다.

2) 체크리스트

   [   ] 공급망 ESG 기준 반영 여부 확인

   [   ] 친환경 제품 개발 계획 수립 여부 확인

   [   ] ESG 관련 신규 비즈니스 기회 탐색 여부 확인

3) 실전 팁

협력사 계약에 ESG 기준을 명시하고, 정기적인 ESG 평가를 시행한다.

ESG 기반의 신규 비즈니스 모델을 적극적으로 개발한다.

* 참조 자료 제공처

World Economic Forum - ESG Metrics: https://www.weforum.org

Ecovadis: https://ecovadis.com

06 데이터 관리, 모니터링, 워싱 방지

　지속가능경영보고서가 작성되면, 이를 구성하는 데이터는 PUBLIC DATA로 공개되어 모든 이해관계자가 접근할 수 있게 된다. 이는 기업의 투명성을 보장하고, 이해관계자들에게 신뢰를 제공할 수 있는 중요한 요소로 작용한다. 특히, 공개된 데이터는 기업의 지속가능성과 ESG 성과를 증명하는 중요한 자료로 활용되며, 이러한 데이터는 한번 보고된 후 임의로 삭제하거나 변경해서는 안 된다. 이를 통해 데이터의 무결성을 유지하고, 신뢰성을 확보할 수 있다.

(1) 데이터 관리의 중요성

　지속직으로 데이터를 관리하고 모니터링힘으로씨, 보고된 데이디의 정확성과 신뢰성을 유지해야 한다. 데이터는 시간이 지남에 따라 변할 수 있지만, 변경된 부분은 반드시 투명하게 기록되고, 필요한 경우 적절한 정정 및 보완 작업을 통해 정확성을 높여야 한다. 이러한 프로세스는 내부 감사와 외부 평가를 통해 체계적으로 이루어져야 한다.

　내부 감사는 기업이 자발적으로 데이터를 점검하고 개선하는 과정으로, 데이터의 무결성을 보장하는 데 중요한 역할을 한다. 반면 외부평가는 독립된 기관이 기업의 데이터 관리 및 보고 절차를 검토하여, 객관적이고 신뢰할 수 있는 데이터를 유지하도록 돕는다.

(2) 모니터링 시스템의 자동화

데이터 관리의 효율성을 높이기 위해서는 모니터링 시스템을 자동화하는 것이 중요하다. 자동화된 시스템은 실시간으로 데이터를 추적하고, 이상 징후나 오류 발생 시 즉각적으로 이를 감지하여 신속하게 대응할 수 있는 기능을 제공한다. 이러한 시스템을 통해 데이터의 정확성을 지속적으로 유지할 수 있으며, 문제 발생 시 신속한 대응이 가능하다. 또한, 자동화된 모니터링 시스템은 데이터를 일관성 있게 관리하고, 오류를 줄이며, 기업의 데이터 관리 비용을 절감하는 데도 기여할 수 있다.

결론적으로, 지속가능경영보고서에서 제공하는 데이터는 기업의 투명성과 신뢰성을 보장하는 중요한 자산이다. 데이터의 무결성과 정확성을 유지하기 위해 체계적인 관리와 모니터링이 필수적이며, 이를 통해 기업은 이해관계자들에게 신뢰받는 ESG 경영을 실천할 수 있다.

(3) 워싱(WASHING) 방지

워싱(WASHING)은 절대로 허용될 수 없는 행위이다. 이는 허위 정보나 부정확한 데이터를 제공하거나, 데이터를 잘못 해석하여 이해관계자들에게 왜곡된 정보를 전달하는 것을 의미한다. 이러한 행위는 기업의 신뢰성을 크게 훼손할 뿐만 아니라, 법적 문제를 초래할 수도 있다. 정확한 데이터를 제공하더라도 그 해석이 부정확하면 워싱의 일종으로 간주될 수 있으며, 이는 지속가능성 보고서 작성 시 반드시 피해야 할 오류이다.

또한, 지나치게 단편적인 정보만을 제공하여 전체 맥락을 오도하는 것도 바람직하지 않다. 지속가능경영보고서는 기업의 지속가능성 전략과 성과를 이해관계자들에게 전달하는 중요한 문서이기 때문에, 필요한 정보를 충분하고 정확하게 제공하여 이해관계자들이 신뢰할 수 있는 데이터를 얻을 수 있어야 한다.

(4) 워싱 방지 전략

• 투명성 유지

모든 데이터와 보고서 작성 과정에서 완전한 투명성을 유지하는 것이 중요하다. 기업은 자신들의 성과뿐만 아니라 개선이 필요한 부분까지도 솔직하게 공개해야 한다. 이를 통해 기업은 이해관계자들에게 더 큰 신뢰를 줄 수 있으며, 신뢰를 기반으로 한 장기적인 관계를 구축할 수 있다.

• 독립적인 검증기관의 정기 검증

독립적인 검증기관을 통해 보고서의 데이터와 내용을 정기적으로 검증받는 것이 워싱 방지에 매우 효과적이다. 독립된 제3자가 데이터를 검토하고 확인함으로써, 보고서의 정확성과 객관성을 보장할 수 있다. 이는 이해관계자들에게 기업의 정보가 신뢰할 수 있음을 보여주는 중요한 요소다.

• 내부 데이터 검증 절차

내부적으로도 엄격한 데이터 검증 절차를 마련해야 한다. 보고서 작성에 사용되는 모든 데이터는 철저한 검증 과정을 거쳐야 하며, 데이터 수집에서부터 보고서 최종 작성에 이르기까지 정확성과 일관성이 유지되도록 관리해야 한다. 이러한 절차는 기업의 내부 감사팀이나 ESG 전담 부서가 주도하여 진행할 수 있다.

- 필요한 정보의 충분한 제공

지속가능경영보고서를 작성할 때는 단편적인 정보 제공에 그치지 않고, 전체적인 맥락을 이해할 수 있는 충분한 정보를 제공해야 한다. 이를 통해 이해관계자들은 기업의 성과뿐만 아니라 그 의미를 충분히 이해할 수 있으며, 기업의 지속가능성에 대해 보다 정확한 판단을 내릴 수 있다. 투명성과 정확성을 유지하면서도 필요한 정보를 충분히 제공하는 것이 중요한 이유다.

워싱을 방지하기 위해서는 데이터와 보고서 작성 과정에서의 투명성과 정확성이 필수적이다. 또한, 독립적인 검증기관을 통해 정기적으로 검증을 받고, 내부적으로 엄격한 데이터 관리 및 검증 절차를 시행하는 것이 중요하다. 이를 통해 기업은 이해관계자들에게 신뢰를 줄 수 있으며, 기업의 지속가능성 전략과 성과를 보다 명확하게 전달할 수 있다. WASHING을 피하는 것은 기업의 ESG 성과를 신뢰성 있게 관리하고, 장기적인 기업 가치를 창출하는 데 핵심적인 요소다.

(5) 워싱 사례 및 분석

1) 엔론(Enron)의 지배구조 실패 (2001)

- 배경

에너지 회사 엔론(Enron)은 1990년대와 2000년대 초반에 걸쳐 매

우 혁신적인 회사로 여겨졌으며, 지배구조와 투명성을 강조하는 모범 기업으로 자리 잡았다. 엔론은 이사회와 감사위원회를 통해 엄격한 내부 통제를 시행하고 있으며, 회계 투명성도 보장한다고 주장했다. 그러나 내부적으로는 고위 경영진과 회계법인(Arthur Andersen)과 결탁하여 광범위한 회계 부정과 거짓 보고를 자행하고 있었다.

• 결과

2001년 엔론의 회계 부정이 폭로되면서 회사는 파산하게 되었고, 투자자들은 막대한 손실을 입었다. 이 사건은 지배구조의 부재가 회사와 이해관계자들에게 얼마나 치명적인 결과를 초래할 수 있는지를 극명하게 보여주는 사례로 남았다. 엔론 사건 이후, 기업 지배구조와 회계 투명성에 대한 규제가 크게 강화되었으며, 사베인스-옥슬리법 (Sarbanes-Oxley Act)이 제정되어 기업의 회계 투명성 및 경영진의 책임을 강화하는 계기가 되었다.

• 교훈

거버넌스 워싱을 방지하기 위해서는 이사회와 감사위원회의 독립성 및 회계의 투명성이 필수적이다. 또한, 기업의 윤리적인 운영을 감시하고 이를 보장하기 위해 외부의 독립적인 감시 기구가 필요하다. 기업은 거버넌스를 단순한 형식적인 절차로만 여기지 말고, 실질적인 경영 관행에 적용해야 한다.

2) 웰스 파고(Wells Fargo)의 위장된 지배구조 (2016)

• 배경

웰스 파고는 한때 미국에서 가장 신뢰받는 은행 중 하나로, 특히 고객 중심의 비즈니스 모델과 강력한 내부 통제 시스템을 갖춘 것으로 유명했다. 웰스 파고는 이사회와 경영진이 은행의 윤리적이고 책임 있는 운영을 보장한다고 주장하며, 자신들의 거버넌스 모델을 강조했다.

• 결과

그러나 2016년, 은행 직원들이 수백만 개의 허위 계좌를 개설하여 고객을 속였다는 사실이 밝혀졌다. 이는 은행이 실적 압박 속에서 직원들에게 비윤리적인 판매 관행을 강요했기 때문이었다. 이 사건으로 인해 수백만 달러의 벌금이 부과되었고, 은행의 명성은 크게 손상되었다. 웰스 파고의 이사회와 경영진이 이러한 관행을 방지하지 못한 책임을 지게 되었으며, 이는 기업의 지배구조가 형식적인 것에 불과하다는 비판을 받았다.

• 교훈

이 사건은 이사회와 경영진이 기업의 일상 운영과 직원 행동에 대한 실질적인 감시를 소홀히 하면 어떤 결과를 초래할 수 있는지를 보여준다. 거버넌스의 실질적인 운영은 단순한 보고서 작성과 같은 형식적 절차를 넘어서, 기업 문화와 윤리적 행동을 강화하는 구체적인 조치가 필요함을 강조한다.

3) 테라노스(Theranos)의 허위 거버넌스 (2015)

• 배경

테라노스(Theranos)는 혁신적인 혈액 검사 기술을 개발한 것으로 유명한 바이오테크 회사로, 창립자인 엘리자베스 홈즈(Elizabeth Holmes)는 이 회사를 통해 의료 산업을 혁신할 것이라고 주장했다. 이사회는 저명한 인사들로 구성되어 있었으며, 회사는 이들이 엄격한 감시와 지배구조를 통해 회사의 운영이 투명하고 윤리적으로 이루어지고 있다고 강조했다.

• 결과

그러나 2015년, 『월스트리트 저널(Wall Street Journal)』의 폭로로 테라노스의 기술이 제대로 작동하지 않으며, 회사가 여러 차례 데이터 조작과 허위 보고를 했다는 사실이 밝혀졌다. 이사회는 회사의 핵심 기술과 운영에 대해 거의 이해하지 못했으며, 그 결과 홈즈가 회사 내에서 거의 독재적으로 권한을 행사할 수 있었다. 이로 인해 회사는 파산하고, 홈즈는 사기 혐의로 기소되었다.

• 교훈

이 사건은 이사회가 단지 유명 인사들로 구성되어 있는 것이 거버넌스의 실질적인 효과를 보장하지 않는다는 점을 강조한다. 이사회는 회사의 기술, 전략, 그리고 운영에 대해 깊이 있는 이해를 가져야 하며, 경영진을 제대로 감시하고 통제할 수 있어야 한다. 거버넌스 워싱을 방지하기 위해서는 이사회가 단순한 명예직이 아니라 실질적인 책임을 지고 행동할 수 있는 구조가 필요하다.

1) 핵심 내용

ESG 성과 모니터링은 데이터의 투명성과 정확성을 보장하며, 목표 달성을 점검하는 데 필수적이다.

2) 체크리스트

[　] 실시간 ESG 데이터 추적 시스템 구축 여부 확인

[　] 성과 검토 정기 회의 진행 여부 확인

[　] 데이터 공개 및 피드백 수렴 여부 확인

3) 실전 팁

데이터를 자동으로 수집하고 분석할 수 있는 툴을 활용한다.

이해관계자의 신뢰를 얻기 위해 데이터를 투명하게 공개한다.

* 참조 자료 제공처

Bloomberg ESG Data Services: https://www.bloomberg.com

CDP (Carbon Disclosure Project): https://www.cdp.net

07 지속가능경영보고서 작성 실전 팁

현대 기업이 생존하고 성장하기 위해서는 단순히 주주의 이익만을 실현하는 것이 아니라, 모든 이해관계자들의 이익을 고려한 가치 창출이 필수적이다. 오늘날의 경영 환경에서는 기업이 재무적 성과뿐만 아니라 환경, 사회, 거버넌스(ESG) 측면에서도 뛰어난 성과를 보여줄 필요가 있다.

ESG는 더 이상 단순한 비재무적 지표가 아닌, 기업의 장기적인 경쟁력과 지속가능성을 평가하는 핵심 요소로 자리 잡았다. 특히, 소비자, 투자자, 직원, 지역사회 등 다양한 이해관계자들은 기업이 환경 보호, 사회적 책임, 윤리적 경영을 통해 지속가능한 방식으로 운영되기를 기대하고 있다. 이러한 기대를 충족하는 기업만이 장기적으로 지속가능한 성장을 이룰 수 있다.

(1) 지속가능경영보고서의 중요성

지속가능경영보고서는 기업의 ESG 성과를 공개하고, 이해관계자들에게 정보를 제공하는 중요한 도구이다. 이 보고서는 기업이 환경, 사회, 거버넌스 측면에서 어떻게 성과를 내고 있으며, 이러한 성과가 기업의 장기적인 비전과 어떻게 연계되어 있는지를 명확히 보여준다. 이를 통해 기업은 투명성과 신뢰성을 강화할 수 있으며, 이해관계자들은 기업의 지속가능한 성장 가능성을 평가할 수 있다.

특히, 지속가능경영보고서는 GRI(Global Reporting Initiative)와 SASB(Sustainability Accounting Standards Board) 같은 국제적인 보고서 작성 기준을 준수하는 것이 중요하다. 이러한 국제 표준을 따르는 보고서는 기업의 ESG 성과가 국제적으로 통용되는 기준에 맞춰 투명하고 객관적임을 보장한다. 또한, 향후 국제지속가능성기준위원회(ISSB)로의 전환을 대비하여 지속가능경영보고서를 작성하는 것은 기업의 글로벌 신뢰성을 높이는 데 크게 기여한다.

한국ESG기준원(KCGS)의 기준을 충족시킨다면, 해당 기업은 국내외에서 모두 인정받는 기업 가치를 형성할 수 있다. 한국 ESG 기준은 국내 기업 환경에 적합하면서도 국제적 기준과 연결되기 때문에, 이러한 보고서를 통해 기업은 국내외 이해관계자에게 ESG 성과를 효과적으로 전달할 수 있다.

지속가능경영보고서는 단순히 현재 성과를 나열하는 것이 아니라, 기업의 장기적인 비전을 제시하는 역할을 한다. 이를 통해 기업의 경영 방침이 ESG 측면에서 어떻게 구현되고 있는지를 명확히 전달할 수 있다. 이는 이해관계자들이 기업의 ESG 성과를 바탕으로 미래 성장 가능성을 신뢰하고 평가할 수 있도록 돕는다.

예를 들어, 한 기업이 지속가능경영보고서를 통해 향후 10년간의 기후변화 대응 전략을 공개하고, 이를 위한 구체적인 목표와 계획을 명시한다면, 이해관계자들은 그 기업의 장기적인 방향성을 명확히 이해할 수 있다. 이러한 명확한 계획은 기업 신뢰를 강화하고, 이해관계자들에게 안정성과 지속가능성을 보여주는 중요한 지표로 작용한다.

(2) 국제적 평가와 경쟁력 확보

국내 기업이 글로벌 시장에서 경쟁력을 유지하고 확대하기 위해서는 ESG 등급 취득이 필수적이다. 특히, 수출 중심의 국내 기업들은 해외 시장에서 신뢰를 구축하기 위해 지속가능경영보고서를 발간하고, 이를 통해 ESG 등급을 획득해야 한다. 이는 단순히 기업의 사회적 책임을 다하는 차원을 넘어, 지속가능한 가치 창출과 경쟁력 강화의 핵심 요소로 자리 잡고 있다.

현실적으로, 기업들은 GRI(Global Reporting Initiative)와 SASB(Sustainability Accounting Standards Board)를 기준으로 지속가능경영보고서를 작성하며, 향후 국제지속가능성기준위원회(ISSB) 기준으로의 전환을 대비하고 있다. 이러한 국제적 기준을 충실히 준수하는 것은 기업의 신뢰성과 투명성을 높이는 데 기여한다. 특히, 한국 ESG기준원(KCGS)의 기준을 만족시키는 보고서를 작성하면, 국내뿐만 아니라 국외에서도 높은 기업 가치를 인정받을 수 있다.

예를 들어, KCGS 평가 기준에 부합하는 보고서는 국내에서 긍정적인 평가를 받을 뿐만 아니라, 국제 평가 기관에서도 우수한 ESG 등급을 받을 가능성이 크다. 이는 기업의 글로벌 경쟁력을 강화하는 데 매우 중요하며, 국내보다 오히려 국외 시장에서 더욱 높은 기업 가치를 평가받는 기회를 제공한다. 따라서 수출 중심의 국내 기업들은 ESG 등급을 취득하기 위해서라도 지속가능경영보고서 발간이 필수적이다.

(3) ESG 등급의 중요성과 국제적 신뢰성 확보

기업은 ESG 등급을 높이기 위해 지속적인 투자와 개선 노력을 기울여야 한다. ESG 경영은 단순한 평판 관리나 일시적인 트렌드가 아닌, 기업의 장기적인 성장 전략과 리스크 관리의 중요한 축으로 자리 잡고 있다. 기업이 ESG 측면에서 높은 평가를 받으면, 이는 국제 평가 기관의 눈에 긍정적으로 비칠 뿐만 아니라, 글로벌 시장에서 신뢰성과 경쟁력을 확보할 수 있게 된다. 이는 궁극적으로 장기적인 재무 성과에도 긍정적인 영향을 미친다.

ESG 등급의 향상은 자본 시장에서도 매우 중요한 역할을 한다. ESG 성과가 우수한 기업들은 투자 유치가 용이하며, 이는 비용 절감과 운영 효율성을 극대화할 수 있는 기회를 제공한다. 또한, ESG 등급을 통해 규제 리스크를 줄이고, 이해관계자들로부터의 신뢰성을 더욱 견고히 다질 수 있다.

(4) ESG 평가 기준 파악과 전략 수립의 중요성

기업이 국제적 평가에서 높은 점수를 받기 위해서는, MSCI와 Sustainalytics와 같은 주요 ESG 평가 기관의 평가 기준을 사전에 파악하는 것이 필수적이다. 각 평가 기관은 환경, 사회, 지배구조의 다양한 요소를 기준으로 기업을 평가하며, 평가 항목에 따라 세부적인 요구사항이 다를 수 있다. 이러한 평가 기준을 정확히 이해하고, 이를 기반으로 체계적인 ESG 전략을 수립해야 한다.

예를 들어, MSCI는 기후변화와 환경 리스크에 대한 기업의 대응 능력을 중점적으로 평가하며, Sustainalytics는 기업의 사회적 책임 이행과 지배구조의 투명성을 중요하게 여긴다. 기업은 이러한 평가 항목을 면밀히 분석하여, 각 기관의 요구사항에 부합하는 성과를 도출해야 한다. 이를 통해 높은 평가를 받을 가능성을 극대화할 수 있다.

(5) 결론

ESG 등급 취득은 글로벌 시장에서 기업의 경쟁력을 유지하고 확대하는 데 필수적인 요소이다. 특히 수출을 중심으로 하는 국내 기업들에게는 ESG 등급이 단순한 선택이 아니라 필수적인 전략적 도구로 작용한다. 지속가능경영보고서 발간을 통해 기업은 ESG 성과를 투명하게 공개하고, 이를 바탕으로 국제적 신뢰를 쌓을 수 있다.

기업은 지속적인 투자와 개선 노력을 통해 ESG 등급을 향상시키고, 국제적 평가 기관의 기준에 맞춘 체계적인 ESG 전략을 수립해야 한다. 이를 통해 기업은 글로벌 시장에서의 신뢰성과 경쟁력을 확보할 수 있으며, 장기적인 재무 성과와 지속가능한 성장을 이루는 데 기여할 수 있다.

1) 핵심 내용

ESG 전략은 지속가능한 비즈니스 성장과 기업 평판 강화를 지원한다.

2) 체크리스트

[   ] ESG 성과와 비즈니스 성과 연계 여부 확인

Impact of ESG Performance on Stock Prices

* 녹색 라인: ESG 점수(성과)가 꾸준히 상승하는 경향을 보여줌.

파란색 라인: 기업의 주가가 ESG 성과의 상승과 함께 상승하는 경향을 보여줌.

[　] 투자자와의 소통 채널 운영 여부 확인

[　] ESG 브랜드 전략 실행 여부 확인

3) 실전 팁

ESG 성과를 브랜드 가치로 연결하여 고객과 투자자에게 긍정적인
메시지를 전달한다.

지속가능한 제품과 서비스를 강조하는 마케팅 전략을 수립한다.

* 참조 자료 제공처

Harvard Business Review - ESG and Value Creation: https://hbr.org

• 지속가능경영보고서에서의 G(지배구조)

앞서 필자가 말한 기업지배구조보고서를 작성해 보면서 지배구조

에 대한 이해는 이루어졌을 것으로 판단된다.

사실상 지속가능경영보고서에서의 지배구조에 대한 표현은 기업지배구조보고서 내용을 기초로 하여 작성되는 것이기 때문에 기업지배구조보고서를 충실히 만들었다면 지속가능경영보고서의 G(지배구조) 부문을 작성하는 것은 어렵지 않을 것이다.

다만, '4. 평가 기관별 주요 평가 사항'에 맞추어 지속가능경영보고서상 표기가 되어야만 좋은 등급을 받을 수 있는 확률이 커진다.

각 평가 기관별 큰 틀에서의 차이는 없지만 주요 포커스 부분이 조금씩 다르기 때문에 해당 기준에 맞추어 표기할 것을 추천한다.

또한 해당 기준에 맞추어 표기한다고 하여 현재 재직 중인 회사에 꼭 맞는 형태는 아닐 것이다.

즉, 회사의 현 상황과 해당 기준에 표기해야 할 문항에서의 괴리가 발생할 확률이 높다는 것이나.

이에 해당 기준을 법 조항처럼 따르기보다는 현재 재직 중인 회사 상황에 맞게 최대한 표기하고 조직의 변경 혹은 내부적인 변경이 필요할 경우 장기적 관점에서 접근하여 점진적 변화가 필요하다.

다시 한번 말하지만 처음부터 완벽한 보고서는 나올 수 없고, 해당 기준 역시 매년 업데이트가 되는 것이 현실이니 이에 맞추어 지속가능경영보고서의 G 부문을 작성하기 바란다.

그럼 유명 기업들의 사례를 보면서 어떤 방식으로 작성하면 되는지 청사진을 그려보도록 하자.

〈사례편-부록1〉 기업 거버넌스 구축 및 보고 체크리스트

1. ESG 거버넌스 구축

[ ] 주요 이해관계자 식별 완료

[ ] 이해관계자 요구사항 조사 완료

[ ] SMART 방식으로 목표 설정 완료

[ ] 실행 계획 작성 및 실행 주체 지정

2. ESG 거버넌스 구조 설계

[ ] ESG 전담 위원회 설립 완료

[ ] 내부 감사 체계 설계 완료

[ ] 부서 간 협업 체계 구축 완료

3. 기업 지배구조보고서 작성

[ ] 데이터 수집 및 정리 완료

[ ] 국제 표준 반영 여부 확인

[ ] 외부 검증 완료 및 공시 완료

4. 평가 기관별 주요 평가 사항 숙지

[ ] MSCI 평가 기준 분석 완료

[ ] Sustainalytics 주요 평가 항목 점검 완료

[ ] KCGS 평가 기준 대비 기업 현황 점검 완료

5. 지속가능한 경쟁력 확보 위한 추가 사항 숙지

　[　] 공급망 ESG 기준 반영 여부 확인

　[　] 친환경 제품 개발 계획 수립 여부 확인

　[　] ESG 관련 신규 비즈니스 기회 탐색 여부 확인

6. 모니터링

　[　] 실시간 ESG 데이터 추적 시스템 구축 여부 확인

　[　] 성과 검토 정기 회의 진행 여부 확인

　[　] 데이터 공개 및 피드백 수렴 여부 확인

7. 지속가능경영보고서 작성

　체크리스트

　[　] ESG 성과와 비스니스 성과 연계 여부 확인

　[　] 투자자와의 소통 채널 운영 여부 확인

　[　] ESG 브랜드 전략 실행 여부 확인

〈사례편-부록2〉 간편 진단 및 파악

1. ESG 진단: 우리 기업의 현주소 파악하기

　ESG 진단은 기업의 현재 ESG 성과와 잠재적 리스크를 식별하는 첫 단계로, 이를 통해 개선 방향을 도출한다. 주로 내부 평가와 외부 ESG 평가 기관의 결과를 활용하며, 주요 이해관계자와의 인터뷰 및 데이터 수집을 통해 진단을 진행한다.

• 예시

기업 A는 내부 설문조사와 탄소 배출량 데이터를 분석하여 환경 부문의 약점을 발견하였다. 이를 바탕으로 에너지 효율화 프로그램을 도입하였다.

• 체크리스트

- 내부 ESG 성과 데이터 수집 및 분석을 완료한다.

- 외부 ESG 평가 보고서를 확보한다.

- 주요 리스크 및 개선 가능성을 도출한다.

2. ESG 전략 수립: 기업의 강점을 살리는 맞춤 전략

ESG 전략 수립은 기업의 강점과 시장 환경을 고려해 장기적인 목표를 설정하고 이를 달성하기 위한 로드맵을 작성하는 단계이다. 업계 트렌드와 글로벌 ESG 요구사항을 반영하여 실행 가능성을 고려한 전략이 필요하다.

• 예시

제조업체 B는 친환경 포장 기술을 강점으로 활용하여 5년 내에 전체 제품의 80%를 재활용 가능한 소재로 전환한다는 목표를 세웠다.

• 체크리스트

- 기업 강점 및 약점을 분석한다.

- 글로벌 및 국내 ESG 트렌드를 조사한다.

- 맞춤형 ESG 목표 및 실행 계획을 수립한다.

3. ESG 실행: 단계별 액션 플랜과 주의점

ESG 실행은 수립된 전략을 현실화하기 위한 단계로, 각 부서별 역할과 책임을 명확히 하고 이를 실행으로 옮기는 과정이다. 실행 단계에서는 지속적인 성과 모니터링과 피드백 체계가 중요하다.

• 예시

물류기업 C는 1단계로 탄소 배출량 모니터링 시스템을 도입했으며, 2단계로 친환경 차량 도입을 점진적으로 확대하고 있다.

• 체크리스트

  - 단계별 실행 계획을 작성한다.

  - 부서별 책임과 역할을 정의한다.

  - 성과 모니터링 및 피드백 체계를 구축한다.

4. ESG 성과 측정: KPI 설정과 모니터링 방법

ESG 성과를 측정하기 위해서는 구체적이고 측정 가능한 KPI를 설정해야 한다. 성과는 정량적 데이터와 정성적 평가를 결합하여 모니터링하며, 이해관계자와의 소통을 위해 주기적인 보고가 필요하다.

• 예시

IT 기업 D는 '탄소 배출량 감소율'과 '재생 가능 에너지 사용 비율'을 KPI로 설정하고, 이를 매월 모니터링하며 성과를 외부에 공개하고 있다.

• 체크리스트

  - 구체적이고 측정 가능한 KPI를 설정한다.

- 성과 데이터 관리 시스템을 구축한다.

- 정기적 성과 모니터링 및 보고 체계를 운영한다.

5. ESG 커뮤니케이션: 이해관계자와의 효과적인 소통 전략

ESG 커뮤니케이션은 기업의 ESG 성과와 목표를 주요 이해관계자에게 전달하여 신뢰를 구축하는 과정이다. 명확한 메시지와 시각 자료를 활용해 투명성을 강조하는 것이 중요하다.

• 예시

소비재 기업 E는 지속가능성 보고서를 발행하고, 주요 이해관계자들과의 정기 간담회를 통해 피드백을 수렴하고 있다.

• 체크리스트

- 주요 이해관계자를 식별하고 맞춤형 메시지를 작성한다.

- 주요 성과와 계획을 보고서로 정리한다.

- 피드백을 반영한 정기적 소통 체계를 구축한다.

6. 미래를 선도하는 ESG 리더십: CEO를 위한 가이드

CEO의 ESG 리더십은 기업의 ESG 목표 달성을 위한 핵심 동력이다. CEO가 ESG 전략의 선두에 서서 지속가능성을 위한 의사결정을 이끌어야 한다.

• 예시

CEO F는 ESG 위원회를 직접 주재하며 분기별 ESG 목표와 성과를 검토하고, 관련 자원을 재분배하는 결정을 주도하고 있다.

• 체크리스트

  - CEO의 ESG 리더십 선언문을 작성한다.

  - ESG 위원회를 설립하고 정기 회의를 운영한다.

  - 성과 기반 자원 배분 체계를 수립한다.

7. ESG 투자 유치: 투자자들의 마음을 사로잡는 비결

  ESG 투자 유치는 ESG 전략과 성과를 효과적으로 전달하여 투자자들의 신뢰를 얻는 과정이다. ESG 관련 인증과 공시를 통해 기업의 신뢰도를 높이는 것이 중요하다.

• 예시

  기업 G는 ESG 공시 자료를 통해 주요 투자자들에게 투명한 데이터를 제공하며, ESG 인증을 통해 신뢰를 확보하여 3년간 100억 원의 녹색 채권을 유치했다.

• 체크리스트

  - 투자자 대상 ESG 발표 자료를 준비한다.

  - ESG 성과 데이터의 투명성을 확보한다.

  - 녹색 채권 발행 및 ESG 인증 절차를 준비한다.

결론

2025년 현재 우리는 ESG 거버넌스를 둘러싼 다양한 논의가 더 이상 개념적 수준에 머물지 않고, 실제 경영 현장과 자본시장, 정책과 제도 전반에서 실천의 과제가 되었다는 현실을 마주한다. ESG의 'G', 즉 거버넌스는 환경과 사회라는 외부 요소를 기업이 지속가능하게 수용하고 통합하기 위한 내적 토대이자, 기업의 철학과 태도를 가장 선명하게 드러내는 축이다. 본서에서는 이론과 실무, 국내외 사례를 넘나들며 기업 거버넌스의 개념, 구조, 과제, 그리고 개선 전략을 다각도로 살펴보았다. 특히 한국 기업이 직면한 고유의 구조적 한계—오너 중심 지배구조, 사외이사의 독립성 부족, 불투명한 의사결정 체계, 형식적인 보고서 작성 관행 등—은 더 이상 방치될 수 없는 과제로 확인된다.

미·유럽의 ESG 정책 방향이 갈라진 2025년 상황에서 한국 기업들은 양쪽 규제에 모두 대비하는 이중 전략을 마련해야 한다. 특히 EU의 엄격한 요구에 선제적으로 대응하면서, 미국 시장의 특수성도 균형 있게 고려하는 노력이 중요하다. 한국 기업들이 취할 수 있는 구체적인 전략과 실행 방안을 제시해 보면 다음과 같다.

첫째, 글로벌 규제 요구에 대응하려면 최고경영진과 이사회 차원의 ESG 거버넌스 확립이 선결 과제다. EU CSRD와 국제 기준(ISSB 등)이 요구하는 정보공개 수준에 부응하려면 전사적인 데이터 수집과 리스크 관리가 필요하므로, 이사회 산하 ESG위원회 설치, Chief

Sustainability Officer 임명 등 거버넌스 정비가 필요하다. 경영투명성과 윤리경영을 강화하여 지배구조(G) 수준을 높이는 것도 중요하다. 내부통제와 이사회 독립성 제고를 통해 ESG 경영에 대한 투자자 신뢰를 높이면, 전통적으로 지배구조 할인으로 저평가 받아온 한국 기업의 기업가치 제고에도 도움이 될 것이다.

둘째, 통합적인 ESG 데이터 관리 시스템을 도입하여 각 사업부문의 환경·사회 데이터를 체계적으로 수집하고 검증해야 한다. EU 공시에 대비해 온실가스(Scope 1,2,3) 배출량, 에너지 사용, 노동·인권 지표, 공급망 정보 등 광범위한 데이터를 현재부터 축적해 두어야 한다. 국제적으로 통용되는 프레임워크인 TCFD 권고안이나 ISSB 기준을 활용하면, 미국 투자자 대상 재무적 ESG 공시와 EU 규범 간 공통분모를 확보할 수 있다. 또한 GRI 표준 등 이중 중요성을 반영한 공시기준도 함께 고려하여, EU의 폭넓은 공시 요구를 충족시킬 수 있는 보고체계를 준비해야 한다. 중요한 것은 조직 내 여러 부서에 흩어진 ESG 관련 데이터를 한데 모으고 검증하는 내부 역량이며, 필요시 외부 전문기관의 컨설팅을 받아 보고 절차를 정형화할 것을 권장한다.

셋째, EU에 사업장이 있거나 수출을 하는 한국 기업들은 CSRD와 향후 공급망 실사지침(CSDDD)까지 염두에 두고 로드맵을 마련해야 한다. 먼저 자사가 CSRD 의무 공시 대상에 해당하는지 진단하고, 해당될 경우 적용 시점까지 거꾸로 일정표를 작성하여 필요한 준비를 역산해야 한다. 예를 들어 2028년 보고 의무라 하더라도 2026~2027년에는 ESG 경영체계와 보고서 초안을 가동할 수 있어야 하므로 시간이 많지 않다. 특히 EU에 진출한 한국 대기업의 경우 유럽 현지 자회사들의 데이터를 통합해 단일 보고서를 발간하는 방안을 검토해야 한다. 이를 위해 본사 차원에서 전 세계 사업장의 ESG 현황을 파악하고 단일한 기준으로 보고할 수 있는 글로벌 통합보고 프로세스를 구축하는 것이 바람직하다. 또한 EU 택소노미에 따른 분류와 성과 측정을 미리 연습해 볼 필요가 있다. 아울러 향후 CSDDD이 시행되면 인권·환경 실사 및 정보공개가 필수이므로, 인권 정책 수립, 협력사 행동규범 마련, 정기 실사 및 보고 프로세스 등도 선제적으로 갖춰야 한다. 특히 CSDDD는 직접적인 1차 공급자뿐 아니라 간접 공급망까지 포함할 예정이므로, 부품공급사나 원료공급사 등 전체 가치사슬의 ESG 리스크 관리가 중요한다.

넷째, 미국에서는 현재 ESG 공시 의무가 크지 않으나, 투자자 및 소비자 신뢰를 위해 자발적 투명성은 유지하는 것이 좋다. 다만 반(反) ESG 정치환경을 감안하여, 공식 SEC 제출 자료에서는 법규 범위를 준수하되, 별도의 지속가능경영보고서나 웹사이트를 통해 ESG 정보를 제공하는 이원화 전략이 유용하다. 예컨대 기후변화나 다양성에 관한 기업의 입장을 연차보고서(10-K 등)에는 필요한 범위에서만 언급하되, 상세한 내용은 지속가능경영보고서로 발간하여 이해관계자에게 제공하는 방식이다. 이는 법적 리스크를 관리하면서도 투자자 요구를 충족시킬 수 있다. 또한 미국 내 주별 규제 차이를 인지해야 한다. 사업장이 캘리포니아 등에 있다면 해당 주의 배출량 보고 의무를 준수할 수 있도록 시스템을 갖추고, 텍사스 등 반ESG 법령이 있는 지역에

서는 정치적 논란을 야기할 표현이나 활동을 신중히 하는 것이 바람
직하다. 그러나 기업의 ESG 원칙 자체를 후퇴시켜서는 안 되며, 오히
려 과학적 근거에 기반한 탄소중립 목표, 공정한 노동정책 등을 일관
되게 추진하되 커뮤니케이션 채널을 조절하는 지혜가 필요하다. 궁극
적으로 성과는 수치로 입증되는 것이 중요하므로, 탄탄한 ESG 실적을
쌓아두면 정치적 분위기가 바뀌었을 때 오히려 시장에서 높은 평가를
받을 것이다.

다섯째, EU 사업이 없더라도 한국 기업은 거래 파트너를 통해 간접
적으로 ESG 요구에 노출될 수 있다. 그러므로 주요 고객사가 EU 기업
이거나 글로벌 기업인 경우, 해당 고객이 자사에 ESG 데이터 제공을
요청할 가능성이 높다. 실제로 "EU 역내 사업 여부와 관계없이 한국
기업도 직·간접적 영향을 고려해야 한다. EU 기업의 공급망이 되면
정보 제공을 요구받을 수 있다"는 조언이 나올 정도다. 이에 대비하여
주요 수출 제품별로 탄소배출 및 환경 영향 데이터를 산출하고, 납품
처 요구에 신속 대응할 수 있는 체계를 구축해야 합니다. 특히 철강,
화학, 정유, 시멘트 등 탄소 집약적 산업의 수출기업은 EU의 탄소국경
조정제도(CBAM)도 시행 단계에 있음을 유념해야 한다. 2026년부터
EU로 철강·알루미늄 등을 수출할 때 탄소배출량에 따른 비용 부담이
현실화되므로, 제품별 탄소발자국 산정과 감축노력을 투명하게 공개
하여 비용 리스크를 최소화해야 한다. 자동차, 전자 등 제조업의 경우
에도 유럽 고객사들이 공급망 탄소정보 공개와 탈탄소 계획을 요구하
는 추세이므로, 제품별 LCA(전과정평가) 데이터 제공 능력을 키워야

한다. 소비재 기업이라면 유럽의 친환경 포장 규제, 공급망 인권 실사 요구 등에 대비해 친환경 소재 전환, 협력업체 노동실태 점검 등을 정례화할 필요가 있다. 이처럼 업종별로 가장 리스크가 큰 ESG 요소를 선별해 관리하는 맞춤형 전략을 수립해야 한다.

　마지막으로, 정책 변화에 대한 모니터링과 유연한 대응이 필수적이다. 2025년의 미국 ESG 후퇴 국면이 4년 뒤에도 이어지리라는 보장이 없고, EU 역시 세부사항을 조정해 나갈 것이다. 따라서 국내외 ESG 정책 동향을 수시로 점검하여 최신 규제 요구사항을 파악하고, 필요한 경우 사전에 의견서를 제출하거나 업계 차원의 대응논리를 개발해야 한다. 동시에 기업의 ESG 경영 철학과 목표는 일관되게 유지하는 것이 중요하다. 일시적 규제 공백을 이유로 기후대응 목표를 포기하거나 공급망 관리 수준을 낮추면, 추후 규제가 강화될 때 더 큰 비용을 치를 수 있다. 오히려 지금 시점은 내부적으로 ESG 경쟁력을 키울 기회로 삼아야 한다. 예를 들어 에너지 효율 투자, 재생에너지 사용 확대, 인권 경영 인증 등을 선제적으로 추진해 놓으면, 나중에 규제가 강화되거나 투자심사가 까다로워져도 선도기업으로서 우위를 점할 수 있다. 전 세계적으로 ESG는 일시적 유행이 아니라 지속될 거시적 흐름이므로, 한국 기업들은 미국과 EU의 규제 간극을 관리하면서도 장기적으로는 지속가능경영을 기업전략의 핵심에 놓아야 할 것이다.

　위의 여섯 가지 제안을 실천한다면, 한국 기업들은 2025년의 변화무쌍한 ESG 정책 환경 속에서도 리스크를 효과적으로 관리하고, 오히려 지속가능성을 경쟁력으로 전환하는 데 한 걸음 다가설 수 있을 것이다. 글로벌 규제 격차를 현명하게 대처하여 한국 기업만의 ESG 모범사례를 만들어 내길 기대한다.

저자소개

• 구현화
  현) 한경ESG 기자
  중앙대학교 행정대학원 ESG 전문인력 교육과정 수료
  ISO 9001, 14001, 45001, 37001, 37301 국제인증심사원보
  [저서]『ESG 경영 사례연구』(2024)

• 김인현(도시공학 박사)
  현) 한국공간정보통신 대표이사/창립자
  현) 한국소프트웨어산업협회 감사/ESG 분과 위원
  현) ISO TC211(공간정보국제표준화) 전문위원
  전문분야: 탄소중립시스템, 인공지능(AI) 기반 GIS 및 디지털트윈 기술, 공간정보 국제표준화, 스마트공장 및 ESG 시스템 구축 컨설팅, 공간정보 전문 기고 및 컨설팅
  대통령 표창(공간정보산업 발전 공로), 특허 16건 출원
  [저서]『공간정보이야기』(2017년 세종우수교양문고 선정)

• 배재성
  현) 대전대학교 객원교수
  현) 한국ESG경영인증원 수석전문위원
  전) 한국표준과학연구원 경영기획부장
  ESG경영 교육,컨설팅 / ESG심사원 / ESG경영지원사 / ISO14001심사원보

• 송철우
  현) 석세스 인사이트 대표
  현) 한국멘탈코칭센터 이사

현) 한국강사협회 이사

스마트공장, ESG 시스템 구축 컨설팅

ESG진단평가사 / ESG평가전문가

산업통상자원부 장관상 수상 (2024, 표준고위과정 최우수 논문상)

[저서] 『사표 쓰고 싶을 때 꼭 읽어야 할 이야기』

• 임은정

현) 인베스트교육개발원 대표

현) 한국열린사이버대학교 디지털융합경영학과 특임교수

현) ISO 부패방지경영 인증 심사원

현) 소상공인 희망리턴패키지, 노사발전재단 기업 컨설턴트

ESG진단평가사 / ESG평가전문가

[저서] 『다시 시작하는 당신에게』, 『작은아빠와 나의 사계절』

• 정성훈

현) 극동물류그룹 기획팀 차장

전) 국도화학 물류1팀 팀장

전) 흥아해운 ESG TFT 팀장

ESG 공급망실사 평가사 / ESG 전문가

• 최영미

현) 한국국제협력단 기업협력사업팀 연구위원

현) 서울특별시 감사위원회 청렴정책 자문위원

현) 건국대학교 일반대학원 교육학과 겸임교수

현) 국민권익위원화 청렴연수원 등록 청렴전문강사

전) 교육부 시민감사관

ESG컨설턴트, ESG진단평가사, CBAM지도사

ISO 9001, 14001, 45001 국제인증심사원

ISO 37001, 37301 내부심사원

[저서]『메타버스시대 ESG 경영전략』.『아무도 알려주지 않은 1.5도이야기』

• 최태웅

현) 세스코 기획조정본부 책임매니저

전) 솔브레인홀딩스 계열 품질관리 과장

ISO 국제심사원보 (9001, 14001, 45001, 37001)

6시그마 / SQ 인증평가원 / IATF 16949, VDA 6.3 내부심사원

산업통상자원부 장관상 수상 (2024, 표준고위과정 최우수 논문상)

중앙대학교 행정대학원 표준 고위과정 및 ESG 전문인력 양성과정 수료

[저서]『직장인 멘탈 관리법: 번아웃 없이 오래 일하는 기술』출간 예정

• 한요한

현) 디밀리언 대표이사

현) 세븐파트너즈 DX부분 부대표

현) 경기벤처기업협회 상임이사

현) 한국컨설팅산업협회 이사

인공지능 / 빅데이터 전문가

[저서]『미래 유망 일자리 전망』